2

BIBLIOTHÈQUE

LATINE-FRANÇAISE

PUBLIÉE

PAR

C. L. F. PANCKOUCKE.

PARIS, IMPRIMERIE DE C. L. F. PANCKOUCKE,
Rue des Poitevins, n. 14.

HISTOIRE

ROMAINE

DE TITE LIVE

TRADUCTION NOUVELLE

PAR MM. A. A. J. LIEZ

PROVISEUR DU COLLÈGE ROYAL DE SAINT-LOUIS

N. A. DUBOIS

PROFESSEUR

V. VERGER

ANCIEN PROFESSEUR D'HUMANITÉS.

> Titus Livius eloquentiæ ac fidei præclarus.
> Tac., *Ann.*, lib. iv, 34.

TOME DIX-SEPTIÈME.

PARIS

C. L. F. PANCKOUCKE

MEMBRE DE L'ORDRE ROYAL DE LA LÉGION D'HONNEUR
ÉDITEUR, RUE DES POITEVINS, N° 14.

M DCCC XXXIII.

HISTOIRE ROMAINE

DE

TITE-LIVE

LIVRES XLIII — XLV

PAR VICTOR VERGER

DE LA BIBLIOTHÈQUE DU ROI,
ANCIEN PROFESSEUR D'HUMANITÉS.

EPITOME LIBRI XLIII.

PRÆTORES aliquot, eo quod avare et crudeliter provincias administrassent, damnati sunt. P. Licinius Crassus proconsul complures in Græcia urbes expugnavit, et crudeliter diripuit; ob id captivi, qui ab eo sub corona venierant, ex senatusconsulto postea restituti sunt. Item a præfectis classium romanarum multa inpotenter in socios facta. Res præterea a Perseo rege in Thracia prospere gestas continet, victis Dardanis et Illyrico, cujus rex erat Gentius. Motus, qui in Hispania ab Olonico factus erat, ipso interemto consedit. M. Æmilius Lepidus a censoribus princeps in senatu lectus.

SOMMAIRE DU LIVRE XLIII.

Condamnation de quelques préteurs qui s'étaient rendus coupables d'avarice et de cruauté dans l'administration de leurs provinces. Le proconsul P. Licinius Crassus prend de vive force plusieurs villes de la Grèce, et les saccage horriblement; ce qui est cause que les prisonniers qu'il avait fait vendre à l'encan sont ensuite rendus à la liberté en vertu d'un sénatus-consulte. Nombreuses violences exercées, à son exemple, contre les alliés, par les commandans des flottes romaines. Avantages que remporte en Thrace le roi Persée, après avoir vaincu les Dardaniens et conquis l'Illyrie, qui avait pour roi Gentius. La mort d'Olonicus apaise les troubles qu'il avait excités en Espagne. M. Émilius Lepidus est nommé prince du sénat par les censeurs.

T. LIVII PATAVINI
HISTORIARUM

AB URBE CONDITA

LIBER XLIII.

I. Eadem æstate*, qua in Thessalia equestri pugna vicere Romani, legatus, in Illyricum a consule missus, opulenta duo oppida vi atque armis coegit in deditionem; omniaque iis sua concessit, ut opinione clementiæ eos, qui Carnuntem munitam urbem incolebant, adliceret: postquam nec, ut dederent se, compellere, neque capere obsidendo poterat; ne duabus obpugnationibus nequidquam fatigatus miles esset, quas prius intactas urbes reliquerat, diripuit. Alter consul C. Cassius nec in Gallia, quam sortitus erat, memorabile quidquam gessit; et per Illyricum ducere legiones in Macedoniam vano incepto est conatus. Ingressum hoc iter consulem senatus ex Aquileiensium legatis cognovit: qui, querentes coloniam suam novam et infir-

* U. C. 581. A. C. 171.

TITE-LIVE.

HISTOIRE DE ROME

DEPUIS SA FONDATION.

LIVRE XLIII.

I. Durant cette campagne, où la cavalerie des Romains fut vaincue en Thessalie, le lieutenant envoyé en Illyrie par le consul, soumit, en employant la force des armes, deux cités opulentes, et laissa aux habitans tout ce qu'ils possédaient, dans l'espoir que cet acte de clémence disposerait favorablement ceux de Carnunte, ville bien fortifiée; mais, voyant qu'il ne pouvait ni les décider à se rendre, ni les réduire en les assiégeant, pour que le soldat ne perdît pas le prix des fatigues qu'il avait essuyées pendant les deux précédens sièges, il lui accorda le pillage des villes qu'il avait auparavant laissées intactes. L'autre consul, C. Cassius, ne fit rien de mémorable dans la Gaule, que le sort lui avait assignée pour province, et tenta vainement de conduire ses légions en Macédoine par l'Illyrie. Ce furent les députés des Aquiléens qui apprirent au sénat que le consul avait pris cette direction. Venus se plaindre de l'état de détresse de leur colonie naissante, trop faible encore pour pouvoir se mainte-

mam, necdum satis munitam, inter infestas nationes Istrorum et Illyriorum esse, quum peterent, ut senatus curæ haberet, quomodo ea colonia muniretur, interrogati, vellentne eam rem C. Cassio consuli mandari? responderunt, Cassium, Aquileiam indicto exercitu, profectum per Illyricum in Macedoniam esse. Ea res primo incredibilis visa; et pro se quisque credere, Carnis forsitan aut Istris bellum inlatum. Tum Aquileienses, nihil se ultra scire, nec audere adfirmare, quam triginta dierum frumentum militi datum; et duces, qui ex Italia itinera in Macedoniam nossent, conquisitos abductosque. Enimvero senatus indignari, tantum consulem ausum, ut suam provinciam relinqueret, in alienam transiret; exercitum novo periculoso itinere inter exteras gentes duceret, viam tot nationibus in Italiam aperiret. Decernunt frequentes, ut C. Sulpicius prætor tres ex senatu nominet legatos, qui eo die proficiscantur ex Urbe; et quantum adcelerare possent, Cassium consulem, ubicumque sit, persequantur; nuncient, ne bellum cum ulla gente moveat, nisi cum qua senatus gerendum censuerat. Legati hi profecti, M. Cornelius Cethegus, M. Fulvius, P. Marcius Rex. Metus de consule atque exercitu distulit eo tempore muniendæ Aquileiæ curam.

nir entre deux nations ennemies, celles des Istriens et des Illyriens, et prier le sénat d'aviser aux moyens de pourvoir à sa sûreté; sur la demande qui leur fut faite, s'ils voulaient que ce soin fût confié à C. Cassius, ils répondirent que Cassius, après avoir rassemblé son armée à Aquilée, s'était mis en marche pour la Macédoine, à travers l'Illyrie. D'abord la chose parut incroyable, et l'opinion de chacun fut que, probablement, il était allé porter la guerre chez les Carniens ou les Istriens. Les Aquiléens ayant alors déclaré qu'ils ne savaient et n'osaient affirmer rien autre chose, sinon qu'on avait distribué aux soldats du blé pour trente jours, et qu'on avait cherché et emmené des guides qui connussent la route depuis l'Italie jusqu'en Macédoine, le sénat fit éclater son indignation contre le consul, qui avait l'audace de quitter sa province pour passer dans une autre, et qui, en conduisant son armée par une route inconnue et dangereuse, à travers des nations étrangères, ouvrait à tant de peuples le chemin de l'Italie. Il fut décidé, à une grande majorité, que le préteur C. Sulpicius choisirait sur-le-champ, parmi les sénateurs, trois commissaires qui partiraient de Rome ce jour même, se hâteraient le plus qu'ils pourraient d'atteindre le consul Cassius en quelque endroit qu'il fût, et lui signifieraient qu'il eût à s'abstenir de faire la guerre à toute nation autre que celle qu'un sénatus-consulte l'avait chargé d'aller combattre. Les commissaires qui se mirent en route furent M. Cornelius Cethegus, M. Fulvius et P. Marcius Rex. Ces craintes, au sujet du consul et de l'armée qu'il commandait, firent négliger, pour le moment, de mettre Aquilée à l'abri d'un coup de main.

II. Hispaniæ deinde utriusque legati aliquot populorum in senatum introducti. Ii, de magistratuum romanorum avaritia superbiaque conquesti, nisi genibus ab senatu petierunt, ne se socios fœdius spoliari vexarique, quam hostes, patiantur. Quum et alia indigna quererentur, manifestum autem esset, pecunias captas; L. Canuleio prætori, qui Hispaniam sortitus erat, negotium datum est, ut in singulos, a quibus Hispani pecunias repeterent, quinos recuperatores ex ordine senatorio daret, patronosque, quos vellent, sumendi potestatem faceret. Vocatis in curiam legatis recitatum est senatusconsultum, jussique nominare patronos : quatuor nominaverunt, M. Porcium Catonem, P. Cornelium Cn. F. Scipionem, L. Æmilium L. F. Paullum, C. Sulpicium Gallum. Cum M. Titinio primum, qui prætor A. Manlio, M. Junio consulibus, in Citeriore Hispania fuerat, recuperatores sumserunt. Bis ampliatus, tertio absolutus est reus. Dissensio inter duarum provinciarum legatos est orta : Citerioris Hispaniæ populi M. Catonem et Scipionem; Ulterioris L. Paullum et Gallum Sulpicium patronos sumserunt. Ad recuperatores adducti a citerioribus populis P. Furius Philus, ab ulterioribus M. Matienus. Ille Sp. Postumio, Q. Mucio consulibus triennio ante, hic biennio prius, L. Postumio, M. Popillio consulibus, prætor fuerat. Gravissimis

II. Ensuite le sénat donna audience à des députés de quelques peuples des deux Espagnes. Ces députés, après s'être plaints de l'avarice et de la tyrannie des magistrats romains, conjurèrent à genoux le sénat de ne pas souffrir que des alliés fussent spoliés et tourmentés plus odieusement que des ennemis. Comme, entre autres indignités dont ils se plaignaient, il y avait eu des extorsions manifestes, le préteur L. Canuleius, à qui le sort avait assigné l'Espagne pour province, eut ordre de choisir parmi les sénateurs cinq commissaires pour informer contre chacun des magistrats auxquels les Espagnols auraient à demander réparation de leurs concussions, et de permettre aux députés de prendre les patrons qu'ils voudraient. Les députés rappelés dans le sénat, on leur donna lecture du sénatus-consulte, et, sur l'invitation qui leur fut faite de désigner des patrons, ils en désignèrent quatre, M. Porcius Caton, P. Cornelius Scipion, fils de Cneius, L. Émilius Paullus, fils de Lucius, et C. Sulpicius Gallus. Le premier qu'ils citèrent devant les commissaires fut M. Titinius, qui avait été préteur dans l'Espagne Citérieure, sous le consulat de A. Manlius et de M. Junius. Le prévenu comparut deux fois, et la troisième il fut renvoyé absous. Il s'éleva entre les envoyés des deux provinces une contestation, à la suite de laquelle les peuples de l'Espagne Citérieure prirent pour patrons M. Caton et Scipion; et ceux de l'Ultérieure, L. Paullus et Gallus Sulpicius. Les peuples de la Citérieure firent comparaître devant les commissaires P. Furius Philus; ceux de l'Ultérieure, M. Matienus. Le premier avait été préteur, trois ans auparavant, sous le consulat de Sp. Postumius et de Q. Mucius; le second, deux ans auparavant, sous le consulat de L. Postu-

criminibus accusati ambo ampliatique : quum dicenda de integro caussa esset, excusati exsilii caussa solum vertisse. Furius Præneste, Matienus Tibur exsulatum abierunt. Fama erat, prohiberi a patronis nobiles ac potentes compellare; auxitque eam suspicionem Canuleius prætor, quod, omissa ea re, delectum habere instituit: dein repente in provinciam abiit, ne plures ab Hispanis vexarentur. Ita, præteritis silentio obliteratis, in futurum consultum ab senatu Hispanis, quod inpetrarunt, ne frumenti æstimationem magistratus romanus haberet; neve cogeret vicesimas vendere Hispanos, quanti ipse vellet ; et ne præfecti in oppida sua ad pecunias cogendas inponerentur.

III. Et alia novi generis hominum ex hispania legatio venit; ex militibus romanis et ex hispanis mulieribus, cum quibus connubium non esset, natos se memorantes, supra quatuor millia hominum, orabant, ut sibi oppidum, in quo habitarent, daretur. Senatus decrevit : « Uti nomina sua apud L. Canuleium profiterentur; eorumque si quos manumisisset, eos Carteiam ad Oceanum deduci placere. Qui Carteiensium domi manere vellent, potestatem fore, uti numero colonorum essent,

mius et de M. Popillius. Ils se trouvaient tous deux sous le poids d'accusations fort graves, et furent ajournés. Quand vint le moment où ils devaient comparaître de nouveau, on abandonna la procédure, parce qu'ils venaient de partir pour se rendre en exil. Furius s'exila à Préneste, Matienus à Tibur. On disait généralement que les patrons eux-mêmes s'opposaient à ce que l'on poursuivît des personnages nobles et puissans ; et ce soupçon prit une nouvelle force, lorsqu'on vit le préteur Canuleius laisser là cette affaire, s'occuper de levées, puis partir tout à coup pour sa province, afin de mettre empêchement à de nouvelles poursuites de la part des Espagnols : ainsi il ne fut plus question du passé. Toutefois, pour l'avenir, le sénat prit une détermination à l'égard des Espagnols, et ils obtinrent que le magistrat romain n'aurait plus le droit de taxer le blé ; qu'il ne pourrait plus les contraindre de lui vendre leurs vingtièmes au prix qu'il lui plairait de les acheter, ni établir dans leurs villes de receveurs auxquels ils fussent obligés de porter cet argent.

III. A la même époque arriva d'Espagne une autre députation d'un genre tout-à-fait différent. Elle était envoyée par plus de quatre mille hommes, qui se disaient nés du commerce illégitime des soldats romains avec les femmes espagnoles, et qui priaient qu'on leur accordât une ville pour leur servir de demeure. Le sénat décréta : « Que leurs noms seraient donnés à L. Canuleius, qui emmènerait à Carteia, sur les bords de l'Océan, ceux qu'il jugerait à propos d'affranchir ; que, quant à ceux des Cartéiens qui ne voudraient pas quitter le lieu qu'ils habitaient, ils pourraient rester parmi les colons, qu'on leur assignerait des terres ; enfin, que cette co-

agro adsignato. Latinam eam coloniam esse, libertinorumque adpellari. » Eodem tempore ex Africa et Gulussa, Masinissæ regis filius, legatus patris, et Carthaginienses venerunt. Gulussa prior in senatum introductus, et, quæ missa erant ad bellum macedonicum a patre suo, exposuit; et, si qua præterea vellent imperare, præstaturum merito populi romani est pollicitus; et monuit patres conscriptos, ut a fraude Carthaginiensium caverent : « Classis eos magnæ parandæ consilium cepisse; specie pro Romanis, et adversus Macedonas : ubi ea parata instructaque esset, ipsorum fore potestatis, quem hostem aut socium habeant. » [Egit deinde Masinissæ caussam de agro, de oppidis, quæ ablata sibi ab eo Carthaginienses quererentur, magnaque contentione inter regulum et legatos carthaginienses disceptatum. Quæ ultro citroque jactata sint, quid a senatu responsum fuerit, in incerto est. Quievit tamen velut sopita hæc controversia per aliquot annos. Renovata postea in acre bellum exarsit, quod adversus Masinissam a Pœnis susceptum cum Romanis gerendum fuit, nec nisi Carthaginis interitu finitum est. Hoc anno invenimus in annalibus, puerum factum ex virgine sub parentibus, jussuque aruspicum deportatum in insulam desertam.

4. Habita sunt a C. Cassio consule comitia, quibus creati consules sunt A. Hostilius Mancinus, A. Atilius

lonie serait réputée colonie latine, et prendrait le nom de colonie des affranchis. » Dans le même temps arrivèrent d'Afrique Gulussa, fils du roi Masinissa, en qualité d'ambassadeur de son père, et les envoyés des Carthaginois. Gulussa, introduit le premier dans le sénat, énuméra les secours que son père avait envoyés à l'occasion de la guerre de Macédoine, promit de satisfaire à ce qu'on pourrait exiger de plus, avec tout le zèle que méritaient les bienfaits du peuple romain, et finit en avertissant les sénateurs de se tenir en garde contre la mauvaise foi des Carthaginois : « Ils avaient formé le projet d'équiper une flotte considérable, en apparence pour aider les Romains contre les Macédoniens, mais en réalité dans la vue de pouvoir, une fois qu'elle serait équipée et en état de tenir la mer, choisir à leur gré leurs ennemis et leurs alliés. » Ensuite il en vint à la question du territoire et des villes dont les Carthaginois se plaignaient que Masinissa leur avait enlevé la possession, et cette question amena de violens débats entre le prince numide et les ambassadeurs carthaginois. Quant à ce qui fut dit de part et d'autre, et à ce que répondit le sénat, on l'ignore. Toutefois, cette querelle demeura comme assoupie pendant quelques années. Lorsque, plus tard, elle se réveilla, elle alluma une cruelle guerre, que les Carthaginois commencèrent contre Masinissa, qu'ils eurent ensuite à soutenir contre les Romains, et qui ne se termina que par la ruine de Carthage. Les annales rapportent que, cette année, une fille changea de sexe dans la maison de ses parens, et fut, par ordre des aruspices, reléguée dans une île déserte.

4. Le consul C. Cassius tint les comices, dans lesquels furent créés consuls A. Hostilius Mancinus et

Serranus. Prætores inde facti M. Retius, Q. Mænius, L. Hortensius, Q. Ælius Pætus, T. Manlius Torquatus, C. Hostilius. Decretæ consulibus provinciæ Italia et Macedonia. Italia Atilio, Hostilio Macedonia obvenit. Prætores Retius urbanam jurisdictionem, peregrinam Mænius sortitus est. Classis cum ora maritima Græciæ Hortensio obtigit. Reliquæ prætoriæ provinciæ fuere procul dubio, quemadmodum anno priore, Hispania, Sicilia, et Sardinia. Sed singulas quinam prætores obtinuerint, silentibus veterum monumentis, certo sciri non potest. Interim P. Licinius, quasi ad bellum non cum Perseo, sed cum Græcis gerendum missus esset, inanes adversus justum hostem iras in miseros et viribus impares vertit, compluresque in Bœotia, ubi hibernabat, urbes expugnavit, et crudeliter diripuit. Coronæi maxime vexati quum ad senatum confugissent, patres decreverunt, « ut captivi, qui sub corona venissent, in libertatem restituerentur. » Consulis crudelitatem et avaritiam imitatus est, aut etiam superavit Lucretius prætor, qui classi præerat, adversus socios ferox, hosti spernendus. Siquidem classem ad Oreum stantem adortus repente Perseus, naves onerarias frumentum portantes viginti cepit, reliquas depressit, et quatuor etiam quinqueremibus potitus est. Res quoque prospere gestæ in Thracia a Perseo, quum eo ad Cotyn defendendum

A. Atilius Serranus; ensuite on nomma préteurs M. Retius, Q. Ménius, L. Hortensius, Q. Élius Pétus, T. Manlius Torquatus, et C. Hostilius. Un décret donna aux consuls, pour provinces, l'Italie et la Macédoine; l'Italie échut à Atilius, la Macédoine à Hostilius. Quant aux préteurs, le sort assigna à Retius la juridiction urbaine, et à Ménius la juridiction sur les étrangers. Hortensius eut en partage la flotte et les côtes de la Grèce. Les autres provinces prétoriennes furent indubitablement, comme l'année précédente, l'Espagne, la Sicile et la Sardaigne; mais quelle province eut chaque préteur, le silence des monumens anciens fait qu'on ne peut le savoir au juste. Cependant P. Licinius, comme si on l'eût envoyé faire la guerre, non pas à Persée, mais aux Grecs, tourna sa colère, impuissante vis-à-vis de l'ennemi qu'il avait mission de combattre, contre de malheureux peuples hors d'état de lui résister, et prit en Béotie, où il avait ses quartiers d'hiver, plusieurs villes, qu'il saccagea cruellement. Les Coronéens, qui étaient les plus maltraités, eurent recours au sénat, et les sénateurs décrétèrent, « que tous les prisonniers vendus à l'encan seraient rendus à la liberté. » Le préteur Lucretius, qui commandait la flotte, imita l'avarice et la cruauté du consul, si même il ne le surpassa pas sous ce rapport, se montrant aussi acharné contre les alliés, qu'il était méprisable aux yeux des ennemis. Pendant que sa flotte stationnait à peu de distance d'Orée, Persée vint l'attaquer tout à coup, lui prit vingt bâtimens de transport chargés de blé, coula le reste à fond, et s'empara même de quatre quinquérèmes. Il remporta aussi des avantages en Thrace, où il était allé défendre Cotys contre les troupes d'Atlesbis et de Corragus;

adversus Atlesbis et Corragi copias divertisset. Nec vero ipse sibi Cotys defuit, vir bello strenuus, consilio præstans, Thrax genere solo, non moribus. Nam et unicæ sobrietatis ac temperantiæ fuit, idemque clementia et moderatione animi plane amabilis.

5. Cuncta Perseo ex voto fluebant. Nam et tunc Epirotarum gens in ejus partes transiit, auctore Cephalo, quem tamen ad defectionem necessitas magis compulit, quam voluntas. Is, singulari prudentia et constantia præditus, tum quoque optima mente erat. Deos enim immortales precatus fuerat, ut bellum inter Romanos et Persea ne conflaretur, neve de summa rerum decerneretur. At exorto bello statuerat ex fœderis præscripto Romanos juvare : præter fœderis autem leges nihil ultro facere, neque obsequi indecore et turpiter. Turbavit hæc consilia Charopus quidam, ejus Charopi, qui saltum ad Aoum amnem T. Quinctio contra Philippum bellanti aperuerat, nepos, vilis potentiorum assentator, et mirus calumniarum in optimum quemque artifex. Romæ educatus fuerat, missus ab avo in Urbem, ut linguam romanam litterasque perdisceret. Hinc notus carusque plurimis Romanorum, quum revertisset domum, natura levis, et ingenio pravus, quum et romana ei amicitia faceret animos, principes viros usque allatrabat. Sed primo despiciebatur ab omnibus, nec ulla ejus ratio ha-

Cotys, d'ailleurs, le seconda par ses efforts : aussi brave dans les combats que plein de lumière dans les conseils, ce prince n'était Thrace que de naissance, et ne ressemblait en rien à ses compatriotes ; modèle de sobriété et de tempérance, il se faisait chérir de tout le monde par sa clémence et sa modération.

5. Tout réussissait à Persée selon ses vœux ; car, à cette époque, la nation des Épirotes se déclara en sa faveur, à l'instigation de Céphale, qui, toutefois, se jeta dans son parti par nécessité plus que par penchant. C'était un homme doué d'une rare prudence et d'une grande fermeté de caractère, et animé du meilleur esprit. D'abord il avait prié les dieux immortels d'empêcher que la guerre n'éclatât entre les Romains et Persée, et qu'il ne s'engageât une lutte qui devait entraîner la ruine des deux partis ; mais, voyant la guerre commencée, il avait résolu d'aider les Romains, conformément aux termes du traité, toutefois sans dépasser en rien ce qu'il prescrivait, et sans se déshonorer par une bassesse servile et honteuse. Ce plan fut déconcerté par un certain Charopus, petit-fils de ce Charopus qui, lors de la guerre contre Philippe, avait servi de guide à T. Quinctius dans les défilés voisins du fleuve Loüs. Vil flatteur des grands, et extrêmement habile à calomnier tous les hommes d'un haut mérite, il avait été élevé à Rome, où son aïeul l'avait envoyé pour apprendre la langue et les lettres romaines. Pendant son séjour dans cette ville, il s'était fait beaucoup de connaissances et d'amis parmi les Romains. De retour dans sa patrie, comme il était naturellement léger et remuant, fier des liaisons qu'il avait formées à Rome, il ne cessait de harceler les principaux chefs des Épirotes.

bebatur. Postquam autem bellum persicum conflatum est, quum plena omnia suspicionum in Graecia essent, multis palam, pluribus occulte Perseo studentibus, non destitit Charopus eos, qui auctoritate inter Epirotas praestabant, apud Romanos criminari. Et speciem quamdam coloremque dabat ejus calumniis ea necessitudo, quae olim Cephalo ceterisque eamdem sectam sequentibus cum regibus Macedonum fuerat. Jam vero omnia illorum dicta factaque maligne explorans, et in pejus semper detorquens, veritatemque adjectis detractisque, quae voluerat, adulterans, fidem criminibus faciebat. Neque his tamen commovebantur Cephalus et ii, qui eorumdem in republica consiliorum socii erant, freti egregia conscientia illibatae erga Romanos fidei. Verum ubi illis criminationibus aurem praebere Romanos senserunt, et principes quosdam Aetolorum, quos pariter suspectos fecerant obtrectatorum calumniae, Romam abductos, tum demum opus esse crediderunt, ut sibi ipsi suisque rebus consulerent. Quum autem nihil succurreret praeter regiam amicitiam, cum Perseo societatem inire coacti sunt, eique gentem suam tradere. Romae A. Hostilius, A. Atilius consules, inito magistratu, et peractis, quae divina humanaque in urbe et circa urbem fieri a consulibus mos est, in provincias profecti sunt. Hostilius, cui Macedonia obtigerat, quum in Thessaliam

D'abord ses déclamations n'inspiraient que du mépris, et ne produisaient aucun effet : mais la guerre entre les Romains et Persée une fois allumée, et le grand nombre de partisans déclarés ou secrets que ce prince avait en Grèce donnant matière aux soupçons, Charopus travailla sans relâche à noircir dans l'esprit des Romains, ce qu'il y avait de plus élevé en crédit parmi les Épirotes ; et les anciennes liaisons de Céphale et de ceux de son parti avec les rois des Macédoniens, prêtaient à ses calomnies une couleur de vraisemblance. Attentif à épier, dans une intention maligne, toutes leurs paroles et toutes leurs actions, ne cessant de présenter les unes et les autres sous le jour le plus fâcheux, en ajoutant ou supprimant à son gré des circonstances qui altéraient la vérité, il donnait du poids à ses invectives. Cependant Céphale et ceux qui envisageaient du même œil que lui la conduite à tenir dans les affaires publiques, méprisaient ces intrigues, forts du témoignage de leur conscience et de leur constante fidélité envers les Romains. Mais quand ils virent que les Romains prêtaient l'oreille à ces inculpations, et que quelques-uns des principaux Étoliens, devenus suspects par suite des mêmes calomnies, avaient été emmenés à Rome, ils se crurent enfin dans la nécessité de pourvoir à leur propre sûreté, et, n'ayant d'autre ressource que dans l'amitié d'un roi, ils furent forcés de s'allier avec Persée, et d'entraîner leur nation dans son parti. A Rome les consuls A. Hostilius et A. Atilius prirent possession du consulat, puis, après avoir rempli tous les devoirs civils et religieux de leur charge dans la ville et hors des murs, ils partirent pour leurs provinces. Hostilius, à qui le sort avait assigné la Macédoine, ayant, pour joindre promptement

ad exercitum properaret, Epirum, quæ nondum aperte defecerat, ingressus, parum abfuit, quin incideret in Persei manus. Theodotus enim quidam et Philostratus, rati sese, si eum regi traderent, magnam gratiam apud Persea inituros, et gravissimum in præsentia Romanis damnum illaturos, ad regem litteras dedere, ut, quanta maxima posset celeritate, accurreret. Quod nisi et Perseum objecta a Molossis ad Loum amnem mora retardasset, et consul, de imminenti periculo monitus, ab instituto itinere deflexisset, vix videtur effugere potuisse. Igitur relicta Epiro navigavit Anticyram, unde in Thessaliam contendit. Ibi accepto exercitu ad hostem perrexit. Sed nihilo felicius bellum administravit, quam priore anno gestum fuerat. Nam et prœlio commisso cum rege pulsus est, et quum primum per Elymeam vim facere tentasset, deinde per Thessaliam occulte moliri iter, ubique occurrente Perseo, vano conatu absistere coactus est. Nec Hortensius prætor, cui classis obtigerat, quidquam satis scite aut fortunate egit, cujus ex rebus gestis nihil ad memoriam insignius est, quam crudelis et perfida urbis Abderitarum direptio, quum intoleranda sibi imposita onera deprecarentur. Igitur Perseus Romanos jam despiciens, ac velut otiosus plane et vacuus, corollarii vicem in Dardanos excursionem fecit, et, decem millibus Barbarorum interfectis, ingentem prædam abduxit.

son armée en Thessalie, pris sa route par l'Épire, dont la défection ne s'était pas encore opérée ouvertement, faillit tomber entre les mains de Persée. Car Philostrate et un certain Théodote, persuadés que, s'ils le livraient au roi, ils parviendraient fort avant dans les bonnes grâces de celui-ci, et porteraient pour le moment aux Romains un coup des plus dangereux, écrivirent à Persée pour l'engager à accourir le plus vite qu'il pourrait. Si les Molosses n'eussent arrêté Persée aux bords du fleuve Loüs, et si le consul, averti du danger imminent qui le menaçait, n'eût changé de chemin, il est presque évident qu'il n'aurait pu se dérober aux poursuites du prince macédonien. Ayant donc quitté l'Épire, il gagna par mer Anticyre, se rendit de là en Thessalie, y prit le commandement de l'armée, puis marcha vers l'ennemi. Mais la guerre qu'il fit ne fut pas plus heureuse que celle de l'année précédente. Car, vaincu dans un combat contre le roi, après de vaines tentatives, d'abord pour se faire jour à travers Élymée, puis pour dérober sa marche à travers la Thessalie, trouvant partout Persée sur son passage, il dut cesser d'inutiles efforts. De son côté, le préteur Hortensius, à qui était échu le commandement de la flotte, ne fut ni plus habile ni plus heureux; le plus mémorable de ses exploits fut le pillage cruel et perfide de la ville d'Abdère, dont tout le crime était d'avoir réclamé contre les charges insupportables qui lui étaient imposées. Persée donc, méprisant les Romains qui ne lui donnaient plus le moindre sujet d'inquiétude, termina sa campagne par une expédition contre les Dardaniens, et, après avoir tué dix mille de ces Barbares, revint avec un riche butin.

IV. 6. Movere hoc anno Celtiberi in Hispania bellum, instigante novo duce Olonico, Salondicum quidam vocant. Is, summa calliditate et audacia hastam argenteam quatiens velut cœlo missam, vaticinanti similis, omnium in se mentes converterat. Sed quum pari temeritate castra prætoris romani, uno furiosi consilii socio assumpto, sub noctem adiisset, prætorem videlicet obtruncaturus, juxta tentorium ipsum pilo vigilis exceptus est : socius pares stolidi incepti pœnas luit. Amborum capita præcidi statim jussit prætor, atque hastis suffixa delectis e numero captivorum tradi ad suos perferenda. Hi] tantum pavorem ingressi castra, ostentantes capita, fecerunt, ut, si admotus extemplo exercitus foret, capi castra potuerint. Tum quoque fuga ingens facta est ; et erant, qui legatos mittendos ad pacem precibus petendam censerent ; civitatesque complures, eo nuncio audito, in deditionem venerunt : quibus purgantibus sese, culpamque in duorum amentiam conferentibus, qui se ultro ad pœnam ipsi obtulissent, quum veniam dedisset prætor : profectus extemplo ad alias civitates, omnibus imperata facientibus, quieto exercitu pacatum agrum, qui paullo ante ingenti tumultu arserat, peragravit. Hæc lenitas prætoris, qua sine sanguine ferocissimam gentem domuerat, eo gratior plebi patribusque fuit, quo crudelius avariusque in Græcia bellatum,

IV. 6. Cette année, en Espagne, les Celtibériens firent quelques mouvemens, à l'instigation de leur nouveau chef Olonicus, que quelques-uns nomment Salondicus. Cet Olonicus, audacieux et rusé au dernier point, jouait le devin, et, brandissant une lance d'argent qu'il disait avoir reçue du ciel, il avait fixé sur lui l'attention de tous. Mais sa témérité l'ayant porté à s'introduire durant la nuit, avec un autre personnage qu'il avait associé à son projet insensé, dans le camp du préteur romain, pour assassiner le préteur, une sentinelle le tua d'un coup de javelot, à côté même de la tente; et le compagnon de sa folle entreprise eut le même sort. Le préteur donna ordre de couper aussitôt leurs deux têtes, de les mettre chacune au bout d'une pique, et de charger des prisonniers espagnols d'aller les porter à leurs compatriotes. Lorsque ces prisonniers entrèrent dans le camp, l'aspect des têtes qu'ils portaient y causa tant de frayeur, que, si l'armée romaine se fût approchée tout à coup, elle aurait pu s'en emparer. Alors même un grand nombre de Celtibériens prirent la fuite, et quelques-uns furent d'avis qu'il fallait envoyer des ambassadeurs demander humblement la paix. Cette nouvelle entraîna la soumission de plusieurs cités. Elles tâchèrent de se justifier en rejetant la faute sur deux insensés qui étaient allés d'eux-mêmes au devant des châtimens, quand le préteur avait pardonné. Le préteur marcha aussitôt contre d'autres villes; mais toutes montrèrent une entière obéissance, et il parcourut tranquillement avec son armée, sans y rencontrer la moindre résistance, un pays qui, peu auparavant, était embrasé d'un redoutable soulèvement. Cette clémence du préteur, au moyen de laquelle il sut dompter sans répandre de sang

et ab consule Licinio et ab Lucretio praetore, erat. Lucretium tribuni plebis absentem concionibus adsiduis lacerabant, quum reipublicae caussa abesse excusaretur : sed tum adeo vicina etiam inexplorata erant, ut is eo tempore in agro suo antiati esset, aquamque ex manubiis Antium ex flumine Loracinae duceret. Id opus centum triginta millibus aeris locasse dicitur; tabulis quoque pictis ex praeda fanum Aesculapii exornavit. Invidiam infamiamque ab Lucretio averterunt in Hortensium successorem ejus Abderitae legati, flentes ante curiam, querentesque, « oppidum suum ab Hortensio expugnatum ac direptum esse. Caussam excidii fuisse urbi, quod, quum centum millia denarium et tritici quinquaginta millia modium imperaret, spatium petierint, quo de ea re et ad Hostilium consulem, et Romam mitterent legatos. Vixdum ad consulem se pervenisse, et audisse oppidum expugnatum, principes securi percussos, sub corona ceteros venisse. » Indigna res senatui visa : decreveruntque eadem de Abderitis, quae de Coronaeis decreverant priore anno; eademque pro concione edicere Q. Maenium praetorem jusserunt. Et legati duo, C. Sempronius Blaesus, Sex. Julius Caesar, ad restituendos in libertatem Abderitas missi. Iisdem mandatum, ut et Hostilio consuli et Hortensio praetori nunciarent, senatum Abderitis injustum bellum inlatum, conquiri-

une nation des plus farouches, fut d'autant plus agréable au peuple et aux sénateurs, que le consul Licinius et le préteur Lucretius avaient, en faisant la guerre en Grèce, montré beaucoup d'avarice et de cruauté. Lucretius surtout était continuellement en butte aux invectives des tribuns, auxquelles ses amis opposaient, pour toute défense, une absence commandée par le service de la république; mais alors on ignorait si complètement ce qui se passait, même dans le voisinage de Rome, que ce préteur était durant ce temps à sa campagne d'Antium, où il employait le produit de ses extorsions à faire arriver à Antium une partie des eaux de la Loracine. Ces travaux lui revinrent, dit-on, à cent trente mille as; il orna aussi le temple d'Esculape de tableaux provenant des mêmes rapines. Par bonheur pour Lucretius, les députés des Abdéritains vinrent détourner sur Hortensius, son successeur, l'infamie et l'odieux de sa conduite; ils se présentèrent aux portes du sénat, les larmes aux yeux, pour se plaindre « de la prise et du pillage de leur ville par Hortensius. Tout leur crime, seule cause de la ruine de leur cité, était d'avoir, lorsque le préteur exigeait d'eux cent mille deniers et cinquante mille boisseaux de blé, demandé le temps d'envoyer à ce sujet des députés au consul Hostilius et à Rome. A peine arrivés auprès du consul, ils avaient appris que leur ville avait été prise de vive force, que les principaux d'entre leurs concitoyens avaient été frappés de la hache, et que les autres avaient été vendus comme esclaves. » La chose parut indigne au sénat; les sénateurs rendirent, en faveur des Abdéritains, un décret semblable à celui qu'ils avaient rendu, l'année précédente, en faveur des Coronéens, et ils

que omnes, qui in servitute sint, et restitui in libertatem, æquum censere.

V. 7. Eodem tempore de C. Cassio, qui consul priore anno fuerat, tum tribunus militum in Macedonia cum A. Hostilio erat, querelæ ad senatum delatæ sunt, et legati regis Gallorum Cincibili venerunt. Frater ejus verba in senatu fecit, questus, alpinorum populorum agros sociorum suorum depopulatum C. Cassium esse, et idem multa millia hominum in servitutem abripuisse. Sub idem tempus Carnorum Istrorumque et Iapidum legati venerunt: « Duces sibi ab consule Cassio primum imperatos, qui in Macedoniam ducenti exercitum iter monstrarent: pacatum ab se, tamquam ad aliud bellum gerendum, abisse: inde ex medio regressum itinere hostiliter peragrasse fines suos: passim rapinasque et incendia facta: nec se ad id locorum scire, propter quam caussam consuli pro hostibus fuerint. » Et regulo Gallorum absenti, et his populis responsum est: « Senatum ea, quæ facta querantur, neque scisse futura, neque si sint facta, probare. Sed indicta caussa damnari absentem

chargèrent le préteur Q. Ménius d'en donner connaissance au peuple. De plus deux commissaires, C. Sempronius Blésus et Sex. Julius César, furent envoyés pour rendre la liberté aux Abdéritains. Ils étaient chargés de notifier au consul Hostilius et au préteur Hortensius, que le sénat trouvait injuste la guerre faite aux habitans d'Abdère; qu'il entendait qu'on fît une exacte recherche de tous ceux qui étaient en esclavage, et qu'on leur rendît la liberté.

V. 7. Dans le même temps, des ambassadeurs de Cincibilis, roi des Gaulois, vinrent porter des plaintes au sénat contre C. Cassius, qui avait été consul l'année précédente, et qui servait alors en Macédoine, en qualité de tribun des soldats, sous A. Hostilius. Le frère de ce roi, qui prit la parole dans le sénat, accusa C. Cassius, d'avoir ravagé les terres des peuples des Alpes, leurs alliés, et d'avoir emmené de chez eux plusieurs milliers d'hommes pour les réduire en esclavage. A la même époque arrivèrent aussi des députés des Carniens, des Istriens et des Iapides. Ils exposèrent : « Que le consul Cassius avait d'abord exigé d'eux des guides pour diriger la marche de l'armée qu'il conduisait en Macédoine, et qu'il les avait quittés avec des apparences pacifiques, qui semblaient annoncer qu'il se disposait à une tout autre guerre; mais qu'ensuite, du milieu de sa route, il était revenu sur ses pas, et avait parcouru leur pays le fer à la main; qu'il avait promené partout la dévastation et l'incendie, sans qu'ils eussent pu soupçonner jusque-là quel motif avait porté ce consul à les traiter en ennemis. » Il fut répondu au roi des Gaulois absent et à ces peuples : « Qu'il n'avait pas été possible au sénat de prévoir les violences dont ils se plaignaient,

consularem virum, injurium esse, quum is reipublicæ caussa absit. Ubi ex Macedonia redisset C. Cassius, tum, si coram eum arguere vellent, cognita re senatum daturum operam, uti satisfiat. » Nec responderi tantum iis gentibus, sed legatos mitti, duos ad regulum trans Alpes, tres circa eos populos placuit, qui indicarent, quæ patrum sententia esset. Munera mitti legatis ex binis millibus æris censuerunt; duobus fratribus regulis hæc præcipua, torques duo ex quinque pondo auri facti, et vasa argentea quinque ex viginti pondo, et duo equi phalerati cum agasonibus, et equestria arma ac sagula; et comitibus eorum vestimenta liberis servisque. Hæc missa : illa petentibus data, ut denorum equorum iis commercium esset, educendique ex Italia potestas fieret; legati cum Gallis missi trans Alpes, C. Lælius, M. Æmilius Lepidus : ad ceteros populos C. Sicinius, P. Cornelius Blasio, T. Memmius.

VI. 8. Multarum simul Græciæ Asiæque civitatium legati Romam convenerunt. Primi Athenienses introducti : ii, « se, quod navium habuerint militumque, P. Licinio consuli et C. Lucretio prætori misisse » exposuerunt, « quibus eos non usos frumenti sibi centum

et que, si elles avaient eu lieu, il était loin de les approuver ; mais que la justice ne permettait pas de condamner, sans l'entendre, un personnage consulaire absent pour le service de la république ; que, lorsque C. Cassius serait de retour de la Macédoine, s'ils voulaient l'accuser en face, le sénat, après avoir pris connaissance de l'affaire, aurait soin qu'ils obtinssent satisfaction. » On ne crut pas devoir se borner à cette réponse, et l'on jugea à propos d'envoyer, en outre, des ambassadeurs à ces nations ; on en envoya deux au roi transalpin, et trois aux peuples dont il vient d'être fait mention, pour qu'ils leur déclarassent les intentions des sénateurs. D'après un arrêté du sénat, il fut donné aux envoyés deux mille as à titre de présent. Il fut remis de plus au prince gaulois, pour son frère et pour lui, deux colliers d'or pesant ensemble cinq livres, cinq vases d'argent du poids de vingt livres, deux chevaux caparaçonnés, avec les palfreniers, l'armure de cavalier et la saie ; on y ajouta des vêtemens pour tous les gens de leur suite, libres et esclaves. Indépendamment de ces présens, on leur accorda la permission qu'ils demandaient d'acheter chacun dix chevaux, et de les emmener hors de l'Italie. Les ambassadeurs qu'on chargea d'aller avec les Gaulois au delà des Alpes, furent C. Lélius et M. Émilius Lepidus ; on envoya chez les autres peuples C. Sicinius, P. Cornelius Blasion et T. Memmius.

VI. 8. Arrivèrent à la fois à Rome les députés de plusieurs cités de la Grèce et de l'Asie. Les Athéniens, introduits les premiers dans le sénat, exposèrent : « Qu'ils avaient envoyé au consul P. Licinius, et au préteur C. Lucretius, ce qu'ils possédaient de vaisseaux et de soldats ; que ceux-ci, au lieu de ces secours,

millia imperasse : quod, quamquam sterilem terram arent, ipsosque etiam agrestes peregrino frumento alerent, tamen, ne deessent officio, confecisse; et alia, quæ imperarentur, præstare paratos esse. » Milesii, nihil præstitisse memorantes, si quid imperare ad bellum senatus vellet, præstare se paratos esse, polliciti sunt. Alabandenses templum urbis Romæ se fecisse commemoraverunt, ludosque anniversarios ei divæ instituisse: et coronam auream quinquaginta pondo, quam in Capitolio ponerent, donum Jovi optimo maximo, adtulisse, et scuta equestria trecenta; ea, cui jussissent, tradituros. Donum ut in Capitolio ponere, et sacrificare liceret, petebant. Hoc et Lampsaceni, octoginta pondo coronam adferentes, petebant, commemorantes: « Discessisse se a Perseo, postquam romanus exercitus in Macedoniam venisset, quum sub ditione Persei, et ante Philippi fuissent. Pro eo, et quod imperatoribus romanis omnia præstitissent, id se tantum orare, ut in amicitiam populi romani reciperentur ; et, si pax cum Perseo fieret, exciperentur, ne in regiam potestatem reciderent. » Ceteris legatis comiter responsum; Lampsacenos in sociorum formulam referre Q. Mænius prætor jussus; munera omnibus in singulos binum millium æris data. Alabandenses scuta reportare ad A. Hostilium consulem in Macedoniam jussi. Et ex Africa legati simul

dont ils n'avaient point fait usage, les avaient sommés
de fournir cent mille boisseaux de blé; que, malgré la
stérilité de leur territoire et la nécessité où ils étaient
de tirer du blé de l'étranger, pour nourrir même les
habitans des campagnes, ils n'avaient pas laissé d'agir
de manière à ce qu'on n'eût rien à leur reprocher, et
qu'ils étaient prêts à tous les sacrifices qu'on leur com-
manderait. » Les Milésiens, en convenant qu'ils n'avaient
encore rien fait, déclarèrent qu'ils s'empresseraient de
fournir ce que le sénat exigerait d'eux pour les besoins
de la guerre. Les Alabandiens, après avoir rappelé
qu'ils avaient élevé un temple à la ville de Rome, et
institué des jeux annuels en l'honneur de Rome divi-
nisée, annoncèrent qu'ils apportaient une couronne
d'or, du poids de cinquante livres, pour la déposer dans
le Capitole, avec trois cents boucliers à l'usage de la
cavalerie, qu'ils étaient prêts de remettre à ceux que
l'on chargerait de les recevoir. Ils demandaient qu'il
leur fût permis de déposer leur présent dans le Capitole, et d'y offrir des sacrifices. Les Lampsacéniens
aussi apportaient une couronne d'or du poids de quatre-
vingts livres, et présentèrent la même requête en rappe-
lant : « Qu'assujétis à Persée, et même antérieurement
à Philippe, ils avaient quitté le parti de Persée dès que
l'armée romaine était arrivée en Macédoine. En considération de cela, et de l'empressement qu'ils avaient
mis à fournir aux généraux romains tout ce qui leur
était nécessaire; la seule faveur qu'ils demandaient était
d'être admis au nombre des alliés du peuple romain;
et, si l'on venait à faire la paix avec Persée, d'être
exemptés des peuples qui rentreraient sous la domination de ce roi. » On fit aux autres députés une réponse

Carthaginiensium, [et Masinissæ venerunt : Carthaginiensium], tritici decies centum millia et hordei quingenta indicantes se ad mare devecta habere, ut, quo senatus censuisset, deportarent. « Id munus officiumque suum scire minus esse, quam pro meritis populi romani et voluntate sua : sed sæpe alias, bonis in rebus utriusque populi, se gratorum fideliumque socium muneribus functos esse.» Item Masinissæ legati, tritici eamdem summam polliciti, et mille et ducentos equites, duodecim elephantos : et, si quid aliud opus esset, uti imperaret senatus : æque propenso animo, et quæ ipse ultro pollicitus sit, præstaturum esse. Gratiæ et Carthaginiensibus et regi actæ; rogatique, ut ea, quæ pollicerentur, ad Hostilium consulem in Macedoniam deportarent. Legatis in singulos binum millium æris munera missa.

VII. 9. Cretensium legatis, commemorantibus, se, quantum sibi imperatum a P. Licinio consule esset sagittariorum, in Macedoniam misisse, quum interrogati non inficiarentur, « apud Persea majorem numerum sagittariorum, quam apud Romanos, militare, » respon-

obligeante; quant aux Lampsacéniens, le préteur Q. Ménius eut ordre de les inscrire sur la liste des alliés. Tous reçurent chacun deux mille as à titre de présent. Les Alabandiens furent invités à reporter les boucliers au consul A. Hostilius en Macédoine. Arrivèrent en même temps d'Afrique les ambassadeurs des Carthaginois et de Masinissa. Ceux des Carthaginois annonçaient qu'ils avaient, tout voiturés au bord de la mer, un million de boisseaux de blé et cinq cent mille d'orge, qu'ils étaient prêts à faire transporter où il plairait au sénat. « Ce présent et ce service étaient loin, sans doute, de répondre aux bienfaits du peuple romain et à leur bonne volonté ; mais dans d'autres temps, lorsque la fortune des deux peuples était également prospère, ils avaient maintes fois rempli les devoirs de bons et fidèles alliés. » Les ambassadeurs de Masinissa, de leur côté, promirent la même quantité de blé, plus, douze cents chevaux et douze éléphans ; et si les Romains avaient quelque autre besoin, le sénat n'avait qu'à ordonner, Masinissa y satisferait avec autant d'empressement, qu'il en avait mis à faire ses premières offres. Des remercîmens furent adressés aux Carthaginois et au roi, et ils furent invités à faire parvenir au consul Hostilius, en Macédoine, les secours qu'ils promettaient de fournir. On fit remettre à chacun des ambassadeurs deux mille as à titre de présent.

VII. 9. Les ambassadeurs des Crétois représentèrent qu'ils avaient envoyé en Macédoine le nombre d'archers qu'avait exigé d'eux le consul P. Licinius ; mais comme ils se virent forcés de convenir, « qu'ils en avaient un plus grand nombre sous les étendards de Persée que sous ceux des Romains, » il leur fut répondu : « Que

sum est : « Si Cretenses bene ac gnaviter destinarent potiorem populi romani, quam regis Persei, amicitiam habere, senatum quoque romanum iis, tamquam certis sociis, responsum daturum esse. Interea nunciarent suis, placere senatui, dare operam Cretenses, ut, quos milites intra præsidia regis Persei haberent, eos primo quoque tempore domum revocarent. » Cretensibus cum hoc responso dimissis, Chalcidenses vocati; quorum legatio ipso introitu, ob id quod Mictio princeps eorum pedibus captus lectica est introlatus, ultimæ necessitatis extemplo visa res : in qua ita adfecto excusatio valetudinis, aut ne ipsi quidem petenda visa foret, aut data petenti non esset. Quum sibi nihil vivi reliquum, præterquam linguam ad deplorandas patriæ suæ calamitates, præfatus esset, exposuit civitatis primum suæ benefacta, et vetera, et ea, quæ Persei bello præstitissent ducibus exercitibusque romanis : tum quæ primo C. Lucretius in populares suos prætor romanus superbe, avare, crudeliter fecisset : deinde quæ tum quum maxime L. Hortensius faceret. « Quemadmodum omnia sibi, etiam iis, quæ patiantur, tristiora, patienda esse ducant potius, quam fide decedant. Quod ad Lucretium Hortensiumque adtineret, scire, tutius fuisse claudere portas, quam in urbem eos accipere. Qui exclusissent eos, Emathiam, Amphipolim, Maroneam, Ænum, incolumes esse : apud

quand les Crétois prouveraient, de manière à ce qu'on n'en pût douter, qu'ils préféraient l'amitié du peuple romain à celle du roi Persée, le sénat romain, de son côté, leur ferait la réponse qu'il convenait de faire à des alliés sur lesquels on pouvait compter; qu'en attendant, ils annonçassent à leurs concitoyens que, pour plaire au sénat, il fallait qu'ils rappelassent chez eux, le plus promptement possible, tous ceux de leurs soldats qui étaient au service du roi Persée. » Le sénat, après avoir congédié les Crétois avec cette réponse, fit appeler les Chalcidiens, dont l'aspect seul put faire juger sur-le-champ de l'excès de leurs maux. Miction, chef de la députation, privé de l'usage de ses jambes, fut introduit en litière, preuve d'une nécessité bien pressante, puisque ni lui ni ses concitoyens n'avaient trouvé son infirmité une raison suffisante pour le dispenser de partir. Après avoir commencé par dire qu'il ne lui restait plus que la langue pour déplorer les calamités de sa patrie, il énuméra les services que Chalcis avait rendus, et antérieurement, et dans la guerre actuelle contre Persée, aux généraux et aux armées des Romains; puis, il exposa les actes de tyrannie, d'avarice et de cruauté, commis envers ses compatriotes par le préteur romain C. Lucretius, et les excès de même nature que portait présentement à leur comble L. Hortensius. « Néanmoins, fussent-ils menacés de toutes sortes de maux encore plus cruels que ceux qu'ils enduraient, ils aimeraient mieux les supporter que de manquer à leur fidélité envers les Romains. Quant à Lucretius et à Hortensius, il eût sans doute été plus sûr, pour les Chalcidiens, de leur fermer leurs portes, que de les laisser entrer dans leur ville. Émathie, Am-

se templa omnibus ornamentis compilata; spoliaque sacrilegii C. Lucretium navibus Antium devexisse, libera corpora in servitutem abrepta : fortunas sociorum populi romani direptas esse, et quotidie diripi. Nam, ex instituto C. Lucretii, Hortensium quoque in tectis hieme pariter atque æstate navales socios habere, et domos suas plenas turba nautica esse; versari inter se, conjuges, liberosque suos, quibus nihil neque dicere pensi sit, neque facere. »

VIII. 10. Arcessere in senatum Lucretium placuit, ut disceptaret coram, purgaretque sese. Ceterum multo plura præsens audivit, quam in absentem jacta erant; et graviores potentioresque accessere accusatores duo tribuni plebis, M. Juventius Thalna et Cn. Aufidius. Ii non in senatu modo eum lacerarunt, sed in concionem etiam pertracto, multis objectis probris, diem dixerunt. Senatus jussu Chalcidensibus Q. Mænius prætor respondit : « Quæ bene meritos sese, et ante, et in eo bello, quod geratur, de populo romano dicant, ea et scire vera eos referre senatum, et, perinde ac debeant, grata esse. Quæ facta a C. Lucretio, fierique ab L. Hortensio prætoribus romanis querantur, ea neque facta, neque fieri voluntate senatus, quem non posse existimare,

phipolis, Maronée, Énus, qui n'avaient pas voulu les recevoir, étaient exemptes de toute calamité; tandis que, chez eux, les temples avaient été dépouillés de tous leurs ornemens par C. Lucretius qui, non content de charger sur ses vaisseaux, et de transporter à Antium ces dépouilles sacrilèges, avait traîné en esclavage des citoyens libres. Le système de brigandage dont les alliés du peuple romain avaient été les victimes, se reproduisait chaque jour: car Hortensius, à l'imitation de C. Lucretius, les forçait de loger, hiver comme été, ses soldats de marine, dont la foule remplissait leurs maisons; et il leur fallait souffrir sans cesse près d'eux, de leurs femmes et de leurs enfans, ces hommes, n'ayant aucune retenue ni dans leurs paroles, ni dans leurs actions. »

VIII. 10. Le sénat crut devoir faire comparaître devant lui Lucretius, pour qu'il répondît à ces accusations et se justifiât. Mais les reproches qu'il s'entendit adresser furent encore plus graves que ceux dont il avait été l'objet en son absence, et bientôt il eut des accusateurs plus accrédités et plus puissans dans les deux tribuns du peuple M. Juventius Thalna et Cn. Aufidius. Ces tribuns ne se bornèrent pas à s'élever contre lui avec violence dans le sénat; ils le traînèrent devant le peuple, l'accablèrent d'invectives, et le citèrent en jugement. Le préteur Q. Ménius, par ordre des sénateurs, répondit aux Chalcidiens : « Que le sénat reconnaissait la vérité de tout ce qu'ils avaient avancé au sujet et des services rendus par eux antérieurement au peuple romain, et de ceux qu'ils lui rendaient encore dans la présente guerre, et qu'il sentait tout le prix de ces services; que, quant aux excès qu'ils se plaignaient

qui sciat, bellum Persi, et ante Philippo patri ejus, intulisse populum romanum pro libertate Græciæ : non ut ea a magistratibus socii atque amici paterentur. Litteras se ad L. Hortensium prætorem daturos esse; quæ Chalcidenses querantur acta, ea senatui non placere : si qui in servitutem liberi venissent, ut eos conquirendos primo quoque tempore, restituendosque in libertatem curaret : sociorum navalium neminem, præter magistros, in hospitia deduci æquum censere. » Hæc Hortensio jussu senatus scripta. Munera binum millium æris legatis missa, et vehicula Mictioni publice locata, quæ eum Brundisium commode perveherent. C. Lucretium, ubi dies, quæ dicta erat, venit, tribuni ad populum accusarunt; multamque decies centum millium æris dixerunt. Comitiis habitis, omnes quinque et triginta tribus eum condemnarunt.

IX. 11. In Liguribus eo anno nihil memorabile gestum; nam nec hostes moverunt arma, neque consul in agrum eorum legiones induxit : et, satis explorata pace ejus anni, milites duarum legionum romanarum intra dies sexaginta, quam in provinciam venit, dimisit; sociorum nominis latini exercitu mature in hiberna Lunam et Pisas deducto, ipse cum equitibus Galliæ pro-

qu'avait commis le préteur C. Lucretius, et que commettait actuellement le préteur L. Hortensius, ces excès, le sénat les désapprouvait et au passé et au présent, comme devait bien le penser quiconque n'ignorait pas que le peuple romain faisait en ce moment la guerre à Persée, comme il l'avait faite auparavant à Philippe son père, pour rendre la Grèce à la liberté, et non pour exposer des peuples alliés et amis à de pareilles violences de la part de ses magistrats; qu'on allait écrire au préteur L. Hortensius que le sénat blâmait les actes dont se plaignaient les Chalcidiens, lui enjoindre de faire rechercher au plus tôt toutes les personnes libres qui se trouveraient réduites en esclavage, pour les remettre en liberté, et lui signifier qu'aucun soldat de marine, à l'exception des officiers, ne devait être logé chez les habitans. » Voilà ce qui fut écrit à Hortensius par ordre du sénat. Il fut remis à chacun des envoyés deux mille as à titre de présent, et l'on fournit à Miction, aux frais du trésor public, des voitures pour le transporter commodément à Brindes. Quand le jour fixé à C. Lucretius, pour comparaître, fut arrivé, les tribuns l'accusèrent devant le peuple, et conclurent à une amende d'un million d'as. Les comices assemblés, les trente-cinq tribus le condamnèrent à l'unanimité.

IX. 11. Cette année, il ne se passa rien de mémorable en Ligurie; car les ennemis ne firent aucun mouvement, et le consul ne conduisit pas ses légions sur leur territoire. Bien convaincu que la paix ne serait pas troublée durant le reste de l'année, il licencia les soldats des deux légions romaines, soixante jours après son arrivée dans sa province, mit de bonne heure en quartiers d'hiver, à Luna et à Pise, le corps de troupes

vinciæ pleraque oppida adiit. Nusquam alibi, quam in Macedonia, bellum erat : suspectum tamen et Gentium Illyriorum regem habebant; itaque et octo naves ornatas a Brundisio senatus censuit mittendas ad C. Furium legatum Issam, qui cum præsidio duarum issensium navium insulæ præerat; duo millia militum in eas naves sunt inposita, quæ M. Ræcius prætor ex senatusconsulto in ea parte Italiæ, quæ objecta Illyrico est, conscripsit; et consul Hostilius Ap. Claudium in Illyricum cum quatuor millibus peditum misit, ut adcolas Illyrici tutaretur : qui, non contentus iis, quas adduxerat, copiis, auxilia ab sociis conrogando, ad octo millia hominum vario genere armavit ; peragrataque omni ea regione, ad Lychnidum Dassaretiorum consedit.

X. 12. Haud procul inde Uscana oppidum finium plerumque Persei erat; decem millia civium habebat, et modicum, custodiæ caussa, Cretensium præsidium. Inde nuncii ad Claudium occulti veniebant : « Si propius copias admovisset, paratos fore, qui proderent urbem. Et operæ pretium esse; non se amicosque tantum, sed etiam milites præda expleturum. » Spes cupiditati admota ita obcæcavit animum, ut nec ex iis, qui venerant, quemquam retineret; nec obsides, pignus futuros furto et fraude agendæ rei, posceret; nec mit-

formé des alliés du nom latin, et parcourut, avec sa cavalerie, la plupart des villes de la province de Gaule. Il n'y avait de guerre nulle part ailleurs qu'en Macédoine. Toutefois on avait des soupçons sur Gentius, roi des Illyriens. Le sénat jugea donc à propos d'envoyer de Brindes huit vaisseaux bien équipés à Issa, au lieutenant C. Furius, qui défendait cette île avec deux bâtimens appartenant aux Isséens. On embarqua sur ces bâtimens deux mille soldats, que le préteur M. Récius leva, en vertu d'un sénatus-consulte, dans la partie de l'Italie qui fait face à l'Illyrie. De son côté, le consul Hostilius envoya en Illyrie quatre mille fantassins, sous les ordres d'Ap. Claudius, pour protéger les peuples voisins de ce pays. Celui-ci, non content des troupes qu'il amenait, ramassa chez les alliés des renforts d'auxiliaires, au moyen desquels il se composa un corps d'environ huit mille hommes de diverses nations, et, après avoir parcouru toute cette contrée, s'établit à Lychnide en Dassarétie.

X. 12. A peu de distance de là, était Uscana, ville qui s'était trouvée souvent enclavée dans les états de Persée; elle renfermait dix mille habitans, avec une faible garnison de Crétois. Il vint de cette ville des émissaires annoncer à Claudius : « Que, s'il faisait approcher ses troupes, un parti était prêt à lui livrer la ville, et que l'expédition en valait la peine, puisque le butin serait assez considérable pour enrichir non-seulement lui et ses amis, mais même les soldats. » Cette amorce, présentée à sa cupidité, l'aveugla au point de ne retenir aucun de ceux qui étaient venus ainsi le trouver, de ne point demander d'ôtages pour garantie de l'exécution d'une pareille trahison, de n'en-

teret exploratum; nec fidem acciperet: die tantum statuta profectus a Lychnido, duodecim millia ab urbe, ad quam tendebat, posuit castra. Quarta inde vigilia signa movit, mille ferme ad præsidium castrorum relictis: incompositi, longo agmine effusi, infrequentes, quum nocturnus error dissiparet, ad urbem pervenerunt. Crevit neglegentia, postquam neminem armatum in muris viderunt. Ceterum, ubi primum sub ictu teli fuerunt, duabus simul portis erumpitur; et ad clamorem erumpentium ingens strepitus e muris ortus ululantium mulierum cum crepitu undique æris; et incondita multitudo, turba inmixta servili, variis vocibus persouabat. Hic tam multiplex undique objectus terror effecit, ne sustinere primam procellam eruptionis Romani possent. Itaque fugientes plures, quam pugnantes, interemti sunt: vix duo millia hominum cum ipso legato in castra perfugerunt. Quo longius iter in castra erat, eo plures fessos consectandi hostibus copia fuit. Ne moratus quidem in castris Appius, ut suos dissipatos fuga colligeret (quæ res palatis per agros saluti fuisset), ad Lychnidum protinus reliquias cladis reduxit.

XI. 13. Hæc et alia, haud prospere in Macedonia gesta, ex Sex. Digitio tribuno militum, qui sacrificii caussa Romam venerat, sunt audita. Propter quæ veriti patres ne quæ major ignominia acciperetur, lega-

voyer personne à la découverte, ni même d'exiger de parole. Au jour convenu, il partit de Lychnide, et assit son camp à douze milles de la ville vers laquelle il se dirigeait; puis, à la quatrième veille, il se remit en marche, laissant environ mille hommes pour garder le camp. Ses troupes, s'avançant sans ordre sur une longue file, s'égarèrent au milieu des ténèbres de la nuit, et n'arrivèrent qu'en petit nombre devant la ville. Leur insouciance augmenta, lorsqu'ils n'aperçurent sur les murs aucun homme armé; mais, dès qu'ils furent à la portée du trait, il s'opéra simultanément une double sortie. Aux cris des habitans qui fondaient sur les Romains, se joignaient l'étourdissant retentissement des hurlemens que les femmes poussaient du haut des murailles, le bruit éclatant des cymbales, qui résonnaient de toutes parts, et les clameurs confuses d'une multitude mêlée d'hommes libres et d'esclaves. Effrayés d'un tumulte si grand et si général, les Romains ne purent pas soutenir même le premier choc; aussi en périt-il plus dans la fuite que dans le combat. A peine y eut-il deux mille hommes qui parvinrent à regagner le camp avec le lieutenant. Plus les fuyards en étaient éloignés, plus la fatigue en livrait au fer des ennemis qui les poursuivaient. Appius ne s'arrêta pas même pour recueillir dans le camp les siens, que la fuite avait dispersés (délai qui aurait pu sauver ceux qui se trouvaient répandus çà et là dans les campagnes), et ramena de suite à Lychnide les débris de sa défaite.

XI. 13. La nouvelle de cette déroute, et des autres revers essuyés en Macédoine, fut portée à Rome par le tribun des soldats, Sex. Digitius, que la nécessité d'offrir un sacrifice y avait ramené. Alors les séna-

tos in Macedoniam, M. Fulvium Flaccum, et M. Caninium Rebilum, miserunt, qui comperta, quæ agerentur, referrent; et ut A. Hostilius consul comitia consulibus subrogandis ita ediceret, uti mense januario comitia haberi possent, et ut primo quoque tempore in Urbem rediret. Interim M. Ræcio prætori mandatum, ut edicto senatores omnes ex tota Italia (nisi qui reipublicæ caussa abessent) Romam revocaret. Qui Romæ essent, ne quis ultra mille passuum ab Roma abesset. Ea, uti senatus censuit, sunt facta. Comitia consularia ante diem quintum kalendas februarias fuere. Creati consules sunt Q. Marcius Philippus iterum et Cn. Servilius Cæpio; post diem tertium prætores sunt facti C. Decimius, M. Claudius Marcellus, C. Sulpicius Gallus, C. Marcius Figulus, Ser. Cornelius Lentulus, P. Fonteius Capito. Designatis prætoribus præter duas urbanas, quatuor provinciæ sunt decretæ; Hispania, et Sardinia, et Sicilia, et classis. Legati ex Macedonia, exacto admodum mense februario, redierunt. Hi, quas res ea æstate prospere gessisset rex Perseus, referebant, quantusque timor socios populi romani cepisset, tot urbibus in potestatem regis redactis. « Exercitum consulis infrequentem commeatibus vulgo datis per ambitionem esse : culpam ejus rei consulem in tribunos militum, contra illos in consulem conferre. » Ignomi-

teurs, dans la crainte que les troupes romaines n'éprouvassent quelque désastre encore plus humiliant, envoyèrent en Macédoine, en qualité de commissaires, M. Fulvius Flaccus et M. Caninius Rebilus, pour y prendre une exacte connaissance de ce qui s'était passé, et en faire le rapport à leur retour. En même temps, il fut ordonné au consul A. Hostilius de fixer au mois de janvier les comices consulaires, et de revenir à Rome le plus promptement possible. Le préteur M. Récius fut chargé, de son côté, de rappeler à Rome, par un édit, tous les sénateurs dispersés dans les diverses parties de l'Italie (excepté ceux dont l'absence serait causée par quelque service public), et de notifier à tous ceux qui étaient présens, de ne pas s'éloigner de la ville au delà de mille pas. Toutes ces choses s'exécutèrent d'une manière conforme à la volonté du sénat. Les comices consulaires furent tenus le cinq des calendes de février. On y créa consuls, Q. Marcius Philippus, pour la seconde fois, et Cn. Servilius Cépion. Trois jours après, on nomma préteurs, C. Decimius, M. Claudius Marcellus, C. Sulpicius Gallus, C. Marcius Figulus, Ser. Cornelius Lentulus et P. Fonteius Capiton. Les quatre départemens qui leur furent assignés, outre les juridictions de la ville, furent l'Espagne, la Sardaigne, la Sicile et la flotte. Les commissaires revinrent de la Macédoine à la fin du mois de février. Ils firent connaître les succès que Persée avait remportés durant cette campagne, et les vives alarmes des alliés du peuple romain, en voyant tant de villes réduites sous la puissance de ce roi. « Des congés donnés outre mesure, pour capter la faveur du soldat, avaient beaucoup affaibli l'armée consulaire : le consul en rejetait la faute sur les tribuns des soldats,

niam, Claudii temeritate acceptam, elevare eos patres acceperunt, qui perpaucos italici generis, et magna ex parte tumultuario delectu conscriptos ibi milites amissos referebant. Consules designati, ubi primum magistratum inissent, de Macedonia referre ad senatum jussi; destinataeque provinciae iis sunt Italia et Macedonia. Hoc anno intercalatum est : tertio die post Terminalia kalendae intercalares fuere. Sacerdotes intra eum annum mortui, L. Flaminius [augur], pontifices duo decesserunt, L. Furius Philus et C. Livius Salinator; in locum Furii T. Manlium Torquatum, in Livii M. Servilium pontifices legerunt.

XII. 14. Principio insequentis anni quum consules novi Q. Marcius et Cn. Servilius de provinciis retulissent, primo quoque tempore aut comparare eos inter se Italiam et Macedoniam, aut sortiri placuit : priusquam id sors cerneret, in incertum, ne quid gratia momenti faceret, in utramque provinciam, quod res desideraret supplementi, decerni. In Macedoniam peditum romanorum sex millia, sociorum nominis latini sex millia : equites romanos ducentos quinquaginta, socios trecentos. Veteres milites dimitti, ita ut in singulas romanas legiones ne plus sena millia peditum, treceni equites essent. Alteri consuli nullus certus finitus numerus civium romanorum, quem in supplementum

et ceux-ci sur le consul. » Les sénateurs furent informés que, pour affaiblir la honte de l'échec dû à l'imprudence de Claudius, on publiait que sa perte ne consistait qu'en un petit nombre de soldats italiens, appartenant, pour la plupart, à des recrues levées à la hâte. Dès que les consuls désignés furent entrés en charge, il leur fut enjoint de mettre en délibération les affaires de la Macédoine, et on leur assigna pour provinces, la Macédoine et l'Italie. Cette année eut un mois intercalaire; les calendes intercalaires furent placées trois jours après les Terminales. Durant son cours, la mort frappa quelques personnages appartenant à l'ordre sacerdotal, savoir, l'augure L. Flaminius, et les pontifes L. Furius Philus et C. Livius Salinator. Le collège des pontifes leur donna pour successeurs, à Furius, T. Manlius Torquatus, et à Livius, M. Servilius.

XII. 14. Au commencement de l'année suivante, après la délibération au sujet des provinces consulaires, les nouveaux consuls Q. Marcius et Cn. Servilius furent invités à partager entre eux, au plus tôt, l'Italie et la Macédoine, ou à les tirer incessamment au sort; mais avant qu'il en eût décidé, pour ne rien abandonner à la faveur, on jugea à propos de déterminer les renforts qu'exigeait l'état des choses dans chacune des deux provinces. Il fut décrété, pour la Macédoine, six mille fantassins romains, avec pareil nombre qui seraient tirés de chez les alliés du nom latin, deux cents cavaliers romains et trois cents hommes de cavalerie alliée. Les anciens soldats devaient recevoir leur congé, en sorte que chaque légion romaine ne serait composée que de six mille fantassins et de trois cents cavaliers. Quant à l'autre consul, on ne lui désigna point com-

legeret : id modo finitum, ut duas legiones scriberet, quæ quina millia peditum et ducenos haberent, equites trecenos. Latinorum major, quam collegæ, decretus numerus : peditum decem millia et sexcenti equites; quatuor præterea legiones scribi jussæ, quæ, si quo opus esset, educerentur. Tribunos his, non permissum, ut consules facerent : populus creavit. Sociis nominis latini sexdecim millia peditum, et mille equites imperati. Hunc exercitum parari tantum placuit, ut exiret, si quo res posceret. Macedonia maxime curam præbebat: in classem mille socii navales cives romani libertini ordinis, ex Italia quingenti scribi jussi; totidem ut ex Sicilia scriberentur : et, cui ea provincia evenisset, mandatum, ut eos in Macedoniam, ubicumque classis esset, deportandos curaret. In Hispaniam tria millia peditum romanorum in supplementum, trecenti equites decreti. Finitus ibi quoque in legiones militum numerus, peditum quina millia duceni, et trecenti equites. Et sociis imperare prætor, cui Hispania obvenisset, jussus quatuor millia peditum, et trecentos equites.

XIII. 15. Non sum nescius, ab eadem neglegentia, qua nihil deos portendere vulgo nunc credant, neque nunciari admodum ulla prodigia in publicum, neque in annales referri. Ceterum et mihi, vetustas res scribenti,

bien il devait prendre de nouveaux soldats parmi les citoyens romains, et on se borna à lui prescrire de former deux légions qui fussent composées de cinq mille deux cents fantassins et de trois cents cavaliers. A l'égard des alliés du nom latin, il lui en fut assigné un plus grand nombre qu'à son collègue; ce nombre fut porté à dix mille fantassins et à six cents cavaliers. On le chargea d'enrôler en outre quatre légions qui fussent prêtes à marcher au besoin. Mais les consuls n'eurent pas le privilège d'en nommer les tribuns; ils le furent par le peuple. Le contingent exigé des alliés du nom latin fut de seize mille fantassins et de mille cavaliers. Le sénat fit organiser cette armée purement par précaution, pour qu'elle se portât où besoin serait. La Macédoine occupait surtout sa sollicitude. En conséquence, il fut ordonné une levée de deux mille marins, dont une moitié devait être prise parmi les citoyens romains de la classe des affranchis, et l'autre en Sicile; et le consul à qui le sort assignerait la Macédoine, fut chargé de les faire transporter dans cette province, à l'endroit quelconque où se trouverait la flotte. On décréta, pour l'Espagne, un renfort de trois mille fantassins et de trois cents cavaliers romains, et le nombre des soldats qui devaient y servir fut fixé à cinq mille fantassins et à trois cents cavaliers par légion. Le préteur à qui le sort assignerait l'Espagne, eut ordre d'exiger, des alliés espagnols, quatre mille fantassins et trois cents cavaliers.

XIII. 15. Je n'ignore pas que, présentement, on ne croit plus aux présages par lesquels les dieux annoncent l'avenir, et que, par conséquent, on s'abstient tout-à-fait de publier les prodiges et de les mentionner dans les

nescio quo pacto, antiquus fit animus; et quædam religio tenet, quæ illi prudentissimi viri publice suscipienda censuerint, ea pro indignis habere, quæ in meos annales referam. Anagnia duo prodigia eo anno sunt nunciata; facem in cœlo conspectam, et bovem feminam locutam publice ali. Minturnis quoque per eos dies cœli ardentis species adfulserat. Reate imbri lapidavit. Cumis in arce Apollo triduum ac tres noctes lacrymavit. In urbe romana duo æditui nunciarunt, alter, in æde Fortunæ anguem jubatum a compluribus visum esse : alter, in æde Primigeniæ Fortunæ, quæ in colle est, duo diversa prodigia; palmam in area enatam, et sanguine interdiu pluisse. Duo non suscepta prodigia sunt, alterum, quod in privato loco factum esset, palmam enatam in inpluvio suo T. Marcius Figulus nunciabat : alterum, quod in loco peregrino, Fregellis in domo L. Atrei hasta, quam filio militi emerat, interdiu plus duas horas arsisse, ita ut nihil ejus ambureret ignis, dicebatur. Publicorum prodigiorum caussa libri a decemviris aditi; quadraginta majoribus hostiis quibus diis consules sacrificarent, ediderunt, et ut supplicatio fieret, cunctique magistratus circa omnia pulvinaria victimis majoribus sacrificarent, populusque coronatus esset. Omnia, uti decemviri præierunt, facta.

annales : mais, en écrivant l'histoire des temps reculés, mon esprit reprend involontairement la couleur antique, et je me serais fait un scrupule de bannir de mes annales, comme indignes d'y figurer, des faits que la haute sagesse de nos aïeux jugeait mériter une expiation publique. A Anagnie, on annonça, cette année, deux prodiges : on y avait vu une flamme briller dans les airs, et on y avait entendu parler une vache, que la ville nourrissait à ses frais. A Minturnes aussi, durant les mêmes jours, le ciel avait paru tout en feu. A Réate, il plut des pierres; à Cumes, dans la citadelle, la statue d'Apollon pleura trois jours et trois nuits. A Rome, deux gardiens des édifices sacrés annoncèrent, l'un que plusieurs personnes avaient vu, dans le temple de la Fortune, un serpent ayant une crête; l'autre que, dans celui de la Fortune-Primigénie, qui est sur le mont Quirinal, il était arrivé deux prodiges différens, savoir, qu'une palme était sortie du sol, et qu'il avait plu du sang en plein jour. Deux autres prodiges, auxquels on ne fit point attention, venaient encore d'avoir lieu : le premier, dans un endroit privé; le second, dans un lieu étranger. T. Marcius Figulus déclarait qu'il était né dans sa cour un palmier, et l'on annonçait qu'à Frégelles, dans la maison de L. Atreus, une lance, qu'il avait achetée pour son fils, alors au service, avait brûlé de jour, pendant plus de deux heures, sans que le feu l'eût tant soit peu endommagée. Les décemvirs, après avoir consulté les livres sibyllins au sujet de ceux de ces prodiges qui intéressaient le peuple romain, indiquèrent les dieux auxquels les consuls devaient immoler quarante grandes victimes, puis ordonnèrent des prières publiques, avec des sacrifices de grandes vic-

XIV. 16. Censoribus deinde creandis comitia edicta sunt; petierunt censuram principes civitatis, C. Valerius Lævinus, L. Postumius Albinus, P. Mucius Scævola, M. Junius Brutus, C. Claudius Pulcher, Ti. Sempronius Gracchus. Hos duos censores creavit populus romanus. Quum delectus habendi major, quam alias, propter macedonicum bellum cura esset, consules plebem apud senatum accusabant, quod et juniores non responderent; adversus quos C. Sulpicius et M. Claudius tribuni plebis caussam egerunt. « Non consulibus, sed ambitiosis consulibus, delectum difficilem esse; neminem invitum militem ab iis fieri. Id ut ita esse scirent et patres conscripti, prætores, quibus et vis imperii minor et auctoritas esset, delectum, si ita senatui videretur, perfecturos esse. » Id prætoribus magna patrum [consensione], non sine sugillatione consulum, mandatum est. Censores, ut eam rem adjuvarent, ita in concione edixerunt : « Legem censui censendo dicturos esse, ut, præter commune omnium civium jusjurandum, hæc adjurarent : Tu minor annis sex et quadraginta es, tuque ex edicto C. Claudii, Ti. Sempronii censorum ad delectum prodibis ; et, quotiescumque delectus erit,

times que le corps entier des magistrats offrirait dans tous les temples, et auxquels le peuple assisterait la couronne sur la tête. Le tout fut exécuté ainsi que les décemvirs l'avaient prescrit.

XIV. 16. Ensuite on annonça les comices pour l'élection des censeurs, et la censure fut briguée par les plus distingués d'entre les citoyens. Les candidats étaient C. Valerius Lévinus, L. Postumius Albinus, P. Mucius Scévola, M. Junius Brutus, C. Claudius Pulcher et Ti. Sempronius Gracchus. Le peuple romain créa censeurs ces deux derniers. Comme l'importance de la guerre de Macédoine faisait apporter aux levées plus de soin que de coutume, les consuls adressèrent au sénat des plaintes contre le peuple, la jeunesse ne répondant pas à leur appel. Mais les tribuns C. Sulpicius et M. Claudius en prirent contre eux la défense : « Les levées n'étaient pas difficiles aux consuls, dirent-ils ; elles l'étaient à des consuls ambitieux qui, voulant se ménager la faveur populaire, n'osaient forcer personne à prendre rang dans l'armée. Pour en convaincre les pères conscrits, les préteurs, qui avaient bien moins de pouvoir et d'autorité que les consuls, s'offraient à faire les levées, si le sénat y consentait. » Les sénateurs s'empressèrent de charger les préteurs de cette opération, ce qui ne laissa pas de valoir aux consuls quelques traits mordans. Les censeurs, à l'appui de cette décision du sénat, convoquèrent le peuple, et déclarèrent : « Qu'outre le serment que devait prononcer chaque citoyen, lors du dénombrement, ils allaient en exiger un autre d'après lequel tout citoyen n'ayant pas atteint quarante-six ans, serait tenu de se présenter à cet appel, et, s'il n'était pas enrôlé, toutes les fois qu'il y

quem his censoribus magistratus habebunt, si miles factus non eris, in delectum prodibis. » Item, quia fama erat, multos ex macedonicis legionibus, incertis commeatibus per ambitionem imperatorum ab exercitu abesse, edixerunt de militibus, P. Ælio, C. Popillio consulibus, postve eos consules in Macedoniam scriptis: « Ut, qui eorum in Italia essent, intra dies triginta, censi prius apud sese, in provinciam redirent; qui in patris aut avi potestate essent, eorum nomina ad se ederentur. Missorum quoque caussas sese cognituros esse ; et, quorum ante emerita stipendia gratiosa missio sibi visa esset, eos milites fieri jussuros. » Hoc edicto litterisque censorum per fora et conciliabula dimissis, tanta multitudo juniorum Romam convenit, ut gravis urbi turba insolita esset.

XV. 17. Præter delectum eorum, quos in supplementum mitti oportebat, quatuor a C. Sulpicio prætore scriptæ legiones sunt, intraque undecim dies delectus est perfectus. Consules deinde sortiti provincias sunt; nam prætores propter jurisdictionem maturius sortiti erant. Urbana C. Sulpicio, peregrina C. Decimio obtigerat, Hispaniam M. Claudius Marcellus, Siciliam Ser. Cornelius Lentulus, Sardiniam P. Fonteius Capito, classem C. Marcius Figulus erat sortitus. Consulum Cn. Servilio Italia, Q. Marcio Macedonia obvenit. Latinis-

en aurait un nouveau, durant la censure de C. Claudius et de Ti. Sempronius. » De plus, sur le bruit qui courait qu'un assez grand nombre de soldats, appartenant aux légions alors en Macédoine, étaient absens de l'armée, à la faveur de congés équivoques, complaisamment accordés par les généraux, ils rendirent un édit concernant les soldats enrôlés pour la Macédoine, sous le consulat de P. Élius et de C. Popillius ou depuis : « Ceux qui étaient en Italie, devaient venir leur prêter un nouveau serment, et regagner leur province dans l'espace de trente jours; ceux qui dépendaient d'un père ou d'un aïeul, devaient venir leur donner leurs noms. De plus, les motifs des exemptions seraient examinés par eux; et tous ceux qui, sans avoir fait leur temps, paraîtraient avoir été exemptés par faveur, seraient tenus de rejoindre leurs étendards. » Cet édit et la circulaire des censeurs, envoyés dans toutes les villes et bourgs, amenèrent à Rome une si grande multitude de jeunes gens, que cette foule extraordinaire se trouva lui être à charge.

XV. 17. Outre les recrutemens jugés nécessaires, le préteur C. Sulpicius forma quatre légions, et l'enrôlement fut terminé dans l'espace de onze jours. Ensuite, les consuls tirèrent leurs provinces au sort. Le danger d'une trop longue vacance des tribunaux avait obligé les préteurs de tirer au sort les leurs avant eux. La juridiction urbaine était échue à C. Sulpicius, et la juridiction sur les étrangers à C. Decimius : le sort avait assigné à M. Claudius Marcellus, l'Espagne; à Ser. Cornelius Lentulus, la Sicile; à P. Fonteius Capiton, la Sardaigne, et à C. Marcius Figulus, la flotte. Quant aux consuls, Cn. Servilius eut l'Italie, et Q. Marcius,

que actis, Marcius extemplo est profectus. Cæpione deinde referente ad senatum, quas ex novis legionibus duas legiones secum in Galliam duceret, decrevere patres, ut C. Sulpicius, M. Claudius prætores ex his, quas scripsissent, legionibus, quas videretur, consuli darent. Indigne patiens prætorum arbitrio consulem subjectum, dimisso senatu, ad tribunal prætorum stans postulavit, ex senatusconsulto destinarent sibi duas legiones; prætores consulis in eligendo arbitrium fecerunt. Senatum deinde censores legerunt : M. Æmilius Lepidus princeps ab tertiis jam censoribus lectus. Septem e senatu ejecti sunt. In censu accipiendo populi milites ex macedonico exercitu, qui quam multi abessent ab signis, census docuit, in provinciam cogebant : caussas stipendiis [nondum emeritis] missorum cognoscebant; et, cujus nondum justa missio visa esset, ita jusjurandum adigebant : « Ex tui animi sententia, tu ex edicto C. Claudii, Ti. Sempronii censorum in provinciam Macedoniam redibis, quod sine dolo malo facere poteris? »

XVI. 18. In equitibus recensendis tristis admodum eorum atque aspera censura fuit : multis equos ademerunt. In ea re quum equestrem ordinem obfendissent, flammam invidiæ adjecere edicto, quo edixerunt : « Ne quis eorum, qui Q. Fulvio, A. Postumio censoribus publica vectigalia aut ultro tributa conduxissent, ad ha-

la Macédoine. Marcius partit aussitôt après les féries latines. Ensuite, sur la demande que Cépion fit au sénat de désigner les deux légions de nouvelles levées qu'il devait emmener avec lui en Gaule, les sénateurs décidèrent que les préteurs C. Sulpicius et M. Claudius, qui venaient de former ces légions, donneraient au consul celles qu'ils jugeraient à propos. Ne pouvant voir sans indignation un consul mis à la discrétion des préteurs, il congédia le sénat, se présenta au tribunal des préteurs, et leur demanda de lui assigner deux légions, aux termes du sénatus-consulte. Les préteurs rendirent au consul la liberté du choix. Ensuite les censeurs firent la revue du sénat. M. Émilius Lepidus en fut nommé prince pour la troisième fois, et sept d'entre les sénateurs furent exclus. Instruits, par le dénombrement du peuple, de la quantité de soldats appartenant à l'armée de Macédoine, qui avaient quitté leurs étendards, les censeurs les contraignirent de regagner cette province, revisèrent les congés délivrés avant le temps prescrit, et ceux dont les exemptions ne furent point reconnues valables, dûrent répondre sous serment à ces paroles : « Promettez-vous, de bonne-foi et sur votre conscience, de retourner dans la province de Macédoine, conformément à l'édit des censeurs C. Claudius et Ti. Sempronius ? »

XVI. 18. Ces censeurs montrèrent une très-grande sévérité dans la revue qu'ils firent des chevaliers : ils en privèrent un assez grand nombre de leurs chevaux. Cette rigueur indisposa contre eux l'ordre équestre ; mais ils mirent le comble à son mécontentement par un édit portant : « Qu'aucun de ceux qui, sous la censure de Q. Fulvius et d'A. Postumius, avaient été ou fermiers

stam suam accederet, sociusve aut adfinis ejus conductionis esset. » Sæpe id querendo veteres publicani quum inpetrare nequissent ab senatu, ut modum potestati censoriæ inponerent, tandem tribunum plebis P. Rutilium, ex rei privatæ contentione iratum censoribus, patronum caussæ nacti sunt. Clientem libertinum parietem in Sacra via adversus ædes publicas demoliri jusserant, quod publico inædificatus esset; adpellati a privato tribuni; quum præter Rutilium nemo intercederet, censores ad pignora capienda miserunt, multamque pro concione privato dixerunt. Hinc contentione orta, quum veteres publicani se ad tribunum contulissent, rogatio repente sub unius tribuni nomine promulgatur: « Quæ publica vectigalia aut ultro tributa C. Claudius et Ti. Sempronius locassent, ea rata locatio ne esset; ab integro locarentur, et ut omnibus redimendi et conducendi promiscue jus esset. » Diem ad ejus rogationem concilio tribunus plebis dixit: qui postquam venit, ut censores ad dissuadendum processerunt, Graccho dicente, silentium fuit; quum Claudio obstreperetur, audientiam facere præconem jussit. Eo facto, avocatam a se concionem tribunus questus, et in ordinem se coactum, ex Capitolio, ubi erat concilium, abiit. Postero die ingentes tumultus ciere. Ti. Gracchi primum bona consecravit, quod in multa pignoribusque ejus, qui tri-

du trésor public, ou entrepreneurs de travaux publics, ne pourraient ni se présenter aux nouvelles adjudications, ni même y prendre indirectement la moindre part. » Souvent les anciens publicains s'étaient plaints au sénat des censeurs, et l'avaient inutilement prié de mettre des bornes à leur pouvoir. Enfin ils trouvèrent un défenseur de leur cause dans le tribun du peuple P. Rutilius, qu'une querelle particulière avait animé contre les censeurs actuels. Un affranchi de ses cliens avait été contraint par eux de démolir un mur qu'il avait fait élever dans la rue Sacrée, en face d'un édifice public, sous prétexte qu'il en gênait les abords. Le particulier en appela aux tribuns; mais comme personne, excepté Rutilius, ne formait opposition, les censeurs envoyèrent faire une saisie chez le particulier, et le condamnèrent publiquement à une amende. Il résulta de là une contestation, à la suite de laquelle les anciens publicains eurent recours au tribun; et celui-ci promulga, en son nom, un projet de loi dont les dispositions tendaient « à annuler les diverses adjudications faites par C. Claudius et Ti. Sempronius, et à faire procéder à de nouvelles dont personne ne serait écarté. » Le tribun du peuple indiqua en même temps le jour où il se proposait de faire adopter son projet de loi. Ce jour venu, les censeurs se présentèrent pour le combattre. L'assemblée demeura calme tant que parla Gracchus; mais Claudius, se voyant interrompu par des murmures, ordonna au crieur public de rétablir le silence. Offensé de cet acte d'autorité, dans une assemblée qu'il avait convoquée, le tribun se plaignit de l'atteinte portée à sa dignité, et quitta le Capitole, lieu de la réunion. Le lendemain, il y eut beaucoup de tu-

bunum adpellasset, intercessioni non parendo, se in ordinem coegisset. C. Claudio diem dixit, quod concionem ab se avocasset, et utrique censori perduellionem se judicare pronunciavit, diemque comitiis a C. Sulpicio praetore urbano petiit. Non recusantibus censoribus, qui minus primo quoque tempore judicium de se populus faceret, in ante dies octavum et septimum kalendas octobres comitiis perduellionis dicta dies. Censores extemplo in atrium Libertatis escenderunt; et, ibi signatis tabellis publicis, clausoque tabulario, et dimissis servis publicis, negarunt, se prius quidquam publici negotii gesturos, quam judicium populi de se factum esset. Prior Claudius caussam dixit; et, quum ex duodecim centuriis equitum octo censorem condemnassent, multaeque aliae primae classis, extemplo principes civitatis in conspectu populi, annulis aureis positis, vestem mutarunt, ut supplices plebem circumirent. Maxime tamen sententiam vertisse dicitur Ti. Gracchus, quod, quum clamor undique plebis esset, periculum Graccho non esse, conceptis verbis juravit, si collega damnatus esset, non exspectato de se judicio, comitem exsilii ejus futurum. Adeo tamen ad extremum spei venit reus, ut octo centuriae ad damnationem defuerint. Absoluto Claudio, tribunus plebis negavit se Gracchum morari.

multe : d'abord le tribun déclara les biens de Ti. Gracchus confisqués au profit des temples, pour avoir, en punissant, au mépris de son opposition, d'une saisie et d'une amende, un citoyen qui en avait appelé à la puissance tribunitienne, outragé l'ordre des tribuns. Ensuite, il cita devant le peuple C. Claudius, l'accusant d'avoir usurpé ses pouvoirs dans une assemblée qu'il présidait, déclara sa résolution de poursuivre les deux censeurs, comme coupables d'un crime d'état, et chargea C. Sulpicius, préteur de la ville, de fixer le jour où le peuple s'assemblerait pour les juger. Sur la déclaration des censeurs, qu'ils ne se refusaient pas à être jugés au plus tôt par le peuple, l'époque des comices, qui devaient être tenus pour ce jugement, fut fixée au huit et au sept des calendes d'octobre. Les censeurs montèrent sur-le-champ dans le vestibule du temple de la Liberté, et là, après avoir scellé de leur sceau les registres de l'état, fermé les bureaux et renvoyé les appariteurs, ils déclarèrent qu'ils ne s'occuperaient d'aucune affaire publique, jusqu'à ce que le peuple eût rendu le jugement qu'il était appelé à prononcer sur leur compte. Claudius comparut le premier; ce censeur était déjà condamné par huit des douze centuries des chevaliers, et par plusieurs autres de la première classe, lorsque tout-à-coup les principaux personnages de la république, déposant leurs anneaux d'or en présence de la multitude, prirent des habits de deuil, et, dans cet appareil suppliant, sollicitèrent le peuple en faveur des accusés. Mais ce fut, dit-on, la fermeté de Ti. Gracchus qui eut le plus de pouvoir sur les esprits. Aux cris poussés de tous côtés par le peuple, qu'il n'avait rien à craindre pour lui-même, il jura solennellement d'ac-

XVII. 19. Eo anno, postulantibus Aquileiensium legatis, ut numerus colonorum augeretur, mille et quingentæ familiæ ex senatusconsulto scriptæ, triumvirique, qui eas deducerent, missi sunt, T. Annius Luscus, P. Decius Subulo, M. Cornelius Cethegus. Eodem anno C. Popillius et Cn. Octavius legati, qui in Græciam missi erant, senatusconsultum, Thebis primum recitatum, per omnes Peloponnesi urbes circumtulerunt: « Ne quis ullam rem in bellum magistratibus romanis conferret, præterquam quod senatus censuisset. » Hoc fiduciam in posterum quoque præbuerat, levatos se oneribusque inpensisque, quibus, alia aliis imperantibus, exhauriebantur. Achaico concilio Ægii agitato, benigne locuti auditique, egregia spe futuri status fidissima gente relicta, in Ætoliam trajecerunt. Ibi nondum quidem seditio erat, sed omnia suspecta, criminumque inter ipsos plena; ob quæ obsidibus postulatis, neque exitu rei inposito, in Acarnaniam inde profecti legati sunt. Thyrii concilium legatis Acarnanes dederunt. Ibi quoque inter factiones erat certamen : quidam principum postulare, ut præsidia in urbes suas inducerentur adver-

compagner en exil son collègue, s'il était condamné, sans attendre qu'on eût prononcé sur lui-même. Cependant Claudius courut un très-grand danger, et il ne manqua pour sa condamnation, que le suffrage de huit centuries. Claudius absous, le tribun du peuple déclara qu'il renonçait à toute poursuite contre Gracchus.

XVII. 19. Cette année, sur la requête des envoyés des Aquiléens, qui demandaient qu'on augmentât le nombre des colons, quinze cents familles furent inscrites en vertu d'un sénatus-consulte. Les triumvirs qui eurent mission de les conduire, furent T. Annius Luscus, P. Decius Subulon et M. Cornelius Cethegus. La même année, C. Popillius et Cn. Octavius, qui avaient été envoyés en Grèce en qualité de commissaires, lurent publiquement; à Thèbes d'abord, puis dans toutes les villes du Péloponnèse, le sénatus-consulte qui enjoignait à toutes les cités « de ne rien fournir aux généraux romains, pour la guerre, au delà de ce qui leur avait été alloué par le sénat. » Ce sénatus-consulte fit concevoir aux villes, dans lesquelles la lecture en fut faite, l'espoir de se voir délivrées à l'avenir des diverses charges qui leur étaient arbitrairement imposées, et qui les épuisaient. Le langage bienveillant des commissaires les fit écouter avec un vif intérêt dans l'assemblée des Achéens, qui se tenait à Égium. Laissant cette nation très-fidèle remplie des plus douces espérances pour l'avenir, ils passèrent en Étolie. Ce pays n'était pas encore, à la vérité, en proie à la guerre civile; mais il y régnait une méfiance générale, et ce n'était qu'accusations réciproques. Les commissaires, voyant cet état de choses, demandèrent des ôtages, et, sans avoir pu rien terminer, partirent pour l'Acarnanie. Le conseil des Acarna-

sus amentiam eorum, qui ad Macedonas gentem trahebant: pars recusare, ne, quod bello captis et hostibus mos esset, id pacatæ et sociæ civitates ignominiæ acciperent. Justa deprecatio hæc visa. Larissam ad Hostilium proconsulem (ab eo enim missi erant) legati redierunt. Octavium retinuit secum. Popillium cum mille ferme militibus in hiberna Ambraciam misit.

XVIII. 20. Perseus, principio hiemis egredi Macedoniæ finibus non ausus, ne qua in regnum vacuum inrumperent Romani, sub tempus brumæ, quum inexsuperabiles ab Thessalia montes nivis altitudo facit, occasionem esse ratus frangendi finitimorum spes animosque, ne quid, averso se in romanum bellum, periculi subesset, quum a Thracia pacem Cotys, ab Epiro Cephalus repentina defectione ab Romanis præstarent, Dardanos recens domuisset bellum, solum infestum esse Macedoniæ latus, quod ab Illyrico pateret, cernens, neque ipsis quietis Illyriis, et aditum præbentibus Romanis, si domuisset proximos Illyriorum, Gentium quoque regem jam diu dubium in societatem perlici posse, cum decem millibus peditum, quorum pars phalangitæ erant, et duobus millibus levium armatorum, et quin-

niens les reçut à Thyrium. Là aussi les factions étaient aux prises. Quelques-uns des principaux demandèrent qu'on mît des garnisons romaines dans leurs villes, pour contenir la frénésie de ceux qui s'efforçaient d'entraîner la nation dans le parti des Macédoniens; d'autres priaient qu'on ne fît pas, à des villes alliées et paisibles, un affront réservé d'ordinaire aux villes ennemies réduites par la force des armes. Ces humbles représentations parurent justes : les commissaires revinrent trouver, à Larisse, le proconsul Hostilius (car c'était de lui qu'ils tenaient leur mission). Hostilius retint Octavius auprès de lui, et envoya Popillius, avec environ mille soldats, en quartiers d'hiver à Ambracie.

XVIII. 20. Persée, au commencement de l'hiver, n'avait pas osé sortir de la Macédoine, dans la crainte que son royaume, dégarni de forces, ne fût envahi par les Romains; mais vers le milieu de cette saison, à l'époque où l'abondance des neiges rend les montagnes inaccessibles du côté de la Thessalie, il pensa que c'était là le moment d'accabler ceux de ses voisins dont il pourrait avoir quelque chose à craindre, tandis qu'il serait occupé à faire la guerre aux Romains. Tranquille du côté de la Thrace, dont le roi Cotys était son allié; du côté de l'Épire, à qui Céphale venait de faire abandonner le parti des Romains; il ne voyait la Macédoine ouverte, et exposée à une invasion, que du côté de l'Illyrie, dont les peuples commençaient à remuer, et même donnaient passage aux Romains. Or, dompter les voisins des Illyriens pouvait mettre un terme à l'irrésolution que montrait depuis long-temps le roi Gentius, et décider ce prince à faire cause commune avec lui. D'après ces considérations, Persée se mit en route

gentis equitibus profectus, Stuberam venit. Inde frumento complurium dierum sumto, jussoque adparatu obpugnandarum urbium sequi, tertio die ad Uscanam (penestianæ terræ ea maxima urbs est) posuit castra: prius tamen, quam vim admoveret, missis, qui tentarent nunc præfectorum præsidii, nunc oppidanorum animos; erat autem ibi cum juventute Illyriorum romanum præsidium. Postquam nihil pacati referebant, obpugnare est adortus, et corona eam capere conatus est: quum sine intermissione interdiu noctuque alii aliis succedentes, pars scalas muris, ignem portis inferrent, sustinebant tamen eam tempestatem propugnatores urbis; quia spes erat, neque hiemis vim diutius pati Macedonas in aperto posse, nec ab romano bello tantum regi laxamenti fore, ut posset morari. Ceterum, postquam vineas agi, turresque excitari viderunt, victa pertinacia est; nam, præterquam quod adversus vim pares non erant, ne frumenti quidem aut ullius alterius rei copia intus erat, ut in necopinata obsidione. Itaque quum spei nihil ad resistendum esset, C. Carvilius Spoletinus et C. Afranius a præsidio romano missi, qui a Perseo peterent, primo, ut armatos suaque secum ferentes abire sineret; dein, si id minus inpetrarent, vitæ tantum libertatisque fidem acciperent. Promissum id benignius est ab rege, quam præstitum; exire enim sua

avec dix mille fantassins, tirés en partie de la phalange, deux mille hommes de troupes légères, cinq cents cavaliers, et gagna Stubera. Là, il fit provision de blé pour plusieurs jours, et donna des ordres pour se faire suivre par des machines de siège; puis, au bout de trois jours de marche, il campa près d'Uscana (c'est la principale ville de la contrée pénestienne). Toutefois, avant d'employer la force, il fit sonder les chefs de la garnison, ainsi que les habitans; mais la ville renfermait, outre un nombre considérable de soldats illyriens, un corps de troupes romaines. Comme les rapports de ses émissaires lui faisaient connaître que là les dispositions n'étaient nullement pacifiques, il commença le siège, et essaya de réduire la place en l'attaquant sur tous les points. Bien que les assaillans se succédassent jour et nuit sans interruption, les uns tentant l'escalade, les autres mettant le feu aux portes, les défenseurs de la cité ne laissaient pas de faire tête à l'orage, dans l'espoir que les Macédoniens, privés d'abri, ne pourraient pas supporter plus long-temps les rigueurs de l'hiver, et que, d'ailleurs, les Romains ne laisseraient pas au roi le temps d'en venir à ses fins. Mais quand ils virent les assiégeans employer les mantelets et les tours, leur opiniâtreté céda; car, outre qu'ils n'étaient pas en état de tenir contre des forces si supérieures, la ville, qui n'avait nullement prévu qu'elle aurait un siège à soutenir, manquait de blé et de toutes sortes de provisions. Ainsi, tout espoir de résister étant perdu, C. Carvilius de Spolette et C. Afranius allèrent trouver Persée, au nom de la garnison romaine, pour lui demander de la laisser sortir avec armes et

secum efferentibus jussis primum arma ademit; his urbe egressis, et Illyriorum cohors (quingenti erant), et Uscanenses se urbemque dediderunt.

XIX. 21. Perseus, præsidio Uscanæ inposito, multitudinem omnem deditorum, quæ prope numero exercitum æquabat, Stuberam abducit. Ibi Romanis (quatuor millia autem hominum erant), præter principes, in custodiam civitatium divisis, Uscanensibus Illyriisque venditis, in Penestiam exercitum reducit ad Oæneum oppidum in potestatem redigendum; et alioqui opportune situm, et transitus ea est in Labeates, ubi Gentius regnabat. Prætereunti frequens castellum, Draudacum nomine, peritorum quidam regionis ejus: « Nihil Oæneo capto opus esse, ait, nisi in potestate et Draudacum sit; opportunius etiam ad omnia positum esse. » Admoto exercitu, omnes extemplo dediderunt sese. Qua spe celeriore deditione erectus, postquam animadvertit, quantus agminis sui terror esset, undecim alia castella eodem metu in potestatem redigit: ad perpauca vi opus fuit, cetera voluntate dedita; et in his recepti mille et

bagages, ou, s'ils ne pouvaient obtenir cette condition, tâcher que du moins il accordât aux Romains la vie sauve et la liberté. Le roi leur promit d'un ton bienveillant ce qu'ils demandaient, mais ne tint guère sa parole ; car, après avoir fait inviter les Romains à se retirer en emportant ce qui leur appartenait, il commença par leur enlever leurs armes. Ceux-ci une fois sortis de la ville, la cohorte des Illyriens (ils étaient au nombre de cinq cents) et les Uscaniens se rendirent et livrèrent la ville.

XIX. 21. Persée, après avoir mis garnison dans Uscana, emmena à Stubera tous ses prisonniers, dont la multitude égalait presque une armée. Là, ne retenant auprès de lui que les chefs, il envoya les soldats romains (ils étaient au nombre de quatre mille hommes) dans les diverses villes où ils devaient rester prisonniers, et vendit les Uscaniens et les Illyriens; ensuite il ramena son armée dans la Pénestie, la dirigeant vers Oénée, dans le but de s'emparer de cette ville. Oénée, outre l'avantage de sa situation, lui donnait entrée chez les Labéates, sur lesquels régnait Gentius. Comme il passait auprès d'une place nommée Draudacum, renfermant un assez grand nombre d'habitans, un de ceux qui connaissaient le mieux cette contrée lui dit : « Que la prise d'Oénée ne lui profiterait en aucune manière, s'il ne possédait aussi Draudacum, qui même, à tous égards, était située plus avantageusement. » Il fit arrêter son armée, et les habitans se rendirent tous sur-le-champ. Animé alors par l'espoir de forcer plus promptement à capituler, et voyant la terreur extrême qu'avait répandue son armée, il profita de cet effroi, et soumit onze places fortes; il n'y en eut que peu qu'il

quingenti dispositi per præsidia milites romani. Magno usui Carvilius Spoletinus erat in conloquiis, dicendo, nihil in ipsos sævitum. Ad Œneum perventum est, quod sine justa obpugnatione capi non poterat; et majore aliquanto, quam cetera, juventute, et validum oppidum mœnibus erat; et hinc amnis Artatus nomine, hinc mons præaltus et aditu difficilis cingebat : hæc spem ad resistendum oppidanis dabant. Perseus, circumvallato oppido, aggerem a parte superiore ducere instituit, cujus altitudine muros superaret : quod opus dum perficitur, crebris interim prœliis, quibus per excursiones et mœnia sua oppidani tutabantur, et opera hostium inpediebant, magna eorum multitudo variis casibus absumta est; et, qui supererant, labore diurno nocturnoque et vulneribus inutiles erant. Ubi primum agger injunctus muro est, et cohors regia, quos Nicatoras adpellant, transcendit, et scalis multis simul partibus inpetus in urbem est factus : puberes omnes interfecti sunt; conjuges liberosque eorum in custodiam dedit; prædæ alia militum cessere. Stuberam inde victor revertens ad Gentium legatos, Pleuratum Illyrium, exsulantem apud se, et Adæum Macedonem a Berœa, mittit. Iis mandat, ut exponerent æstatis ejus hiemisque acta sua adversus Romanos Dardanosque; adjicerent recentia in Illyrico hibernæ expeditionis opera; hor-

fut obligé d'assiéger, le reste se rendit volontairement. Il prit dans ces diverses places quinze cents soldats romains, qu'on y avait répartis pour les garder. Carvilius de Spolette lui était fort utile dans les pourparlers, en représentant que ses compagnons et lui n'avaient à se plaindre d'aucun mauvais traitement. Enfin l'on arriva sous les murs d'Oénée, qui ne pouvait être prise qu'au moyen d'un siège régulier, car la garnison de cette ville était plus nombreuse que celles des autres places; et puis, entourée de fortes murailles, elle était protégée d'un côté par le fleuve Artatus, et de l'autre par une montagne fort haute et de difficile accès, ce qui donnait aux habitans l'espoir de pouvoir tenir. Persée, après avoir entouré la ville d'une ligne de circonvallation, entreprit d'élever, vers la partie supérieure, une terrasse dont la hauteur dominerait les murailles. Pendant que ce travail s'exécute, les assiégés font de fréquentes sorties pour préserver leurs murs, et retardent l'ennemi dans ses opérations : mais, dans ces divers combats qu'ils livrent presque sans interruption, il en périt un grand nombre; et ceux qui survivent, épuisés par les fatigues qui les accablent le jour et la nuit, et affaiblis par leurs blessures, sont hors d'état de lutter plus long-temps : aussi, dès que la terrasse joignit le mur, la cohorte royale, dont les soldats sont appelés *Nicatores*, le franchit, et les assiégeans s'élancèrent de tous côtés dans la ville au moyen de l'escalade. Tout ce qui était en âge de porter les armes fut massacré; les femmes et les enfans furent réduits en captivité ; le reste du butin fut abandonné aux soldats. De retour à Stubera, le vainqueur députa, vers Gentius, l'Illyrien

tarentur Gentium in amicitiam secum et cum Macedonibus jungendam.

XX. 22. Hi, transgressi jugum Scordi montis, per Illyrici solitudines, quas de industria populando Macedones fecerant, ne transitus faciles Dardanis in Illyricum aut Macedoniam essent, Scodram labore ingenti tandem pervenerunt. Lissi rex Gentius erat: eo adciti legati, mandata exponentes, benigne auditi sunt ; qui responsum sine effectu tulerunt: « Voluntatem sibi non deesse ad bellandum cum Romanis; ceterum ad conandum id, quod velit, pecuniam maxime deesse. » Hæc Stuberam retulere regi, tum maxime captivos ex Illyrico vendenti. Extemplo iidem legati, addito Glaucia ex numero custodum corporis, remittuntur sine mentione pecuniæ, qua una Barbarus inops inpelli ad bellum poterat. Ancyram inde populatus Perseus, in Penestas rursum exercitum reducit ; firmatisque Uscanæ, et circa eam per omnia castella, quæ receperat, præsidiis, in Macedoniam sese recipit.

Pleuratus, qui était venu se réfugier chez lui, et le Macédonien Adéus, de la ville de Béroé. Ils étaient chargés d'exposer au roi des Labéates les avantages remportés par Persée, durant l'été et durant l'hiver, sur les Romains et sur les Dardaniens, l'heureuse expédition que ce prince venait de terminer en Illyrie, malgré la rigueur de la saison, et d'engager Gentius à faire alliance avec lui et les Macédoniens.

XX. 22. Pleuratus et Adéus, après avoir franchi le sommet du Scordus, traversèrent la partie de l'Illyrie dont les Macédoniens avaient exprès fait un désert, afin d'ôter aux Dardaniens la facilité de pénétrer dans l'Illyrie ou dans la Macédoine, et, après beaucoup de fatigues, arrivèrent enfin à Scodra. Le roi Gentius était alors à Lissus. Il fit inviter les ambassadeurs à venir l'y trouver, et, quand ils lui exposèrent le sujet de leur mission, il les écouta d'un air bienveillant; mais ils s'en retournèrent avec cette insignifiante réponse : « Qu'il était disposé à faire la guerre aux Romains ; mais que, pour tenter un pareil effort, l'état de ses finances était loin de lui permettre ce qu'il voulait. » Telle fut la réponse qu'ils rapportèrent à Stubera, au roi, alors tout occupé de la vente des esclaves qu'il avait emmenés de l'Illyrie. Celui-ci renvoie sur-le-champ les mêmes ambassadeurs, avec Glaucias, un de ceux de sa garde, mais sans faire mention d'argent, seul motif qui pouvait porter à la guerre ce roi barbare nécessiteux. Ensuite Persée, après avoir pillé Ancyre, ramena son armée dans la Pénestie, renforça les garnisons d'Uscana et de toutes les places circonvoisines dont il s'était emparé, puis rentra en Macédoine.

XXI. 23. L. Coelius, legatus romanus, praeerat Illyrico : qui, moveri non ausus, quum in iis locis rex esset, post profectionem demum ejus conatus in Penestis Uscanam recipere, a praesidio, quod ibi Macedonum erat, cum multis vulneribus repulsus, Lychnidum copias reduxit. Inde post dies paucos M. Trebellium Fregellanum cum satis valida manu in Penestas misit ad obsides ab his urbibus, quae in amicitia cum fide permanserant, accipiendos. Procedere etiam in Parthinos (ii quoque obsides dare pepigerant) jussit : ab utraque gente sine tumultu exacti. Penestarum obsides Apolloniam, Parthinorum Dyrrachium (tum Epidamni magis celebre nomen Graecis erat) missi. Ap. Claudius, acceptam in Illyrico ignominiam corrigere cupiens, Phanoten Epiri castellum adortus obpugnare, et auxilia Athamanum Thesprotorumque, praeter romanum exercitum ad sex millia hominum secum adduxit : neque operae pretium fecit, Cleva, qui relictus a Perseo erat, cum valido praesidio defendente. Et Perseus, Elimeam profectus, et circa eam exercitu lustrato, ad Stratum, vocantibus Aetolis, ducit. Stratus validissima tum urbs Aetoliae erat; sita est super Ambracium sinum, prope amnem Acheloum. Cum decem millibus peditum eo profectus est et equitibus trecentis : quos pauciores propter angustias viarum et asperitatem duxit. Tertio die quum pervenis-

XXI. 23. L. Célius, général romain, commandait en Illyrie. Il n'avait osé faire aucun mouvement tant que le roi était demeuré dans cette contrée. Enfin, après son départ, il tenta de reprendre Uscana dans la Pénestie ; mais il fut repoussé par la garnison macédonienne qui occupait cette ville, reçut lui-même plusieurs blessures, et ramena ses troupes à Lychnide. Au bout de quelques jours, il envoya chez les Pénestiens M. Trebellius de Frégelles, avec un corps de troupes assez considérable, pour recevoir les ôtages des villes du pays qui étaient demeurées fidèles dans leur alliance. Trebellius avait ordre de s'avancer aussi jusque chez les Parthéniens (ces derniers étaient convenus pareillement de donner des ôtages). Aucune des deux nations ne le mit dans la nécessité d'user de rigueur. Les ôtages des Pénestiens furent envoyés à Apollonie, ceux des Parthéniens à Dyrrachium (cette ville était alors plus connue des Grecs sous le nom d'Epidamnus). Ap. Claudius, voulant effacer l'affront qu'il avait reçu en Illyrie, entreprit d'assiéger Phanoté, forteresse d'Épire, et emmena avec lui, outre l'armée romaine, environ six mille hommes de troupes auxiliaires prises chez les Athamanes et les Thesprotes ; mais Clevas, que Persée avait laissé dans cette place avec une forte garnison, sut la défendre. Persée, de son côté, partit pour Élimée, passa son armée en revue auprès de cette ville, et marcha vers Stratus, où l'appelaient les Étoliens. Stratus, située sur le golfe d'Ambracie, auprès du fleuve Achéloüs, était alors la ville la plus forte de l'Étolie. Il s'avança vers cette place avec dix mille fantassins et trois cents cavaliers, les chemins étroits et peu praticables qu'il avait à parcourir ne lui permettant pas d'en

set ad Citium montem, vix transgressus propter altitudinem nivis, locum quoque castris ægre invenit. Profectus inde, magis quia manere non poterat, quam quod tolerabilis aut via aut tempestas esset, cum ingenti vexatione, præcipue jumentorum, altero die ad templum Jovis, Nicæum quem vocant, posuit castra. Ad Arachthum inde flumen, itinere ingenti emenso, retentus altitudine amnis, mansit. Quo spatio temporis ponte perfecto, traductis copiis diei progressus iter, obvium Archidamum principem Ætolorum, per quem ei Stratus tradebatur, habuit.

XXII. 24. Eo die ad finem agri ætoli castra posita. Inde altero die ad Stratum perventum : ubi, prope Acheloum amnem castris positis, quum exspectaret, effusos omnibus portis Ætolos in fidem suam venturos, clausas portas, atque ipsa ea nocte, qua venerat, receptum romanum præsidium cum C. Popillio legato invenit. Principes, qui præsentis Archidami auctoritate compulsi regem arcessierant, obviam egresso Archidamo segniores facti, locum adversæ factioni dederant ad Popillium cum mille peditibus ab Ambracia arcessendum. In tempore et Dinarchus, præfectus equitum gentis Ætolorum, cum sexcentis peditibus et equitibus centum ve-

emmener davantage. Parvenu, le troisième jour, au pied du mont Citius, il eut de la peine à le franchir, à cause de la hauteur des neiges, et trouva difficilement aussi un endroit pour camper. Il quitta promptement ce lieu, plutôt par l'impossibilité d'y séjourner, que par l'espoir de trouver des chemins praticables et une température supportable; et, après deux jours d'une marche fort pénible, surtout pour les bêtes de somme, il assit son camp auprès d'un temple de Jupiter surnommé Nicéus. Ensuite il se remit en route, et, après avoir parcouru un long espace, il fit halte sur les bords du fleuve Arachthus, dont la profondeur l'arrêta. Enfin, dans cet intervalle de temps, étant venu à bout d'y jeter un pont, il le fit passer à ses troupes. Après un jour de marche, il rencontra Archidamus, chef des Étoliens, qui devait lui livrer Stratus.

XXII. 24. Ce jour-là, on campa sur la frontière de l'Étolie, puis, en deux jours, on arriva près de Stratus. Persée, après avoir assis son camp sur les bords du fleuve Achéloüs, s'attendait à voir les Étoliens sortir en foule par toutes les portes, et venir implorer son appui; mais il trouva les portes fermées, et apprit que, la nuit même de son arrivée, la ville avait reçu une garnison romaine commandée par le lieutenant C. Popillius. Les principaux habitans n'avaient appelé le roi qu'à l'instigation d'Archidamus, dont la présence assurait le crédit; mais quand celui-ci les eut quittés pour aller au devant de Persée, réfroidis par son absence, ils laissèrent prendre le dessus à la faction opposée, qui fit venir d'Ambracie Popillius avec mille fantassins. Dans le même temps arriva aussi Dinarque, chef de la cavalerie étolienne, avec six cents fantassins et cent cavaliers.

nit. Satis constabat, eum, tamquam ad Persea tendentem, Stratum venisse : mutato deinde cum fortuna animo, Romanis se, adversus quos venerat, junxisse. Nec Popillius securior, quam debebat esse, inter tam mobilia ingenia erat; claves portarum custodiamque murorum suæ extemplo potestatis fecit; Dinarchum Ætolosque cum juventute Stratiorum in arcem per præsidii speciem amovit. Perseus, ab inminentibus superiori parti urbis tumulis tentatis conloquiis, quum obstinatos atque etiam telis procul arcentes videret, quinque millia passuum ab urbe trans Petitarum amnem posuit castra. Ibi consilio advocato, quum Archidamus Epirotarumque transfugæ retinerent, Macedonum principes non pugnandum cum infesto tempore anni censerent, nullis præparatis commeatibus; quum inopiam prius obsidentes, quam obsessi, sensuri essent, maxime quod hostium haud procul inde hiberna erant; territus in Aperantiam castra movit. Aperantii eum, propter Archidami magnam in ea gente gratiam auctoritatemque, consensu omnium acceperunt : is ipse cum octingentorum militum præsidio his est præpositus.

XXIII. 25. Rex cum non minore vexatione jumen-

Il paraissait tout-à-fait vraisemblable qu'il ne s'était dirigé vers Stratus que dans la vue d'opérer une jonction avec Persée; mais, changeant bientôt de projet avec la fortune, il se joignit aux Romains, bien qu'il fût venu dans l'intention de les combattre. Aussi Popillius, inquiet comme il devait l'être, au milieu d'un peuple si inconstant, prit sur-le-champ les clefs des portes, s'empara en même temps de la garde des murs, puis confina dans la citadelle Dinarque et ses Étoliens, avec la jeunesse des Stratiens, sous prétexte de leur en confier la garde. Persée, des hauteurs dominant la ville, sur lesquelles il était campé, essaya d'entrer en pourparler; mais, voyant qu'on s'obstinait à se tenir sur la défensive, et que même on le repoussait de loin à coups de traits, il alla asseoir son camp à cinq milles de la place, de l'autre côté du fleuve Petitarus. Là, il assembla un conseil de guerre dans lequel les avis furent partagés. Archidamus et les transfuges épirotes voulaient le retenir; mais les chefs macédoniens pensaient qu'il ne fallait pas lutter contre la rigueur de la saison, et représentaient que, manquant de toute espèce d'approvisionnemens, les assiégeans éprouveraient la famine avant les assiégés. Frappé de ces observations, et surtout effrayé des dangers dont le menaçait le voisinage des quartiers d'hiver de l'ennemi, Persée se dirigea vers l'Apérantie. Les Apérantiens, en considération d'Archidamus, qui jouissait d'un très-grand crédit chez cette nation, le reçurent d'un consentement unanime; et ce même Archidamus fut laissé, avec un corps de huit cents soldats, pour garder le pays.

XXIII. 25. Le roi s'en retourna en Macédoine; et,

torum hominumque, quam venerat, in Macedoniam rediit. Appium tamen ab obsidione Phanotes fama ducentis ad Stratum Persei submovit. Clevas, cum praesidio inpigrorum juvenum insecutus, sub radicibus prope inviis montium ad mille hominum ex agmine impedito occidit, ad ducentos cepit. Appius, superatis angustiis, in campo, quem Meleona vocant, stativa dierum paucorum habuit. Interim Clevas, adsumto Philostrato, qui Epirotarum gentem habebat, in agrum antigonensem transcendit. Macedones ad depopulationem profecti; Philostratus cum cohorte sua in insidiis loco obscuro consedit; in palatos populatores quum erupissent ab Antigonea armati, fugientes eos persequentes effusius in vallem insessam ab hostibus praecipitant; ibi ad mille occisis, centum ferme captis, ubique prospere gesta re, prope stativa Appii castra movent, ne qua vis sociis suis ab romano exercitu inferri possit. Appius, nequidquam in his locis terens tempus, dimissis Chaonumque, et si qui alii Epirotae erant, praesidiis, cum italicis militibus in Illyricum regressus, per Parthinorum socias urbes in hiberna militibus dimissis, ipse Romam sacrificii causa rediit. Perseus ex Penestarum gente mille pedites, ducentos equites revocatos, Cassandream, praesidio ut essent, misit. Ab Gentio eadem adferentes redierunt; nec deinde alios atque alios

durant ce chemin, les hommes et les chevaux n'eurent
pas moins à souffrir que lorsqu'ils étaient venus. Cependant, sur le bruit de la marche de Persée vers Stratus,
Appius avait levé le siège de Phanoté. Clévas se mit
à sa poursuite avec un détachement composé des plus
agiles de ses soldats, l'atteignit au pied d'une chaîne de
montagnes presque inaccessibles, lui tua à peu près
mille hommes, dont les bagages avaient gêné la retraite,
et lui fit environ deux cents prisonniers. Enfin, Appius
parvint à sortir de ces défilés, et gagna la plaine appelée Méléon, où il resta campé durant quelques jours.
Clévas, de son côté, après avoir pris avec lui Philostrate, chef des Épirotes, passa sur le territoire d'Antigonée. Là, tandis que les Macédoniens se répandaient
de côté et d'autre pour piller, Philostrate alla s'embusquer avec sa troupe dans une vallée couverte par des
bois. La garnison d'Antigonée, ayant fait une sortie sur
les fourrageurs épars dans la campagne, les met en
fuite, les poursuit sans précaution, et se précipite dans
la vallée où les ennemis se tenaient en embuscade. Elle
y laissa près de mille morts et environ cent prisonniers.
Après cette suite de succès, Clévas alla camper près
d'Appius, pour rendre impossible toute violence contre
ses alliés de la part de l'armée romaine. Appius, voyant
qu'il perdait entièrement son temps en ces lieux, congédia le corps de Chaoniens et ce qu'il avait avec lui de
troupes épirotes, rentra en Illyrie avec les soldats italiens, et, après les avoir envoyés dans les villes alliées
des Parthiniens, pour y prendre des quartiers d'hiver,
s'en retourna à Rome, où il était obligé d'offrir un sacrifice. Persée rappela de la Pénestie mille fantassins et
deux cents cavaliers, et les dirigea sur Cassandrée, pour

mittendo tentare eum destitit, quum adpareret, quantum in eo præsidii esset; nec tamen inpetrare ab animo posset, ut inpensam in rem maximi ad omnia momenti faceret.

y tenir garnison. Cependant la seconde ambassade qu'il avait envoyée à Gentius revint avec la même réponse. Il n'en persista pas moins à renouveler sans cesse les mêmes tentatives, sentant combien lui serait utile l'alliance de Gentius; mais toutefois il ne put jamais se résoudre à faire la moindre dépense pour une chose qui lui eût été extrêmement avantageuse sous tous les rapports.

NOTES

SUR LE LIVRE XLIII.

Sommaire. *Res præterea a Perseo rege, etc.* Ce sommaire est peu exact. Les expéditions de Persée en Thrace, en Dardanie et en Illyrie, n'y sont pas indiquées dans l'ordre convenable ; et puis Persée ne soumit pas l'Illyrie entière, et encore moins la partie de cette contrée dont Gentius était roi. Au surplus, la lacune considérable qui se trouve dans ce livre y répand beaucoup d'obscurité.

Chap. I. *Legatus.* Ce lieutenant du consul P. Licinius se nommait Q. Mucius.

Idem. *Frumentum militi datum.* Dans les armées romaines, ceux qui étaient chargés de l'administration des vivres faisaient les distributions en blé et non en pain. Le soldat broyait ce blé, et le convertissait en pain lui-même.

Idem. *Legati hi profecti.* Nous partageons le sentiment de quelques commentateurs, qui proposent de lire *legati tres profecti*.

Chap. II. *Frumenti æstimationem.* Les peuples alliés fournissaient le blé aux Romains à deux titres différens. Ils en devaient une certaine quantité sous la dénomination de dîme, et une autre dont la république leur payait le prix, ce qui donnait lieu à deux injustices : car les préteurs, au lieu de prendre les dîmes en nature, se les faisaient payer en argent, et taxaient à un prix excessif le blé qu'on nommait *frumentum æstimatum*. Au contraire, ils estimaient très-peu celui qu'on devait leur vendre, *frumentum emptum*, et le faisaient payer à la république toute sa valeur, afin qu'il leur restât une grande partie des sommes qu'on leur comptait pour l'acheter. Il est donc vraisemblable que ce nouveau règlement obligea les préteurs de prendre la dîme en nature, et de payer pour l'autre espèce de blé le prix courant, au lieu de celui qu'ils y mettaient eux-mêmes.

Chap. III. *Eorumque si quos manumisisset.* On peut conclure de ces mots, et de la dénomination de *colonia libertinorum*, que ces enfans étaient nés d'esclaves espagnoles. Suivant la jurisprudence romaine, les mariages entre un Romain et une femme latine, entre un homme libre et une esclave, n'étaient pas regardés comme les mariages entre Romains, qui seuls étaient appelés *connubia*.

Chap. IV. 6. *Loracinœ.* Petite rivière du Latium, près de laquelle la ville d'Antium était située.

Chap. VI. 8. *Frumenti centum millia.* Sous-entendu *modium*.

Chap. VII. 9. *Mictio.* Ces plaintes devaient avoir d'autant plus de poids dans sa bouche, qu'il était connu pour être un ancien et fidèle allié des Romains. (Rollin.)

Chap. IX. 11. *Gentium Illyriorum regem.* Gentius n'était pas roi de toute l'Illyrie, mais seulement de la partie de ce pays habitée par les Labéates.

Idem. *M. Rœcius.* — *Q. Mœnius* selon d'autres leçons.

Chap. XI. 13. *Hoc anno intercalatum est, etc.* Avant la réformation du calendrier par Jules César, l'année romaine était lunaire, ce qui obligeait d'intercaler un mois tous les vingt ans. L'usage était de placer le premier jour de ce mois le lendemain des Terminales; c'est pourquoi Tite-Live remarque comme une chose insolite, qu'on l'eût reculé trois jours après. Mais comme le soin de faire cette intercalation était confié aux pontifes, ceux-ci, pour servir les intérêts des publicains, usaient parfois de fraude. Il s'agit bien ici, malgré les doutes de quelques commentateurs, d'un mois ajouté (*mensis intercalatitius*), et non d'un mois auquel un jour est ajouté (*mensis intercalaris*). Les mots *kalendæ intercalares*, qui indiquent bien positivement ici le commencement d'un treizième mois, lèvent toute espèce de doute à cet égard.

Chap. XII. 14. *Tribunos his non permissum, etc.* Au commencement de la guerre de Macédoine, trois ans auparavant, le peuple avait laissé aux consuls et aux préteurs le choix des tribuns des soldats; et cette année il veut choisir lui-même ceux qui serviront dans ces quatre nouvelles légions. (Guérin.)

Idem. *In Macedoniam, ubicumque classis esset.* On pourrait lire *aut ubicumque*. En effet, la flotte était à Chalcis lorsque C. Marcius Figulus en vint prendre le commandement.

Chap. XIII. 15. *In colle.* Sous-entendu *Quirinali.* La fortune Primigénie avait à Rome deux petits temples ou chapelles ; le premier dans le Capitole, le second sur le mont Quirinal. C'est de ce dernier qu'il s'agit ici.

Idem. *L. Atrei.* Plusieurs commentateurs proposent de lire *L. Atrii.*

Chap. XIV. 16. *Quibus et vis imperii minor et auctoritas esset.* — *Vis imperii* est le pouvoir légal de contrainte que donne une magistrature quelconque ; *auctoritas* en est le pouvoir moral.

(Crévier.)

Chap. XV. 17. *Ita jusjurandum adigebant.* On dit *adigere jusjurandum* et *adigere jurejurando.*

Chap. XVI. 18. *Flammam invidiæ adjecere edicto.* C'est que la plupart des traitans étaient de l'ordre des chevaliers.

(Crévier.)

Idem. *Avocatam a se concionem tribunus questus.* — *Avocare concionem*, c'est usurper la présidence d'une assemblée sur le magistrat qui l'a convoquée ; ce qui, au rapport d'Aulu-Gelle, était permis à quelques magistrats : mais on peut inférer de ce passage de Tite-Live, que personne ne pouvait exercer ce droit sur les assemblées convoquées par les tribuns.

Idem. *Bona consecravit.* La consécration dont il s'agit se faisait au milieu de l'assemblée, avec une formule particulière. Les biens ainsi consacrés à une divinité quelconque ne pouvaient plus servir à aucun usage profane, et, par conséquent, le propriétaire perdait tous ses droits sur eux. Au reste, les tribuns avaient fait un tel abus de ces sortes de confiscations, qu'elles étaient devenues purement comminatoires, et que, le plus souvent, on n'y avait point d'égard.

Idem. *Servis publicis.* Dans la suite, une loi des empereurs Arcadius et Honorius défendit de confier ces fonctions à des esclaves.

Idem. *Ex duodecim centuriis equitum.* Il faut lire *octodecim*; car Servius Tullius en avait institué dix-huit, et non pas douze.

(Crévier.)

Chap. XVIII. 20. *Dardanos recens domuisset bellum.* Ces mots prouvent que Tite-Live avait parlé de cette expédition, et que ce récit faisait partie de la portion de ce livre qui est perdue.

Chap. XVIII. *Uscanam.* Au chapitre x, il paraît que cette ville, inutilement attaquée par Ap. Claudius, reste soumise à Persée. Apparemment que depuis elle était tombée au pouvoir des Romains, puisque ce prince l'attaque. Peut-être ce fait se trouvait-il aussi dans la portion perdue. (Guérin.)

Idem. *Primum arma ademit.* Ce membre de phrase, il est facile de le voir, était suivi d'un autre qui manque, et où il était dit que Persée les fit prisonniers. La seconde phrase du chapitre suivant ne laisse aucun doute à cet égard.

Chap. XIX. 21. *Quatuor millia.* Il fallait que la disette fût bien grande, pour que quatre mille Romains se rendissent si promptement. Aussi les commentateurs pensent que les Romains étaient tout au plus au nombre de deux mille. Selon Drakenborch, il y avait primitivement dans le texte, mm *autem hominum erant*, c'est-à-dire *duo millia autem hominum erant*. D'après cela, il suppose que quelque copiste aura fait de la première lettre M le chiffre IIII.

Idem. *Labeates.* Les Labéates occupaient la contrée appelée aujourd'hui Dalmatie.

Idem. *Nicatoras.* C'est-à-dire *les vainqueurs*; de νικάτωρ, vainqueur.

Chap. XXI. 23. *Nicæum.* C'est-à-dire victorieux ; de νικᾶν, vaincre.

Chap. XXIII. 25. *Epirotarum gentem.* Sans doute ceux des Épirotes que Céphale avait entraînés dans le parti de Persée.

EPITOME LIBRI XLIV.

Q. Marcius Philippus per invios saltus penetravit in Macedoniam, compluresque urbes occupavit. Rhodii misere legatos Romam, minantes, se Perseo auxilio futuros, nisi populus romanus cum eo pacem atque amicitiam jungeret; indigne id latum. Quum id bellum L. Æmilio Paullo, sequentis anni consuli iterum, mandatum esset, Paullus, in concione precatus, ut, quidquid diri populo romano immineret, in domum suam converteretur, et in Macedoniam, profectus, vicit Persen, totamque Macedoniam in potestatem redegit. Antequam confligeret, C. Sulpicius Gallus tribunus militum prædixit exercitui, ne miraretur, quod luna nocte proxima defectura esset. Gentius quoque rex Illyriorum, quum rebellasset, ab Anicio prætore victus, venit in deditionem, et cum uxore, et liberis, et propinquis, Romam missus est. Alexandria legati a Cleopatra et Ptolemæo regibus venerunt, querentes de Antiocho rege Syriæ, quod his bellum inferret. Perses, sollicitatis in auxilium Eumene rege Pergami, et Gentio rege Illyriorum, quia his pecuniam, quam promiserat, non dabat, ab iis relictus est.

SOMMAIRE DU LIVRE XLIV.

Q. Marcius Philippus pénètre dans la Macédoine par des défilés presque impraticables, et s'empare de plusieurs villes. Les Rhodiens envoient à Rome des députés, menaçant de venir au secours de Persée, si le peuple romain ne faisait paix et alliance avec lui. Cette menace excite l'indignation. L'année suivante, on charge de la conduite de cette guerre L. Æmilius Paullus, consul pour la seconde fois. Paullus prie les dieux, en pleine assemblée, de faire retomber sur sa maison tous les malheurs qui pouvaient menacer le peuple romain, puis il se met en route pour la Macédoine. Il remporte sur Persée une victoire complète, et soumet la Macédoine entière. Avant la bataille, le tribun des soldats, C. Sulpicius Gallus, prévient l'armée, pour qu'elle n'en soit point étonnée, d'une éclipse de lune qui doit arriver la nuit suivante. Gentius, roi des Illyriens, ayant aussi pris les armes contre les Romains, est vaincu par le préteur Anicius; il se livre avec sa femme, ses enfans et ses proches, et est envoyé à Rome. Il arrive d'Alexandrie des ambassadeurs envoyés par la reine Cléopâtre et le roi Ptolémée, pour se plaindre de la guerre que leur faisait Antiochus, roi de Syrie. Persée, qui avait sollicité des secours d'Eumène, roi de Pergame, et de Gentius, roi des Illyriens, ne leur donne pas les sommes qu'il leur avait promises, et est abandonné par eux.

T. LIVII PATAVINI
HISTORIARUM

AB URBE CONDITA

LIBER XLIV.

I. Principio veris*, quod hiemem eam, qua hæc gesta sunt, insecutum est, ab Roma profectus Q. Marcius Philippus consul cum quinque millibus (quod in supplementum legionum secum trajecturus erat) Brundisium pervenit. M. Popillius consularis et alii pari nobilitate adolescentes tribuni militum in macedonicas legiones consulem secuti sunt. Per eos dies et C. Marcius Figulus prætor, cui classis provincia evenerat, Brundisium venit; et simul ex Italia profecti, Corcyram altero die, tertio Actium Acarnaniæ portum tenuerunt. Inde consul, ad Ambraciam egressus, itinere terrestri petit Thessaliam. Prætor, superato Leucata, Corinthium sinum invectus, et Creusæ relictis navibus, terra et ipse per mediam Bœotiam, diei unius expedito itinere, Chalcidem

* U. C. 583. A. C. 169.

TITE-LIVE.

HISTOIRE DE ROME

DEPUIS SA FONDATION.

LIVRE XLIV.

I. Au commencement du printemps qui suivit l'hiver pendant lequel se passèrent ces évènemens, le consul Q. Marcius Philippus partit de Rome avec cinq mille hommes (il les emmenait avec lui pour renforcer les légions), et arriva à Brindes. M. Popillius, personnage consulaire, et plusieurs jeunes Romains d'une aussi haute naissance, suivirent le consul, pour servir dans les légions de Macédoine en qualité de tribuns des soldats. Durant ces jours, le préteur C. Marcius Figulus, auquel était échu en partage le commandement de la flotte, se rendit aussi à Brindes, et tous quittèrent ensemble l'Italie. On relâcha le second jour à Corcyre, et le troisième à Actium, port de l'Acarnanie. De là le consul alla débarquer à Ambracie, et gagna par terre la Thessalie. Le préteur, après avoir doublé le promontoire de Leucate, entra dans le golfe de Corinthe, et, laissant ses vaisseaux à Creuse, il prit sa route par terre à travers la Béotie, puis, après une marche rapide d'un seul jour, arriva à Chalcis, où stationnait la

ad classem contendit. Castra eo tempore A. Hostilius in Thessalia circa Palæpharsalum habebat; sicut nulla re bellica memorabili gesta, ita ad cunctam militarem disciplinam ab effusa licentia formato milite, et sociis cum fide cultis, et ab omni genere injuriæ defensis. Audito successoris adventu, quum arma, viros, equos cum cura inspexisset, ornato exercitu obviam venienti consuli processit. Et primus eorum congressus ex dignitate ipsorum ac romani nominis, et in rebus deinde gerendis..... Proconsu lenim ad exercitum..... Paucis post diebus consul concionem apud milites habuit. Orsus a parricidio Persei perpetrato in fratrem, cogitato in parentem, adjecit, « Post scelere partum regnum, veneficia, cædes, latrocinio nefando petitum Eumenem, injurias in populum romanum, direptiones sociarum urbium contra fœdus, ea omnia quam diis quoque invisa essent, sensurum in exitu rerum suarum. Favere enim pietati fideique deos, per quæ populus romanus ad tantum fastigii venerit. » Vires deinde populi romani, jam terrarum orbem complectentis, cum viribus Macedoniæ, exercitus cum exercitibus comparavit. « Quanto majores Philippi Antiochique opes non majoribus copiis fractas esse ? »

flotte. A. Hostilius était alors campé en Thessalie, aux environs de Palépharsale. S'il n'avait rien fait de mémorable dans la guerre, il avait rétabli de tout point la discipline militaire parmi des troupes accoutumées à une extrême licence, il avait ménagé religieusement les intérêts des alliés, et les avait mis à l'abri de toute violence. Lorsqu'il eut connaissance de l'arrivée de son successeur, il fit soigneusement l'inspection des armes, des hommes et des chevaux, et alla à la rencontre du consul avec un corps d'armée en très-bon état. Philippus et Hostilius s'abordèrent avec toute la dignité que comportaient leur rang et la majesté du nom romain. Après avoir donné à son successeur des renseignemens fort utiles sur la manière dont les opérations de la guerre devaient être conduites à l'avenir, le proconsul adressa une courte exhortation à l'armée, et en remit le commandement à Philippus. Au bout de quelques jours, le consul harangua les soldats. Il leur rappela d'abord le meurtre commis par Persée sur la personne de son frère, et celui qu'il avait médité contre celle de son père; puis il ajouta : « Qu'après être monté sur le trône par un crime, Persée n'avait cessé d'employer le fer et le poison ; qu'il avait tendu à Eumène un piège infâme, et avait outragé le peuple romain, en pillant, au mépris du traité, des villes qui étaient dans son alliance; mais que l'évènement lui apprendrait combien les dieux aussi voyaient d'un œil courroucé tous ces forfaits. Car les dieux protégeaient la piété et la bonne-foi qui avaient élevé le peuple romain à un si haut degré de puissance. » Ensuite il compara les forces du peuple romain, déjà maître du monde, avec celles des Macédoniens, et fit le parallèle des armées romaines et macé-

II. Hujus generis adhortatione accensis militum animis, consultare de summa gerendi belli cœpit. Eo et C. Marcius prætor a Chalcide, classe accepta, venit. Placuit, non ultra morando in Thessalia tempus terere, sed movere extemplo castra, atque pergere inde in Macedoniam, et prætorem dare operam, ut eodem tempore classis quoque invehatur hostium litoribus. Prætore dimisso, consul, menstruum jusso milite secum ferre, profectus decimo post die, quam exercitum acceperat, castra movit; et, unius diei progressus iter, convocatis itinerum ducibus, quum, exponerent in consilio, jussisset, qua quisque ducturus esset: submotis iis, quam potissimum peteret [viam], retulit ad consilium. Aliis per Pythium placebat via : aliis per Cambunios montes, qua priore anno duxerat Hostilius consul : aliis præter Ascuridem paludem. Restabat aliquantum viæ communis : itaque in id tempus, quo prope divortium itinerum castra posituri erant, deliberatio ejus rei differtur; in Perrhæbiam inde ducit, et inter Azorum et Dolichen stativa habuit ad consulendum rursus, quam potissimum capesseret viam. Per eosdem dies Perseus, quum adpropinquare hostem sciret, quod iter petiturus esset ignarus,

doniennes. « Combien n'était pas supérieure à celle de Persée la puissance de Philippe et d'Antiochus, qu'il n'avait pas fallu un plus grand nombre de troupes pour anéantir ? »

II. Après avoir enflammé le courage des soldats par cette exhortation, Philippus tint conseil pour arrêter le plan de la campagne. Le préteur C. Marcius vint de Chalcis, où il avait pris le commandement de la flotte, assister à la délibération. Il fut décidé qu'on ne devait plus perdre de temps à séjourner en Thessalie, mais qu'il fallait se mettre en marche sur-le-champ, et se porter vers la Macédoine, tandis que le préteur attaquerait avec la flotte les côtes de l'ennemi. Le préteur congédié, le consul fit transmettre au soldat l'ordre de prendre des vivres pour un mois, et se mit en marche dix jours après avoir pris le commandement de l'armée. Lorsqu'il eut fait une journée de chemin, il fit appeler les guides, et ordonna que chacun d'eux déclarât, en présence du conseil, quelle était la route qu'il croyait la meilleure. Les guides renvoyés, il mit en délibération dans le conseil la question de savoir quelle était la route qu'il devait suivre de préférence. Les uns pensaient qu'il fallait aller par Pythium, les autres par les monts Cambuniens, chemin qu'avait pris, l'année précédente, le consul Hostilius; d'autres étaient d'avis qu'il fallait longer le marais Ascuris. Il restait encore un peu de chemin à faire jusqu'à l'embranchement de ces différentes routes; en conséquence, on ajourna la délibération à ce sujet jusqu'au moment où l'on camperait près de cet embranchement. Le consul continua donc sa marche en s'avançant vers la Perrhébie, et campa entre Azore et Doliché, pour reprendre la délibération au

omnes saltus insidere præsidiis statuit. In jugum Cambuniorum montium (Volustana ipsi vocant) decem millia levis armaturæ juvenum cum duce Asclepiodoto mittit : ad castellum, quod super Ascuridem paludem erat, Lapathus vocatur locus. Hippias tenere saltum cum duodecim millium Macedonum præsidio jussus. Ipse cum reliquis copiis primo circa Dium stativa habuit; deinde, adeo ut obtorpuisse inops consilii videretur, cum equitibus expeditis litore nunc Heracleum, nunc Philam percurrebat, eodem inde cursu Dium repetens.

III. Interim consuli sententia stetit eo saltu ducere, ubi propter Octolophum diximus regis castra [Philippi fuisse]. Præmitti tamen quatuor millia armatorum ad loca opportuna præoccupanda placuit : quis præpositi sunt M. Claudius, Q. Marcius consulis filius; confestim et universæ copiæ sequebantur. Ceterum adeo ardua et aspera et confragosa via fuit, ut præmissi expediti biduo quindecim millium passuum ægre itinere confecto castra posuerint : turrim Eudieru, quem cepere, locum adpellant. Inde postero die septem millia progressi, tumulo haud procul hostium castris capto, nuncium ad consu-

sujet de la route qu'il lui était le plus avantageux de suivre. Durant ce temps Persée, sachant que l'ennemi approchait, mais ignorant la route qu'il se disposait à prendre, résolut de fermer tous les passages, en y plaçant des corps de troupes. Il envoya Asclépiodote prendre position, avec dix mille hommes de troupes légères, sur la crête des monts Cambuniens (que les Macédoniens nomment Valustana), et donna ordre à Hippias d'aller occuper, avec un corps de douze mille Macédoniens, le défilé qui sépare du marais Ascuris le fort situé sur ses bords (ce lieu s'appelle Lapathus). Pour lui, avec le reste de ses troupes, il campa d'abord aux environs de Dium ; ensuite, comme s'il fût tombé dans une sorte d'apathie qui l'empêchait de prendre une détermination, il se mit à parcourir les côtes avec un corps de cavalerie légère, s'avançant tantôt vers Héraclée, tantôt vers Phila, d'où, sans s'arrêter, il revenait à Dium.

III. Cependant le consul se décida à s'avancer par le défilé près duquel nous avons dit ailleurs que campa le roi Philippe, à peu de distance d'Octolophe. Toutefois, il jugea prudent de détacher en avant quatre mille soldats, pour occuper les positions avantageuses. Aussitôt après le départ de cette avant-garde, que commandaient M. Claudius et Q. Marcius, fils du consul, toutes les troupes se mirent en mouvement pour la suivre. Mais la route était si difficile, si âpre et si raboteuse, que le détachement, bien que composé d'hommes agiles, eut beaucoup de peine à faire quinze mille pas en deux jours. Au bout de ce temps, il campa dans un lieu nommé la tour Eudierus. Le lendemain, après une marche de sept mille pas, il s'empara d'une hauteur

lem remittunt : « perventum ad hostem esse, loco se tuto et ad omnia opportuno consedisse; ut, quantum extendere iter posset, consequeretur. » Sollicito consuli, et propter itineris difficultatem, quod ingressus erat, et eorum vicem, quos paucos inter media præsidia hostium præmiserat, nuncius ad Ascuridem paludem obcurrit. Addita igitur et ipsi fiducia est, conjunctisque copiis, castra tumulo, qui tenebatur, qua aptissimum ad loci naturam erat, sunt adclinata. Non hostium modo castra, quæ paullo plus mille passuum aberant, sed omnis regio ad Dium et Philam, oraque maris, late patente ex tam alto jugo prospectu, oculis subjicitur. Quæ res accendit militi animos, postquam summam belli, ac regias omnes copias, terramque hostilem tam e propinquo conspexerunt. Itaque quum alacres, protinus duceret ad castra hostium, consulem hortarentur; dies unus fessis labore viæ ad quietem datus est: tertio die, parte copiarum ad præsidium castrorum relicta, consul ad hostem ducit.

IV. Hippias nuper ad tuendum saltum ab rege missus erat : qui, ex quo castra romana in tumulo conspexit, præparatis ad certamen animis suorum, venienti

voisine du camp des ennemis. De là les chefs envoyèrent dire au consul : « Qu'ils étaient arrivés auprès de l'ennemi, qu'ils occupaient une position sûre et avantageuse sous tous les rapports ; qu'il eût à les joindre le plus promptement qu'il pourrait. » Le consul n'était pas sans éprouver de l'inquiétude, tant à cause de la difficulté du chemin dans lequel il s'était engagé, que des dangers auxquels se trouvait exposée sa faible avant-garde, au milieu des postes ennemis, lorsqu'il fit, auprès du marais Ascuris, la rencontre du courrier qui lui apportait cette nouvelle. Il poursuivit donc sa route avec plus de confiance, opéra sa jonction avec ses troupes d'avant-garde, et campa sur le penchant de la hauteur occupée par elles, dans la position la plus propre à cet effet, d'après la nature du lieu. D'un endroit si élevé, d'où se déployait un vaste horizon, non-seulement les Romains découvraient parfaitement le camp des ennemis, éloigné de plus d'un mille, mais leur œil planait sur toute la contrée jusqu'à Dium et Phila, et ils apercevaient même les bords de la mer. Cette circonstance enflamma le courage du soldat, qui, voyant de si près toutes les troupes royales et le territoire ennemi, se flattait de remporter bientôt une victoire décisive. Bouillantes d'ardeur, les troupes pressèrent donc le consul de les conduire de suite au camp des ennemis ; mais il leur donna un jour entier pour se reposer des fatigues de la route. Le troisième jour, il en laissa une partie pour garder le camp, et conduisit le reste à l'ennemi.

IV. Hippias venait d'être envoyé par le roi pour garder ce passage. A l'aspect du camp romain assis sur la hauteur, il harangua ses soldats pour les préparer

agmini consulis obvius fuit ; et Romani expediti ad pugnam exierant, et hostes. Levis armatura erat, promtissimum genus ad lacessendum certamen. Congressi igitur extemplo, tela conjecerunt; multa utrimque vulnera temerario incursu et accepta, et inlata : pauci utriusque partis ceciderunt. Irritatis in posterum diem animis, majoribus copiis atque infestius concursum ab illis, si loci satis ad explicandam aciem fuisset : jugum montis, in angustum dorsum cuneatum, vix ternis ordinibus armatorum in fronte patuit. Itaque, paucis pugnantibus, cetera multitudo, præcipue qui gravium armorum erant, spectatores pugnæ stabant ; levis armatura etiam per amfractus jugi procurrere, et ab lateribus cum levi armatura conserere [manum], per iniqua atque æqua loca pugnam petere; ac pluribus ea die vulneratis, quam interfectis, prœlium nocte diremptum est. Tertio die egere consilio romanus imperator : nam neque manere in jugo inopi, neque regredi sine flagitio, atque etiam periculo, si cedenti ex superioribus locis instaret hostis, poterat : nec aliud restabat, quam audacter commissum pertinaci audacia, quæ prudens interdum in exitu est, corrigere. Ventum quidem erat eo, ut, si hostem similem antiquis Macedonum regibus habuisset consul, magna clades accipi potuerit; sed, quum ad Dium per litora cum equitibus vagaretur rex, et ab duodecim

au combat; et, lorsqu'il vit venir le corps d'armée du consul, il se porta à sa rencontre. Du côté des Romains, et de celui des ennemis, s'avancèrent pour combattre les troupes légères, qui, n'éprouvant aucun embarras du poids de leurs armes, étaient extrêmement propres à engager l'action. On en vint donc aux mains, on se lança des traits, et, comme on s'approchait trop hardiment, on fit et l'on reçut de chaque côté de nombreuses blessures; mais il y eut peu de morts de part et d'autre. Irrités par ce premier engagement, les deux partis se seraient mesurés le lendemain avec des forces plus nombreuses et un plus grand acharnement, si le terrain eût permis aux deux armées de se déployer; car, le sommet de la montagne formant un cône aigu, à peine put-on ranger les soldats sur trois de front. Ainsi, l'action étant soutenue par un petit nombre de combattans, le reste des soldats, surtout ceux qui étaient pesamment armés, demeurèrent simples spectateurs du combat. Quant aux troupes légères, se glissant par les anfractuosités de la montagne, elles tâchaient des deux côtés de se prendre en flanc, et se battaient partout où elles pouvaient se joindre. Il y eut, ce jour-là comme la veille, plus de blessés que de morts, et la nuit sépara les combattans. Le troisième jour, le général romain se trouva dans une extrême anxiété; car il ne pouvait rester plus long-temps sur des rochers qui n'offraient aucune ressource, ni rétrograder sans honte, et même sans péril, si l'ennemi venait à fondre sur lui tandis qu'il abandonnerait ces hauteurs. Il ne lui restait d'autre parti que celui de corriger la témérité de son entreprise par une constance et une audace que le succès justifie quelquefois. La position de l'ar-

millibus prope clamorem et strepitum pugnantium audiret, nec auxit copias integros fessis submittendo, neque ipse, quod plurimum intererat, certamini adfuit : quum romanus imperator, major sexaginta annis, et prægravis corpore, omnia militaria munera ipse inpigre obiret. Egregie ad ultimum in audacter commisso perseveravit; et, Popillio relicto in custodia jugi, per invia transgressus, præmissis, qui repurgarent iter, Attalum et Misagenem, cum suæ gentis utrumque auxiliaribus, præsidio esse saltum aperientibus jubet; ipse, equites inpedimentaque præ se habens, cum legionibus agmen cogit.

V. Inenarrabilis labor descendentibus cum ruina jumentorum sarcinarumque. Progressis vixdum quatuor millia passuum nihil optabilius esse, quam redire, qua venerant, si possent. Hostilem prope tumultum agmini elephanti præbebant : qui, ubi ad invia venerant, dejectis rectoribus, cum horrendo stridore pavorem ingentem, equis maxime, incutiebant, donec traducendi eos ratio inita est. Per proclive, sumto fastigio, longi duo

mée romaine était dangereuse à tel point, que, si le consul eût eu affaire à un ennemi semblable aux anciens rois des Macédoniens, elle eût pu essuyer une grande défaite. Mais Persée, qui parcourait la côte aux environs de Dium avec un corps de cavalerie, et qui, éloigné seulement de douze milles, entendait presque les cris et le bruit des armes des combattans, ne songea pas à renforcer son monde en envoyant des troupes fraîches appuyer les soldats fatigués, et n'eut pas le courage d'assister au combat, où sa présence eût produit le plus heureux effet; tandis que le général romain, âgé de plus de soixante ans, et très-peu dispos, payait de sa personne en remplissant avec ardeur tous les devoirs de chef et de soldat. Sa constance à soutenir l'audace de son entreprise ne se démentit pas un instant, et, laissant Popillius à la garde de la hauteur, il passa par des défilés impraticables, ayant eu soin d'envoyer des pionniers lui frayer le chemin. Tandis qu'ils ouvraient les défilés, il les faisait soutenir par Attale et Misagène, chacun à la tête des auxiliaires de sa nation. Il fit prendre les devans à la cavalerie et aux bagages, et ferma la marche avec les légions.

V. L'armée romaine descendit avec une peine impossible à décrire, et perdit beaucoup de bêtes de somme, ainsi qu'une grande partie des bagages. Les Romains eurent à peine fait quatre milles de chemin, qu'ils n'eussent eu rien de plus à cœur que de regagner, s'ils eussent pu, l'endroit qu'ils venaient de quitter. Les éléphans occasionaient, dans la marche, presque autant de désordre qu'une surprise de l'ennemi. Lorsqu'ils arrivaient sur les bords des précipices, ils renversaient leurs conducteurs, et poussaient d'horribles cris,

validi asseres ex inferiore parte in terra defigebantur, distantes inter se paullo plus, quam quanta belluae latitudo est; in eos, transversi incumbentes tigni, ad tricenos longi pedes, ut pons esset, injungebantur: humusque insuper injiciebatur; modico deinde infra intervallo similis alter pons : dein tertius, et plures ex ordine, qua rupes abscisae erant, fiebant. Solido procedebat elephantus in pontem : cujus priusquam in extremum procederet, subcisis asseribus conlapsus pons, usque alterius initium pontis, prolabi eum leniter cogebat; alii elephanti pedibus insistentes, alii clunibus subsidentes, prolabebantur; ubi planicies altera pontis excepisset eos, rursus simili ruina inferioris pontis deferebantur, donec ad aequiorem vallem perventum est. Paullo plus septem millia die Romani processerunt; minimum pedibus itineris confectum; plerumque provolventes se simul cum armis aliisque oneribus, cum omni genere vexationis, processerunt : adeo ut ne dux quidem et auctor itineris inficiaretur, parva manu deleri omnem exercitum potuisse. Nocte ad modicam planiciem pervenerunt: neque, an infestus is locus esset, septus undique, circumspiciendi spatium fuit; vix tandem ex insperato stabilem ad insistendum nactis locum postero quoque die in tam cava valle opperiri Popillium, ac relictas cum eo copias, necesse fuit : quos et ipsos, quum ab nulla parte hostis

qui causaient une grande frayeur, surtout aux chevaux. Cependant on finit par trouver un moyen de les faire avancer : sur la pente de la montagne, on plaça deux longs et forts madriers, dont on appuya un bout sur le roc, et dont on fixa l'autre extrémité sur des pièces de bois enfoncées en terre; ces madriers étaient distans l'un de l'autre, un peu plus que de la largeur du corps d'un éléphant. On mit en travers, sur ces deux poutres, des planches de trente pieds de long, qui se joignaient les unes les autres, pour former une sorte de pont, et que l'on couvrit de terre. Au dessous de ce premier pont, à quelque distance, on en construisit un second tout pareil, puis un troisième, et ainsi de suite, tant que se prolongeait l'escarpement. L'éléphant qui marchait le premier passait de la terre ferme sur le pont; mais, avant qu'il arrivât à l'extrémité, on coupait les étais, le pont tombait, ce qui obligeait l'animal de se laisser glisser doucement, jusqu'à ce qu'il rencontrât le commencement de l'autre pont. Les autres éléphans se laissaient glisser aussi, ou sur les pieds, ou en s'accroupissant. Arrivés sur la surface unie du pont qui se trouvait au dessous, une chute pareille de ce pont les conduisait à un nouveau. Cette manœuvre se répéta jusqu'à ce qu'on eût gagné un sol plus uni. Les Romains firent ce jour-là un peu plus de sept milles, mais ce fut avec toute sorte de peines, et bien moins en marchant qu'en roulant avec leurs armes et leurs bagages. Aussi le général et le guide avouèrent-ils qu'il eût suffi d'une poignée de monde pour détruire l'armée entière. La nuit, on arriva dans une plaine de peu d'étendue, et, comme elle était dominée de tous côtés par des hauteurs, on ne put reconnaître si la position était dange-

terruisset, locorum asperitas hostiliter vexavit. Tertio die conjunctis copiis eunt per saltum, quem incolæ Callipeucen adpellant; quarto inde die per æque invia, sed adsuetudine peritius, et meliore cum spe, quod nec hostis unquam adparebat, et mari adpropinquabant, degressi in campos, inter Heracleum et Libethrum posuerunt castra peditum : quorum pars major tumulos tenebat; ibi vallo campi quoque partem, ubi eques tenderet, amplectebantur.

VI. Lavanti regi dicitur nunciatum, hostes adesse. Quo nuncio quum pavidus exsiluisset e solio, victum se sine prœlio clamitans proripuit; et, subinde per alia aliaque pavida consilia et imperia trepidans. [Duobus ex amicis, Niciam proficisci jussit Pellam, ubi pecunia deposita erat, et quidquid ejus ibi nancisceretur, in mare dejicere; alterum Andronicum misit Thessalonicam, ut navalia incenderet. Simul Hippiam et Asclepiodotum] ex præsidiis revocat; omnesque aditus aperit bello. Ipse, ab Dio auratis statuis omnibus raptis, ne præda hosti essent, incolas ejus loci demigrare Pydnam cogit; et, quæ temeritas consulis videri potuisset, quod eo

reuse. Mais, heureux d'avoir enfin trouvé, contre toute espérance, un lieu commode pour camper, les Romains se virent obligés d'attendre tout le jour suivant, dans une vallée si profonde, Popillius et les troupes restées avec lui, lesquelles, n'ayant eu non plus à s'effrayer nulle part de la présence de l'ennemi, avaient pareillement beaucoup souffert de l'âpreté des lieux. Le troisième jour, les troupes réunies franchirent le défilé que les habitans nomment Callipeucé. Le quatrième, elles eurent encore à cheminer par des endroits escarpés : mais l'habitude les leur rendit plus praticables ; et ce qui augmentait leur confiance, c'est que l'ennemi ne se montrait nulle part, et qu'elles approchaient de la mer. Enfin, on descendit en plaine. L'infanterie campa, en grande partie, sur les hauteurs qui se trouvent entre Héraclée et Libethrum, et la cavalerie, dans la plaine qu'embrassent ces hauteurs.

VI. Le roi, dit-on, était au bain, lorsqu'on vint lui annoncer que les ennemis arrivaient. A cette nouvelle, saisi de frayeur, il se lève précipitamment et s'élance hors du bain en s'écriant, qu'il est vaincu sans combat; puis, dans le trouble qui l'agite, il prend une foule de résolutions et donne une infinité d'ordres qui peignent sa frayeur. Enfin deux de ses principaux courtisans reçoivent de lui l'injonction, l'un, Nicias, de se rendre à Pella, où étaient déposés ses trésors, et de jeter à la mer tout l'argent qu'il y trouverait ; l'autre, Andronic, d'aller à Thessalonique pour y brûler les chantiers. En même temps il rappelle Hippias et Asclépiodote des positions qu'ils occupaient, et ouvre à l'armée ennemie tous les passages. Après avoir enlevé de Dium toutes les statues dorées, de peur qu'elles ne devinssent la proie

processisset, unde invito hoste regredi nequiret, eam non inconsultam audaciam fecit. Duos enim saltus, per quos inde evadere possent, habebant Romani : unum per Tempe in Thessaliam, alterum in Macedoniam præter Dium; quæ utraque regiis tenebantur præsidiis. Itaque si dux intrepidus decem dies primam speciem adpropinquantis terroris sustinuisset, neque receptus Romanis per Tempe in Thessaliam, neque commeatibus pervehendis eo patuisset iter. Sunt enim Tempe saltus, etiamsi non bello fiat infestus, transitu difficilis; nam præter angustias per quinque millia, qua exiguum jumento onusto iter est, rupes utrimque ita abscisæ sunt, ut despici vix sine vertigine quadam simul oculorum animique possit; terret et sonitus et altitudo per mediam vallem fluentis Penei amnis. Hic locus, tam suapte natura infestus, per quatuor distantia loca præsidiis regiis fuit insessus : unum in primo aditu ad Gonnum erat : alterum ad Condylon castello inexpugnabili : tertium circa Lapathunta, quem Characa adpellant : quartum viæ ipsi, qua et media et angustissima vallis est, impositum, quam vel decem armatis tueri facile est. Intercluso per Tempe simul aditu commeatibus, simul reditu, ipsi montes, per quos descenderant, repetendi erant; quod ut furto fefellerant, ita propalam, tenentibus superiora cacumina hostibus, non poterant; et experta difficultas

de l'ennemi, il force lui-même les habitans de ce lieu de s'en aller à Pydna. Ainsi, l'espèce de témérité qu'avait montrée le consul, en s'engageant dans un mauvais pas, d'où il lui eût été impossible de se retirer, s'il eût eu affaire à un ennemi bien décidé à l'en empêcher, ne fut plus qu'un trait de hardiesse que la prudence même pouvait avouer. En effet, les Romains n'avaient que deux issues par lesquelles ils pussent sortir de cet endroit : la vallée de Tempé, donnant entrée en Thessalie, et le défilé voisin de Dium, conduisant en Macédoine. Or, ces deux passages étaient occupés par les troupes royales. Si donc le roi eût eu assez de sang-froid pour résister à cette première alarme, et qu'il eût tenu seulement l'espace de dix jours, les Romains n'auraient pu ni regagner la Thessalie par la vallée de Tempé, ni avoir de chemin ouvert pour le transport de leurs vivres. Car les gorges de Tempé sont difficiles à franchir, même lorsque l'on n'est pas en temps de guerre. En effet, outre que la route est, sur une longueur de cinq milles, si étroite, que les bêtes de somme y passent à peine, de chaque côté se trouvent des précipices tellement profonds, qu'on ne peut presque les envisager sans que leur aspect éblouisse les yeux et cause des vertiges; et ce qui ajoute à la terreur, c'est le bruit et la profondeur du fleuve Pénée, qui coule au fond de la vallée. Ce lieu, si dangereux par sa nature, était défendu par quatre détachemens de troupes royales, placés à quelque distance les uns des autres, le premier à Gonnus, c'est-à-dire à l'entrée du défilé; le second près de Condylon, dans un fort inexpugnable; le troisième aux environs de Lapathonte, dans un endroit nommé Charax; le quatrième enfin, sur la route même qui coupe la vallée,

spem omnem incidisset. Supererat nihil aliud in temere commisso, quam in Macedoniam ad Dium per medios evadere hostes : quod, nisi dii mentem regi ademissent, et ipsum ingentis difficultatis erat. Nam quum Olympi radices montis paullo plus quam mille passuum ad mare relinquant spatium, cujus dimidium loci occupat ostium late restagnans Baphyri amnis, partem planiciæ aut Jovis templum, aut oppidum tenet; reliquum perexiguum fossa modica valloque claudi poterat, et saxorum ad manum silvestrisque materiæ tantum erat, ut vel murus objici, turresque excitari potuerint. Quorum nihil quum dispexisset cæcata mens subito terrore, nudatis omnibus præsidiis, patefactisque bello, ad Pydnam refugit.

VII. Consul, plurimum et præsidii et spei cernens in stultitia et segnitie hostis, remisso nuncio ad Sp. Lucretium Larissam, ut castella, relicta ab hoste, circa Tempe occuparet, præmisso Popillio ad explorandos transitus

passage si étroit, que dix hommes seulement peuvent le défendre sans peine. Ainsi, dans l'impossibilité de recevoir des vivres ou de faire retraite par la vallée de Tempé, les Romains se seraient vus contraints de regagner les montagnes par lesquelles ils étaient descendus : mais s'ils avaient réussi d'abord à tromper la vigilance des chefs macédoniens, il ne leur était pas possible d'opérer leur retraite en présence d'un ennemi occupant les hauteurs ; et puis, le souvenir des difficultés qu'il leur avait fallu vaincre leur eût enlevé tout espoir. Dans la situation où l'on s'était inconsidérément placé, il ne restait d'autre parti à prendre que de se faire jour à travers les ennemis postés près de Dium, et de pénétrer en Macédoine, projet d'une exécution fort difficile, si les dieux n'eussent frappé le roi d'aveuglement. Car une moitié de l'espace d'un peu plus de mille pas, qui règne entre le pied du mont Olympe et la mer, se trouve occupée par le refoulement des eaux du fleuve Baphyre, qui a là son embouchure, et l'autre l'est en partie par le temple de Jupiter et par la ville. L'intervalle qui reste est tellement étroit, qu'on pouvait le fermer d'un fossé tant soit peu profond et d'une palissade, et l'on avait sous la main assez de pierres et de bois pour élever une muraille, et la flanquer de tours. Mais, aveuglé par une subite terreur, le roi ne songea à aucun de ces avantages, retira ses troupes de toutes les positions qu'il lui était important de garder, laissa l'ennemi maître de s'en emparer, et alla se réfugier à Pydna.

VII. Le consul, que rassuraient et encourageaient beaucoup la démence et la lâcheté de Persée, envoya un courrier à Sp. Lucretius, resté à Larisse, lui porter l'ordre de s'emparer de tous les forts voisins de Tempé,

circa Dium, postquam patere omnia in omnes partes animadvertit, secundis castris pervenit ad Dium ; metarique sub ipso templo, ne quid sacro in loco violaretur, jussit. Ipse, urbem ingressus, sicut non magnam, ita exornatam publicis locis et multitudine statuarum, munitamque egregie, vix satis credere, in tantis rebus sine causa relictis non aliquem subesse dolum. Unum diem ad exploranda circa omnia moratus, castra movet; satisque credens, in Pieria frumenti copiam fore, eo die ad amnem nomine Mityn processit. Postero die progressus, Agassas urbem, tradentibus sese ipsis, recepit ; et, ut reliquorum Macedonum animos sibi conciliaret, obsidibus contentus, sine præsidio relinquere se eis urbem, inmunesque ac suis legibus victuros, est pollicitus. Progressus inde diei iter, ad Ascordum flumen posuit castra; et, quantum procederet longius a Thessalia, eo majorem rerum omnium inopiam sentiens, regressus ad Dium est; dubitatione omnibus exemta, quid intercluso ab Thessalia patiendum fuisset, cui procul inde abscedere tutum non esset. Perseus, contractis in unum omnibus copiis ducibusque, increpare præfectos præsidiorum, ante omnes Asclepiodotum atque Hippiam : ab his dicere claustra Macedoniæ tradita Romanis esse : cujus culpæ reus nemo justius, quam ipse, fuisset. Consuli postquam ex alto conspecta classis spem

abandonnés par l'ennemi, et détacha Popillius en avant, pour sonder les passages aux environs de Dium. Après avoir acquis la certitude qu'ils étaient ouverts de toutes parts, il arriva devant cette ville en deux jours de marche, et fit camper ses troupes sous le temple même, afin de prévenir toute profanation de ce lieu sacré. Pour lui, il entra dans la ville, qu'il trouva peu étendue, mais dont il admira les édifices publics, le nombre des statues et les excellentes fortifications; et la vue de choses d'une si grande importance, abandonnées sans motif, lui fit soupçonner quelque piège. En conséquence, après s'être arrêté l'espace d'une journée, pour reconnaître tous les alentours, il décampa; et, persuadé qu'il trouverait dans la Piérie beaucoup de blé, il s'avança ce jour-là même jusqu'au fleuve Mitys. Le lendemain il continua sa route, et reçut à composition la ville d'Agassa, dont les habitans se livrèrent d'eux-mêmes; et, pour se concilier les esprits dans le reste de la Macédoine, se bornant à exiger des ôtages, il leur promit de ne point mettre garnison dans leur ville, et de leur laisser leurs lois et immunités. De là, en un jour de marche, il alla camper sur les bords du fleuve Ascordus; mais la disette de toutes choses se faisant sentir de plus en plus, à mesure que l'on s'éloignait de la Thessalie, il revint à Dium. Chacun comprit alors, par le danger que l'on courait en s'éloignant de cette contrée, ce qu'on aurait eu à souffrir si l'ennemi en eût fermé les passages. Persée, après avoir rassemblé sur un seul point toutes ses troupes, et en avoir réuni tous les chefs, adressa de violens reproches aux commandans des postes, surtout à Asclépiodote et à Hippias; il les accusait d'avoir livré aux Romains les barrières de la

fecit, cum commeatu naves venire (ingens enim caritas annonæ ac prope inopia erat), ab invectis jam portum audit, onerarias naves Magnesiæ relictas esse. Incerto inde, quidnam agendum foret (adeo sine ulla ope hostis quæ adgravaret, cum ipsa difficultate rerum pugnandum erat), peropportune litteræ a Sp. Lucretio adlatæ sunt : castella se, quæ super Tempe essent et circa Philam, tenere omnia, frumentique in iis et aliarum in usum rerum copiam invenisse.

VIII. His magnopere lætus consul ab Dio ad Philam ducit, simul ut præsidium ejus firmaret, simul ut militi frumentum, cujus tarda subvectio erat, divideret. Ea profectio famam haudquaquam secundam habuit; nam alii, metu recessisse eum ab hoste, ferebant, quia manenti in Pieria prœlio dimicandum foret : alii, ignarum belli, quæ in dies fortuna novaret, ultro obferentibus sese rebus, emisisse de manibus ea, quæ mox repeti non possent. Simul enim cessit possessione Dii, excitavit hostem, ut tunc tandem sentiret, recuperanda esse, quæ prius culpa amissa forent. Audita enim profectione consulis, regressus Dium, quæ disjecta ac vastata ab Romanis erant, reficit : pinnas mœnium decussas reponit, ab

Macédoine, faute dont personne n'était plus véritablement coupable que lui-même. Le consul, en apercevant la flotte sur la mer, avait conçu l'espérance qu'elle arrivait avec des bâtimens chargés de vivres (car son armée en avait grand besoin, et en manquait presque entièrement); mais quand les vaisseaux furent entrés dans le port, il apprit que les navires de transport étaient restés à Magnésie. Désespéré de ce contre-temps, il ne savait quel parti prendre (car il se voyait en présence d'un mal plus redoutable que l'ennemi, et avait à lutter contre la difficulté même des circonstances), lorsqu'il reçut fort à propos des dépêches que lui envoyait Sp. Lucretius pour lui annoncer, qu'il s'était rendu maître de tous les forts dominant la vallée de Tempé et voisins de Phila, et qu'il y avait trouvé une grande quantité de blé et d'autres provisions.

VIII. Enchanté de ces nouvelles, le consul retourna de Dium à Phila, et pour renforcer la garnison, et pour distribuer au soldat du blé, dont le transport aurait demandé trop de temps. Ce départ fut très-défavorablement interprété : car les uns l'attribuaient à la crainte de l'ennemi, qu'il ne pouvait éviter de combattre en demeurant dans la Piérie; les autres, à son manque de connaissance de l'art militaire, qui, l'empêchant de prévoir les changemens que faisaient naître d'un jour à l'autre, dans la guerre, les caprices de la fortune, l'avait conduit à laisser échapper, quand elles s'offraient d'elles-mêmes, des chances de succès qu'il ne pourrait retrouver de long-temps. En effet, sa retraite de Dium réveilla son ennemi, et lui fit sentir la nécessité de recouvrer présentement ce qu'il avait perdu auparavant par sa faute. Lors donc que Persée fut instruit du départ

omni parte muros firmat : deinde quinque millia passuum ab urbe citra ripam Enipei amnis castra ponit; amnem ipsum, transitu perdifficilem, pro munimento habiturus. Fluit ex valle Olympi montis, aestate exiguus; hibernis idem incitatus pluviis et supra rupes ingentes gurgites facit, et infra prorutam in mare evolvendo terram, praealtas voragines, cavatoque medio alveo ripas utrimque praecipites. Hoc flumine Perseus septum iter hostis credens, extrahere reliquum tempus ejus aestatis in animo habebat. Inter haec consul a Phila Popillium cum duobus millibus armatorum Heracleum mittit : abest a Phila quinque millia ferme passuum, media regione inter Dium Tempeque, in rupe amni inminente positum.

IX. Popillius, priusquam armatos muris admoveret, misit, qui magistratibus principibusque suaderent, fidem clementiamque Romanorum, quam vim, experiri mallent; nihil ea consilia moverunt, quia ignes ad Enipeum ex regis castris adparebant. Tum terra marique (et classis adpulsa ab litore stabat) simul armis, simul operibus machinisque, obpugnari coepti. Juvenes etiam quidam Romani, ludicro circensi ad usum belli verso, partem humillimam muri ceperunt. Mos erat tum, nondum

du consul, il revint à Dium, releva les ouvrages démolis et ruinés par les Romains, rétablit les créneaux des murailles abattus, et répara de tous côtés les murs eux-mêmes, que ces travaux rendirent plus solides. Ensuite, il assit son camp à cinq mille pas de la ville, en deçà du fleuve Énipée, qui, fort difficile à traverser, allait lui servir de rempart. L'Énipée, qui prend sa source au pied du mont Olympe, est presque à sec durant l'été; mais, grossi par les pluies d'hiver, il se précipite des rochers avec la rapidité d'un torrent, enlève des terres qu'il entraîne dans la mer, et, creusant de plus en plus son lit, a des bords extrêmement escarpés. Persée, ne doutant pas que ce fleuve ne lui fût une barrière insurmontable contre l'ennemi, se proposait de gagner du temps tout le reste de la campagne. Cependant, le consul donna ordre à Popillius de partir de Phila avec deux mille soldats, et de marcher sur Héraclée. Cette dernière ville, éloignée de la première d'environ cinq mille pas, est située à égale distance de Dium et de la vallée de Tempé, et assise sur un roc qui domine le fleuve.

IX. Popillius, avant de commander l'assaut à ses soldats, envoya exhorter les magistrats et les principaux habitans à se confier en la justice et la clémence des Romains, plutôt que d'éprouver la force de leurs armes. Ces conseils ne produisirent sur eux aucun effet, parce qu'ils apercevaient les feux du camp royal sur les bords de l'Énipée. Alors il commença le siège par terre et par mer (car la flotte était venue mouiller près de la côte), et attaques, travaux, machines, tout fut mis en œuvre simultanément. De jeunes Romains, appropriant à l'usage de la guerre ce qui, dans le Cirque, n'était

hac effusione inducta bestiis omnium gentium Circum complendi, varia spectaculorum conquirere genera : nam, semel quadrigis, semel desultore misso, vix unius horæ tempus utrumque curriculum complebat. Inter cetera sexageni ferme juvenes, interdum plures adparatioribus ludis, armati inducebantur; horum inductio in parte simulacrum decurrentis exercitus erat; ex parte elegantioris, quam militaris artis, propiorque gladiatorium armorum usum. Quum alios decursus edidissent motus, quadrato agmine facto, scutis super capita densatis, stantibus primis, secundis submissioribus, tertiis magis et quartis, postremis etiam genu nisis, fastigatam, sicut tecta ædificiorum sunt, testudinem faciebant. Hinc quinquaginta ferme pedum spatio distantes duo armati procurrebant, comminatique inter se, ab ima in summam testudinem per densata scuta quum evasissent, nunc velut propugnantes per oras extremæ testudinis, nunc in media inter se concurrentes, haud secus quam stabili solo persultabant. Huic testudini simillima parti muri admota, quum armati superstantes subissent, propugnatoribus muri fastigio altitudinis æquabantur ; depulsisque iis, in urbem duorum signorum milites transcenderunt. Id tantum dissimile fuit, quod, et in fronte extrema, et ex lateribus, soli non habebant super capita elata scuta, ne nudarent corpora; sed prætenta pugnan-

qu'un jeu, s'établirent au pied des murailles. A cette époque, où l'on ne remplissait pas encore le Cirque de ces innombrables troupes de bêtes féroces amenées de tous les pays, l'usage était de s'attacher à offrir des spectacles de différens genres ; car la course des chars et celle des chevaux ne duraient ensemble qu'une heure au plus. Entre autres divertissemens dont on les faisait suivre, soixante jeunes guerriers, armés de toutes pièces, et quelquefois davantage, quand les jeux se célébraient avec grande pompe, étaient introduits dans l'arène, où ils donnaient le spectacle, tantôt d'une bataille, tantôt de combats singuliers, scènes moins martiales que théâtrales et gladiatoriennes. Après diverses évolutions, ils se formaient en bataillon carré, et couvraient leurs têtes de leurs boucliers, qu'ils serraient les uns contre les autres. Le premier rang se tenait debout, le second se baissait un peu, le troisième davantage, le quatrième encore plus, enfin le dernier s'appuyait sur un genou, et il résultait de là une espèce de tortue, se terminant en angle comme le toit d'un bâtiment. Alors deux guerriers armés prenaient leur élan d'une distance de cinquante pas environ, se défiaient réciproquement, puis s'avançant sur les boucliers serrés les uns contre les autres et gagnant le haut de la tortue, tantôt ils couraient comme pour en défendre les bords, tantôt en venaient aux mains au milieu de cette voûte factice, et y bondissaient comme sur un terrain solide. Les jeunes Romains donc appliquèrent, à la partie du mur au pied de laquelle ils étaient, une tortue absolument semblable à celle dont on vient de lire la description. Les troupes qui se trouvaient là, étant montées sur cette tortue, parvinrent bientôt à la hauteur des défenseurs du mur;

tium more : ita nec ipsos tela ex muro missa subeuntes læserunt, et testudini injecta imbris in modum lubrico fastigio innoxia ad imum labebantur. Et consul, capto jam Heracleo, castra eo promovit; tamquam Dium, atque, inde submoto rege, in Pieriam etiam progressurus. Sed, hiberna jam præparans, vias commeatibus subvehendis ex Thessalia muniri jubet, et eligi horreis opportuna loca, tectaque ædificari, ubi deversari portantes commeatus possent.

X. Perseus, tandem a pavore eo, quo adtonitus fuerat, recepto animo, malle, imperiis suis non obtemperatum esse, quum trepidans gazam in mare dejici Pellæ, Thessalonicæ navalia jusserat incendi. Andronicus, Thessalonicam missus, traxerat tempus, id ipsum quod accidit, pœnitentiæ relinquens locum : incautior Nicias Pellæ projiciendo pecuniæ partem, quod fuerat nactus : sed in errorem emendabilem visus lapsus esse, quod per urinatores omne ferme extractum est; tantusque pudor

ceux-ci furent culbutés, et les soldats de deux manipules franchirent la muraille et pénétrèrent dans la ville. La seule différence entre cette dernière tortue et celle dont il vient d'être question, c'est que les soldats de la première ligne et des flancs ne tenaient pas leurs boucliers au dessus de leurs têtes, mais les portaient à la manière des combattans, pour ne pas laisser leurs corps à découvert. De cette manière, les traits qui partaient du haut de la muraille n'atteignaient point les hommes de la première ligne, et ceux qui étaient lancés sur la tortue, coulant comme la pluie sur un toit glissant, arrivaient au bas sans faire aucun mal. Après cette prompte réduction d'Héraclée, le consul vint camper sous ses murs, comme s'il eût eu le projet de marcher sur Dium, d'en chasser le roi, et de s'avancer vers la Piérie. Mais, s'occupant déjà de ses quartiers d'hiver, il fit réparer les chemins pour le transport des vivres qu'il attendait de la Thessalie, chercher des endroits propres à établir des magasins, et construire des baraques où pussent loger en route les conducteurs des convois.

X. Persée, revenu enfin de la frayeur dont il avait été saisi, eût bien voulu que ses ordres n'eussent pas été suivis de l'exécution, lorsque, dans son trouble, il avait commandé de jeter à la mer ses trésors déposés à Pella, et de brûler les chantiers de Thessalonique. Andronic, qui s'était trouvé chargé de cette dernière mission, en avait différé l'accomplissement, pour laisser au roi le temps de se repentir, ce qui arriva en effet. Nicias, moins prévoyant, avait jeté à la mer la partie de l'argent du roi qu'il avait trouvée à Pella; mais cette faute n'était pas irréparable, et presque tout cet

regi pavoris ejus fuit, ut urinatores clam interfici jusserit; deinde Andronicum quoque et Nician : ne quis tam dementis imperii conscius exsisteret. Inter hæc C. Marcius, cum classe ab Heracleo Thessalonicam profectus, et agrum pluribus locis, expositis per litora armatis, late vastavit, et procurrentes ab urbe, secundis aliquot prœliis, trepidos intra mœnia compulit; jamque ipsi urbi terribilis erat, quum, dispositis omnis generis tormentis, non vagi modo circa muros, temere adpropinquantes, sed etiam qui in navibus erant, saxis tormento emicantibus percutiebantur. Revocatis igitur in naves militibus, omissaque Thessalonicæ obpugnatione, Æneam inde petunt; quindecim millia passuum ea urbs abest, adversus Pydnam posita, fertili agro. Pervastatis finibus ejus, legentes oram, Antigoneam perveniunt : ibi, egressi in terram, primo et vastarunt agros passim, et aliquantum prædæ contulerunt ad naves; dein palatos eos adorti Macedones, mixti pedites equitesque, fugientes effuse ad mare persecuti, quingentos ferme occiderunt, et non minus ceperunt. Nec aliud, quam ultima necessitas, quum recipere se tuto ad naves prohiberentur, animos militum romanorum, simul desperatione alia salutis, simul indignitate, irritavit. Redintegrata in litore pugna est; adjuvere qui in navibus erant. Ibi Macedonum ducenti ferme cæsi; par numerus captus. Ab Anti-

argent fut retiré par des plongeurs. Toutefois, le roi eut tant de honte de sa frayeur, qu'il fit assassiner en secret les plongeurs, puis Andronic et Nicias, pour ne laisser en vie aucun de ceux qui avaient connaissance d'un ordre si extravagant. Cependant C. Marcius, parti d'Héraclée avec la flotte, pour se rendre devant Thessalonique, jeta le long de la côte des détachemens qui ravagèrent sur plusieurs points une assez grande étendue de territoire, et repoussèrent avec avantage plusieurs sorties des habitans, qu'ils obligèrent à rentrer précipitamment dans leurs murs. Déjà la ville tremblait pour elle-même, lorsqu'elle dut sa délivrance au jeu des machines de tout genre disposées autour des murailles, les pierres qu'elles lançaient frappant non-seulement les Romains épars et qui s'approchaient avec trop de hardiesse, mais même ceux qui étaient sur les vaisseaux. Les soldats eurent donc ordre de se rembarquer; on renonça au siège de Thessalonique, et l'on se porta sur Énea. Cette ville, distante de la première de quinze mille pas, est située en face de Pydna, dans un territoire fertile. Les Romains, après l'avoir ravagée d'un bout à l'autre, longent la côte, et arrivent auprès d'Antigonée. En cet endroit, ils opèrent de nouveau un débarquement, dévastent çà et là les campagnes, et rapportent sur leurs vaisseaux un assez grand butin. Mais bientôt les Macédoniens, les voyant dispersés, fondent sur eux, cavaliers et fantassins, à l'envi les uns des autres, les obligent à fuir en grande hâte, les poursuivent jusqu'au bord de la mer, leur tuent près de cinq cents hommes, et leur font autant de prisonniers. Il fallut la dure extrémité à laquelle ils se trouvaient réduits, pour réveiller le courage des soldats romains,

gonea classis profecta, ad agrum pallenensem exscensionem ad populandum fecit. Finium is ager Cassandrensium erat, longe fertilissimus omnis oræ, quam prætervecti fuerant. Ibi Eumenes rex, viginti tectis navibus ab Elea profectus, obvius fuit; et quinque missæ a Prusia rege tectæ naves.

XI. Hac virium accessione animus crevit prætori, ut Cassandream obpugnaret. Condita est a Cassandro rege in ipsis faucibus, quæ pallenensem agrum ceteræ Macedoniæ jungunt, hinc Toronaico, hinc Macedonico septa mari. Eminet namque in altum lingua; in qua sita est : nec minus, quam inclitus magnitudine Atho mons, excurrit, obversa in regionem Magnesiæ duobus inparibus promontoriis; quorum majori Posideum est nomen, minori Canastræum. Diversis partibus obpugnare adorti: Romanus ad Clitas, quas vocant, munimenta, cervis etiam objectis, ut viam intercluderet, a Macedonico ad Toronaicum mare perducit; ab altera parte euripus est : inde Eumenes obpugnabat. Romanis in fossa complenda,

qui, ne pouvant regagner leurs vaisseaux sans de grands dangers, et voyant que toute autre voie de salut leur était en même temps fermée, cédèrent alors à un transport de colère, et n'écoutèrent plus que leur désespoir. Le combat recommença donc sur le rivage, et les Romains, secondés par les renforts qui leur furent envoyés de leurs vaisseaux, tuèrent aux Macédoniens environ deux cents hommes, et leur en prirent un pareil nombre. D'Antigonée, la flotte se dirigea vers le territoire de Pallène, où les troupes romaines débarquèrent pour le ravager. Ce territoire, voisin de celui de Cassandrée, était la plus fertile de toutes les contrées qu'avaient côtoyées les Romains. Là, ils furent joints par le roi Eumène, parti d'Élée avec vingt vaisseaux pontés, et firent la rencontre de cinq autres vaisseaux pontés, envoyés par le roi Prusias.

XI. Ce surcroît de forces enhardit à tel point le préteur, qu'il prit la résolution d'assiéger Cassandrée. Cette ville, fondée par le roi Cassandre dans les gorges mêmes qui ouvrent une communication entre le territoire de Pallène et le reste de la Macédoine, est protégée d'un côté par le golfe Toronaïque, et de l'autre par le golfe Macédonien. La langue de terre sur laquelle elle est située se prolonge dans la mer autant que le mont Athos, célèbre par sa hauteur, et présente à la Magnésie deux promontoires inégaux, dont le plus grand se nomme Posidée, et le plus petit Canastrée. Des attaques furent formées sur deux points opposés. Le général romain dirigea la sienne contre le côté appelé Clites, et conduisit la circonvallation du golfe de Macédoine à celui de Toronée, en semant sur toute la ligne des chevaux de frise, pour fermer le passage. Eumène attaquait de

quam nuper objecerat Perseus, plurimum erat laboris. Ibi quærenti prætori, quia nusquam cumuli adparebant, quo regesta e fossa terra foret, monstrati sunt fornices : « Non ad eamdem crassitudinem, qua veterem murum, sed simplici laterum ordine, structos esse. » Consilium igitur cepit, transfosso pariete iter in urbem patefacere; fallere autem ita se posse, si, muros a parte alia scalis adortus, tumultu injecto, in custodiam ejus loci propugnatores urbis avertisset. Erant in præsidio Cassandreæ, præter non contemnendam juventutem oppidanorum, octingenti Agrianes, et duo millia Penestarum Illyriorum, a Pleurato inde missi, bellicosum utrumque genus. His tuentibus muros, quum subire Romani summa vi niterentur, momento temporis parietes fornicum perfossi urbem patefecerunt; quod si, qui inrumperent, armati fuissent, extemplo cepissent. Hoc ubi perfectum esse opus militibus nunciatum est, clamorem alacres gaudio repente tollunt, aliis parte alia in urbem inrupturis.

XII. Hostes primum admiratio cepit, quidnam sibi repentinus clamor vellet: postquam patere urbem accepere præfecti præsidii Pytho et Philippus, pro eo, qui occupasset adgredi, opus factum esse rati, cum valida manu Agrianum Illyriorumque erumpunt; Romanosque, qui alii aliunde coibant convocabanturque, ut signa in

l'autre côté, défendu par un euripe. Les Romains avaient beaucoup de peine à combler ce fossé, creusé récemment par ordre de Persée. Le préteur, ne voyant pas sur le bord les terres qui devaient en avoir été tirées, demanda ce qu'elles étaient devenues. On lui montra des voûtes faites avec ces terres converties en briques, « constructions qui, loin d'avoir l'épaisseur de l'ancien mur, n'étaient formées que d'un seul rang de briques. » Il prit donc la résolution de percer ces faibles murailles, et de pénétrer par là dans la ville. Cassandrée avait pour garnison, outre la courageuse jeunesse de cette cité, huit cents Agrianes et deux mille Pénestes Illyriens, envoyés depuis par Pleuratus, troupes appartenant à deux nations également belliqueuses. Tandis que cette garnison défend les murs, attaquées par les Romains avec une extrême vigueur, les faibles parois des voûtes, percées en un moment, donnent entrée dans la ville; et si les travailleurs eussent eu des armes, ils la prenaient sur-le-champ. Les soldats, en apprenant que l'ouvrage est terminé, poussent de grands cris de joie, espérant pénétrer dans la ville de tous côtés.

XII. Au premier moment, les ennemis furent tout étonnés, ne sachant ce que leur annonçaient ces cris partis soudainement. Lorsque Python et Philippe, commandans de la garnison, en connaissent la cause, persuadés que les travaux exécutés sur ce point doivent tourner à l'avantage de ceux qui s'en empareraient les premiers, ils font une brusque sortie à la tête d'un fort détachement d'Agrianes et d'Illyriens, surprennent

urbem inferrent, incompositos atque inordinatos fugant, persequunturque ad fossam, in quam compulsos ruina cumulant: sexcenti ferme ibi interfecti, omnesque prope, qui inter murum fossamque deprensi erant, vulnerantur. Ita suo ipse conatu perculsus prætor, segnior ad alia factus consilia erat; et ne Eumeni quidem, simul a mari, simul a terra adgredienti, quidquam satis procedebat. Placuit igitur utrique, custodiis firmatis, ne quod præsidium ex Macedonia intromitti posset, quoniam vis aperta non processisset, operibus mœnia obpugnare. Hæc parantibus his, decem regii lembi, ab Thessalonica cum delectis Gallorum auxiliaribus missi, quum in salo stantes hostium naves conspexissent; ipsi, obscura nocte, simplici ordine, quam poterant proxime litus tenentes, intrarunt urbem. Hujus novi præsidii fama absistere obpugnatione simul Romanos regemque coegit: circumvecti promontorium, ad Toronen classem adpulerunt. Eam quoque obpugnare adorti, ubi valida defendi manu animadverterunt, irrito incepto Demetriadem petunt. Ibi quum adpropinquantes repleta mœnia armatis vidissent, prætervecti ad Iolcon classem adpulerunt; inde, agro vastato, Demetriadem quoque adgressuri.

XIII. Inter hæc et consul, ne segnis sederet tantum

les Romains qui se rassemblaient tumultueusement pour entrer dans la ville, les mettent en fuite à la faveur de ce désordre, les poursuivent jusqu'au bord du fossé, les y précipitent, et les accablent sous les débris. Il en périt en cette occasion près de six cents, et tous ceux qui se trouvaient entre le mur et la tranchée furent couverts de blessures. Ainsi victime de son propre expédient, le préteur devint moins empressé à imaginer de nouveaux moyens. Eumène, de son côté, ne réussissait aucunement dans sa double attaque par terre et par mer. Il fut donc convenu, entre le préteur et lui, qu'on renforcerait la ligne de circonvallation, pour rendre impossible l'introduction des secours qui pourraient arriver de la Macédoine, et d'attaquer les murailles avec des machines, la force ouverte n'ayant pas réussi. Tandis qu'ils se livraient à ces préparatifs, dix bâtimens légers, que Persée envoyait de Thessalonique avec l'élite des Gaulois auxiliaires, apercevant la flotte ennemie arrêtée en mer, s'avancent sur une seule file pendant l'obscurité de la nuit, en longeant la côte, dont ils s'approchent le plus qu'ils peuvent, et entrent dans la ville. Les Romains et le roi, à la nouvelle de l'arrivée de ce renfort, jugèrent qu'il leur fallait absolument renoncer au siège. Ils doublèrent donc le promontoire, et arrivèrent à Torone. Ils en entreprirent aussi le siège; mais, la trouvant défendue par une forte garnison, ils ne purent s'en emparer, et se dirigèrent vers Démétriade. Quand ils furent près de cette ville, voyant ses murs garnis de soldats, ils allèrent débarquer à Iolcos, pour en ravager le territoire, et revenir de là sur Démétriade.

XIII. Cependant le consul, pour ne pas rester com-

in agro hostico, M. Popillium cum quinque millibus militum ad Meliboeam urbem obpugnandam mittit. Sita est in radicibus Ossae montis, qua parte in Thessaliam vergit, opportune inminens super Demetriadem. Primus adventus hostium perculit incolas loci: conlectis deinde ex necopinato pavore animis, discurrunt armati ad portas ac moenia, qua suspecti aditus erant; spemque extemplo inciderunt, capi primo inpetu posse. Obsidio igitur parabatur, et opera obpugnationum fieri coepta. Perseus, quum audisset, simul Meliboeam a consulis exercitu obpugnari, simul classem Iolci stare, ut inde Demetriadem adgrederetur, Euphranorem quemdam ex ducibus cum delectis duobus millibus Meliboeam mittit; eidem imperatum, ut, si a Meliboea submovisset Romanos, Demetriadem prius occulto itinere intraret, quam ab Iolco ad urbem castra moverent Romani. Et ab obpugnatoribus Meliboeae, quum in superioribus locis repente adparuisset, cum trepidatione multa relicta opera sunt, ignisque injectus; ita a Meliboea abscessum est. Euphranor, soluta unius urbis obsidione, Demetriadem extemplo ducit; nec tum moenia modo, sed agros etiam confiderunt se a populationibus tueri posse, et eruptiones in vagos populatores non sine vulneribus hostium factae sunt. Circumvecti tamen moenia sunt praetor et rex, situm urbis contemplantes, si qua parte tentare

plètement inactif dans le pays ennemi, envoya M. Popillius avec cinq mille soldats faire le siège de Mélibée. Cette ville, située au pied du mont Ossa, du côté qui regarde la Thessalie, domine à propos Démétriade. Au premier moment, l'arrivée des ennemis frappa d'épouvante les habitans; mais bientôt revenus de leur subite frayeur, ils courent en armes aux portes, aux murailles, à tous les endroits où il y avait à craindre que l'on ne s'introduisît, et ôtent sur-le-champ aux Romains l'espoir de pouvoir prendre la ville au premier assaut. Ceux-ci se disposèrent donc à faire un siège en règle, et en commencèrent tous les apprêts. Persée, sur la nouvelle que l'armée du consul assiégeait Mélibée, et que la flotte stationnait à la hauteur d'Iolcos, pour aller de là attaquer Démétriade, envoie à Mélibée Euphranor, un de ses lieutenans, à la tête de deux mille soldats d'élite, avec ordre, s'il parvenait à en éloigner les Romains, de gagner Démétriade par des chemins de traverse, avant que les troupes romaines ne quittassent Iolcos pour marcher sur cette ville. Quand les Romains qui assiégeaient Mélibée virent paraître tout à coup ce détachement sur les hauteurs, ils abandonnèrent avec une grande précipitation les travaux, y mirent le feu, et Mélibée se trouva ainsi délivrée. Euphranor, après avoir fait lever le siège de cette ville, se dirigea aussitôt vers Démétriade. Son arrivée rendit la confiance aux habitans, qui crurent alors pouvoir non-seulement défendre leurs murs, mais encore préserver de toute dévastation leur territoire. Ils risquèrent donc plusieurs sorties sur les fourrageurs répandus dans la campagne, et blessèrent un assez grand nombre d'ennemis. Cependant le préteur et le roi firent le tour des murailles

aut opere aut vi possent. Fama fuit, per Cydantem Cretensem et Antimachum, qui Demetriadi praeerat, tractatas inter Eumenem et Persea conditiones amicitiae; ab Demetriade certe abscessum est. Eumenes ad consulem navigat : gratulatus, quod prospere Macedoniam intrasset, Pergamum in regnum abit. Marcius Figulus praetor, parte classis in hiberna Sciathum missa, cum reliquis navibus Oreum Euboeae petit, eam urbem aptissimam ratus, unde exercitibus, qui in Macedonia, quique in Thessalia erant, mitti commeatus possent. De Eumene rege longe diversa tradunt. Si Valerio Antiati credas, nec classe adjutum ab eo praetorem esse, quum saepe eum litteris arcessisset, tradit; nec cum gratia ab consule profectum in Asiam, indignatum, quod, ut iisdem castris tenderet, permissum non fuerit; ne ut equites quidem Gallos, quos secum adduxerat, relinqueret, inpetrari ab eo potuisse. Attalum fratrem ejus et remansisse apud consulem, et sinceram ejus fidem aequali tenore egregiamque operam in eo bello fuisse.

XIV. Dum bellum in Macedonia geritur, legati transalpini ab regulo Gallorum (. Balanos ipsius traditur nomen; gentis, ex qua fuerit, non traditur) Romam venerunt, pollicentes ad macedonicum bellum auxilia.

pour reconnaître la situation de la ville, et voir sur quel point ils pourraient tenter de la réduire, soit par des travaux, soit par la force ouverte. Le bruit courut alors qu'il y eut des négociations entre Eumène et Persée, par l'entremise du Crétois Cydas, et d'Antimaque, qui commandait à Démétriade. Un fait certain, c'est que l'on renonça au siège de cette ville. Eumène se remit en mer, alla féliciter le consul de son heureuse entrée en Macédoine, puis reprit le chemin de ses états, et revint à Pergame. Le préteur Marcius Figulus, après avoir envoyé une partie de la flotte hiverner à Sciathos, gagna, avec le reste des vaisseaux, Orée en Eubée, jugeant cette ville un lieu fort commode pour faire passer des provisions aux armées qui étaient en Macédoine et en Thessalie. Quant au roi Eumène, on n'est nullement d'accord sur la conduite qu'il tint alors. Si l'on en croit Valerius d'Antium, il ne vint point avec sa flotte au secours du préteur, bien que celui-ci lui eût fréquemment écrit pour l'y engager. Lorsqu'il se remit en route pour l'Asie, il quitta le consul d'assez mauvaise grâce, vivement piqué de n'avoir point eu la permission de camper avec les troupes romaines; enfin, on ne put pas même obtenir de lui qu'il laissât les cavaliers gaulois qu'il avait amenés à sa suite. Au contraire, selon le même Valerius, son frère Attale demeura auprès du consul, sans que sa fidélité se démentît un seul moment dans tout le cours de cette guerre, durant laquelle il rendit d'importans services.

XIV. Tandis que la guerre se poursuivait en Macédoine, arrivèrent à Rome, de par delà les Alpes, les ambassadeurs d'un prince gaulois (on sait qu'il s'appelait Balanos, mais on ignore le nom de sa nation);

Gratiæ ab senatu actæ, muneraque missa, torquis aureus duo pondo, et pateræ aureæ quatuor pondo, equus phaleratus, armaque equestria. Secundum Gallos pamphylii legati coronam auream, ex viginti millibus Philippeorum factam, in Curiam intulerunt : petentibusque iis, ut id donum in cella Jovis optimi maximi ponere, et sacrificare in Capitolio liceret, permissum; benigneque amicitiam renovare volentibus legatis responsum, et binum millium æris singulis missum munus. Tum ab rege Prusia, et paullo post ab Rhodiis, de eadem re longe aliter disserentes legati auditi sunt; utraque legatio de pace reconcilianda cum rege Perseo egit. Prusiæ preces magis, quam postulatio, fuere profitentis, « et ad id tempus se cum Romanis stetisse, et, quoad bellum foret, staturum. Ceterum quum ad se a Perseo legati venissent de finiendo cum Romanis bello, et iis pollicitum deprecatorem apud senatum futurum ; petere, si possent inducere in animum, ut finiant iram, se quoque in gratia reconciliatæ pacis ponerent. » Hæc regii legati. Rhodii, superbe commemoratis erga populum romanum beneficiis, et pene victoriæ, utique de Antiocho rege, majore parte ad se vindicata, adjecerunt : « Quum pax inter Macedonas Romanosque esset, sibi amicitiam cum rege Perseo cœptam; eam se invitos, nullo ejus in se merito, quoniam ita Romanis visum

ils venaient promettre des secours contre les Macédoniens. Le sénat leur témoigna sa reconnaissance, et leur fit remettre, à titre de présent, un collier d'or du poids de deux livres, des coupes d'or de celui de quatre, un cheval enharnaché, et une armure de cavalier. Après les Gaulois, furent introduits dans le sénat les envoyés des Pamphyliens, portant une couronne de la valeur de vingt mille philippes; ils demandèrent et obtinrent la permission de la déposer dans le sanctuaire de Jupiter très-bon, très-grand, et de sacrifier dans le Capitole. On leur répondit, en termes pleins de bienveillance, qu'on leur accordait le renouvellement d'alliance qu'ils sollicitaient; et chacun d'eux reçut en présent deux mille as. Eurent ensuite audience les ambassadeurs du roi Prusias, et peu après ceux des Rhodiens; l'objet de leur mission était le même, mais leur langage fut bien différent. Les uns et les autres étaient chargés d'amener à la paix avec le roi Persée. La demande de Prusias fut moins une proposition qu'une prière : « Sa fidélité envers les Romains, qui ne s'était pas démentie un seul instant jusqu'alors, serait la même tant que durerait la guerre; mais des ambassadeurs envoyés par Persée étant venus le prier d'engager les Romains à cesser de lui faire la guerre, il leur avait promis d'intercéder en sa faveur auprès du sénat; et, si le ressentiment des Romains n'était pas implacable, il les conjurait de lui laisser en partie le mérite de cette réconciliation. » Tel fut le langage des ambassadeurs de Prusias. Les Rhodiens, après avoir rappelé avec emphase les services rendus par eux au peuple romain, et s'être attribué presque tout l'honneur de la victoire remportée sur le roi Antiochus, ajoutèrent : « Que leurs liaisons

sit in societatem se belli trahere, interrupisse. Tertium se annum multa ejus incommoda belli sentire; mari intercluso, inopia insulam premi, amissis maritimis vectigalibus atque commeatibus. Quum id ultra pati non possent, legatos alios ad Persea in Macedoniam misisse, qui ei denunciarent, Rhodiis placere, pacem eum componere cum Romanis : se Romam eadem nunciatum missos. Per quos stetisset, quo minus belli finis fieret, adversus eos quid sibi faciendum esset, Rhodios consideraturos esse.» Ne nunc quidem hæc sine indignatione legi audirive posse, certum habeo; inde existimari potest, qui habitus animorum audientibus ea patribus fuerit.

XV. Claudius, nihil responsum, auctor est : tantum senatusconsultum recitatum, quo Caras et Lycios liberos esse juberet populus romanus, litterasque extemplo ad utramque gentem sciret indicatum mitti. Qua audita re, principem legationis, cujus magniloquentiam vix Curia paullo ante ceperat, conruisse. Alii responsum esse tradunt: « Populum romanum et principio hujus belli haud vanis auctoribus compertum habuisse, Rhodios cum Perseo rege adversus rempublicam suam occulta consilia inisse : et, si id ante dubium fuisset, legatorum paullo

avec le roi Persée avaient commencé lorsque les Macédoniens étaient en paix avec les Romains; qu'ils les avaient rompues, sans avoir à se plaindre en rien de ce prince, uniquement parce qu'il avait plu aux Romains de les entraîner avec eux dans la guerre. Cette guerre, ils en ressentaient depuis trois ans beaucoup de maux ; leur île, privée des ressources de la mer, était en proie à la disette. Ne pouvant supporter plus long-temps cette calamité, ses habitans avaient envoyé en Macédoine des ambassadeurs à Persée, lui signifier que les Rhodiens entendaient qu'il fît la paix : et la présente députation avait été chargée de se rendre à Rome pour y faire une pareille déclaration. Celle des deux parties belligérantes qui serait reconnue ne vouloir pas renoncer aux hostilités, les Rhodiens aviseraient à ce qu'ils auraient à faire à son égard. » Qu'aujourd'hui même on ne puisse, sans indignation, lire ou entendre de telles choses, certes, je le conçois. D'après cela, il est aisé de juger de ce qu'éprouvèrent les sénateurs devant qui elles furent dites.

XV. Selon Claudius, la seule réponse que l'on fit aux députés des Rhodiens, fut la lecture du sénatus-consulte arrêtant, que le peuple romain rendait aux Cariens et aux Lyciens leur liberté, et la déclaration que l'on envoyait sur-le-champ à ces deux peuples des dépêches pour les en informer. En entendant ces paroles, le chef de l'ambassade, pour l'arrogance duquel, peu d'instans auparavant, le lieu des délibérations du sénat ne paraissait pas assez vaste, tomba évanoui. Selon d'autres, il leur fut répondu : « Que le peuple romain, dès le commencement de cette guerre, avait appris, et cela de bonne source, les intelligences secrètes des Rho-

ante verba ad certum redegisse ; et plerumque ipsam se fraudem, etiamsi initio cautior fuerit, detegere. Rhodios nunc in orbe terrarum arbitria belli pacisque agere : Rhodiorum nutu arma sumturos positurosque Romanos esse; jam non deos fœderum testes, sed Rhodios habituros. Itane tandem? Ni pareatur iis, exercitusque de Macedonia deportentur, visuros esse, quid sibi faciendum sit? Quid Rhodii visuri sint, ipsos scire. Populum certe romanum, devicto Perseo, quod prope diem sperent fore, visurum, ut pro meritis cujusque in eo bello civitatis gratiam dignam referat. » Munus tamen legatis in singulos binum millium æris missum est : quod ii non acceperunt.

XVI. Litteræ deinde recitatæ Q. Marcii consulis sunt : « Quemadmodum, saltu superato, in Macedoniam transisset : ibi et ex aliis locis commeatus a prætore prospectos in hiemem habere, et ab Epirotis viginti millia modium tritici, decem hordei sumsisse : ut pro eo frumento pecunia Romæ legatis eorum curaretur. Vestimenta militibus ab Roma mittenda esse : equis ducentis ferme opus esse, maxime numidis : nec sibi in his locis ullam copiam esse. » Senatusconsultum, ut ea om-

diens et du roi Persée contre la république ; que, s'il avait pu rester quelque doute à cet égard, les paroles des envoyés venaient de le changer en certitude ; et que d'ailleurs, pour l'ordinaire, la mauvaise foi, toute circonspecte qu'elle était d'abord, finissait par se trahir elle-même. Puisque les habitans de Rhodes étaient maintenant les arbitres de la paix et de la guerre pour le monde entier, les Romains, désormais, prendraient et déposeraient les armes au moindre signe de leur volonté, et reconnaîtraient pour garans des traités, non plus les dieux, mais les Rhodiens. Pouvait-il en être autrement ? Si Rome ne se hâtait de leur obéir, et de rappeler ses armées de la Macédoine, les Rhodiens n'aviseraient-ils pas à ce qu'ils auraient à faire ? Ce à quoi aviseraient les Rhodiens, les Romains ne l'ignoraient pas. Mais, chose certaine, le peuple romain, Persée une fois vaincu, ce qui, selon toute apparence, arriverait bientôt, aviserait aussi aux moyens de traiter chaque cité selon sa conduite durant cette guerre. » Cependant on ne laissa pas d'envoyer à chacun des députés deux mille as, qu'ils ne voulurent pas accepter.

XVI. On lut ensuite les dépêches du consul Q. Marcius. Il y exposait : « Comment, après avoir franchi un défilé, il était entré en Macédoine; que là, grâce à la prévoyance du préteur, il était approvisionné pour tout l'hiver ; qu'indépendamment des vivres tirés d'autres endroits par celui-ci, il avait requis des Épirotes vingt mille boisseaux de froment et dix mille d'orge, dont il priait le sénat de faire rembourser le prix à leurs députés à Rome ; qu'il avait besoin qu'on lui envoyât de Rome des vêtemens pour les soldats, et environ deux cents chevaux, surtout numides, parce qu'il lui était

nia ex litteris consulis fierent, factum est. C. Sulpicius praetor sex millia togarum, triginta tunicarum, et equos deportanda in Macedoniam, praebendaque arbitratu consulis locavit, et legatis Epirotarum pecuniam pro frumento solvit; et Onesimum, Pythonis filium, nobilem Macedonem, in senatum introduxit. Is pacis semper auctor regi fuerat, monueratque, sicut pater ejus Philippus institutum usque ad ultimum vitae diem servabat, quotidie bis indicem foederis icti cum Romanis perlegendi; ut eum morem, si non semper, crebro tamen usurparet. Postquam deterrere eum a bello nequiit, primo subtrahere sese per alias atque alias caussas, ne interesset iis, quae non probabat, coepit: postremo, quum suspectum se esse cerneret, et proditionis interdum crimine insimulari, ad Romanos transfugit, et magno usui consuli fuit. Ea introductus in Curiam quum memorasset, senatus in formulam sociorum eum referri jussit: locum, lautia praeberi: agri tarentini, qui publicus populi romani esset, ducenta jugera dari, et aedes Tarenti emi: uti ea curaret, C. Decimio praetori mandatum. Censores censum idibus decembribus, severius quam ante, habuerunt: multis equi ademti, inter quos P. Rutilio, qui tribunus plebis eos violenter accusarat: tribu quoque is motus, et aerarius factus. Ad opera publica facienda quum eis dimidium ex vectiga-

absolument impossible de s'en procurer en ces lieux. »
Il fut rendu un sénatus-consulte ordonnant que toutes
ces choses seraient exécutées ainsi que le consul le demandait par ses dépêches. Le préteur C. Sulpicius mit
en adjudication la fourniture de six mille robes, de trente
mille tuniques, et d'un certain nombre de chevaux,
pour être transportés en Macédoine, et livrés au consul
à sa première réquisition ; et il paya aux envoyés des
Épirotes le prix du blé que leurs compatriotes avaient
fourni. Ensuite il introduisit dans le sénat Onésime,
fils de Python, Macédonien de haut rang. Cet Onésime
avait constamment conseillé la paix au roi, et n'avait
cessé de lui rappeler la coutume de Philippe son père,
qui, jusqu'au dernier moment de sa vie, s'était fait lire,
deux fois par jour, les bases de son traité avec les Romains, et l'avait exhorté à suivre cet exemple, sinon
toujours, au moins fréquemment. Après qu'il eut reconnu que ses efforts pour le détourner de la guerre
étaient inutiles, il s'était, sous divers prétextes, éloigné
insensiblement de sa personne, pour ne point prendre
part à des projets qu'il désapprouvait ; enfin, voyant
qu'il était devenu suspect, et que parfois on l'accusait
de trahison, il s'était réfugié dans le camp des Romains,
et avait donné au consul des avis fort utiles. Comme,
une fois introduit dans le sénat, il exposa ces faits, le
sénat décréta que son nom serait inscrit sur la liste des
alliés, qu'on lui offrirait un logement et des présens,
qu'on lui donnerait deux cents arpens dans la partie du
territoire tarentin appartenant au peuple romain, et
qu'on lui achèterait une maison à Tarente. Le préteur
C. Decimius fut chargé de pourvoir à l'exécution de
ces ordres. La revue des censeurs eut lieu aux ides de

libus ejus anni adtributum ex senatusconsulto a quæstoribus esset; Ti. Sempronius ex ea pecunia, quæ ipsi adtributa erat, ædes P. Africani pone Veteres ad Vortumni signum, lanienasque et tabernas conjunctas in publicum emit, basilicamque faciendam curavit, quæ postea Sempronia adpellata est.

XVII. Jam in exitu annus erat, et propter macedonici maxime belli curam in sermonibus homines habebant, quos in annum consules ad finiendum tandem id bellum crearent; itaque senatusconsultum factum est, ut Cn. Servilius primo quoque tempore ad comitia habenda veniret. Senatusconsultum Sulpicius prætor ad consulem [misit, et receptas litteras] post paucos dies recitavit, quibus ante diem [significabat se] in Urbem venturum. Et consul maturavit, et comitia eo die, qui dictus erat, sunt perfecta. Consules creati L. Æmilius Paullus iterum, quarto decimo anno postquam primo consul fuerat, et C. Licinius Crassus. Prætores postero die facti Cn. Bæbius Tamphilus, L. Anicius Gallus, Cn. Octavius, P. Fonteius Balbus, M. Æbutius Elva,

décembre, et se fit avec une sévérité dont on n'avait point encore eu d'exemple. Beaucoup de chevaliers furent dégradés, entre autres P. Rutilius, qui, pendant qu'il était tribun du peuple, avait montré une grande animosité contre les censeurs; il fut exclus de sa tribu, et obligé de descendre dans la classe des contribuables. Un sénatus-consulte avait autorisé les questeurs à tenir à la disposition des censeurs la moitié des impôts de l'année pour les travaux publics. Ti. Sempronius, avec ce qui lui était alloué de cet argent, acheta, au profit de la république, la maison de P. Scipion l'Africain, située derrière le Cirque, auprès de la statue de Vertumne, les boucheries et les boutiques attenantes; et, sur leur emplacement, il fit construire la basilique qui prit le nom de Sempronia.

XVII. Déjà l'année allait expirer, et la guerre de Macédoine occupait très-fortement les esprits. Le principal sujet des conversations était la question de savoir quels consuls on allait choisir, pour terminer enfin cette guerre. Il fut donc rendu un sénatus-consulte enjoignant à Cn. Servilius de venir au plus tôt tenir les comices. Ce sénatus-consulte fut transmis au consul par le préteur Sulpicius; et, peu de jours après, Sulpicius reçut sa réponse, et en donna lecture. Le consul, par cette dépêche, annonçait qu'il allait se rendre incessamment à Rome. En effet, il hâta son retour, et les comices furent terminés au jour indiqué. Les consuls créés furent L. Émilius Paullus pour la seconde fois, quatorze ans après son premier consulat, et C. Licinius Crassus. Le lendemain on nomma préteurs Cn. Bébius Tamphilus, L. Anicius Gallus, Cn. Octavius, P. Fonteius Balbus, M. Ébutius Elva, et C. Papirius Carbon.

C. Papirius Carbo. Omnia ut maturius agerentur, belli macedonici stimulabat cura : itaque designatos extemplo sortiri placuit provincias; ut, utri Macedonia consuli, cuique prætori classis venisset, sciretur : ut jam inde cogitarent pararentque, quæ bello usui forent, senatumque consulerent, si qua re consulto opus esset. « Latinas, ubi magistratum inissent, quod per religiones posset, primo quoque tempore fieri placere; neque consulem, cui eundum in Macedoniam esset, teneri. His decretis, consulibus Italia et Macedonia, prætoribus, præter duas jurisdictiones in Urbe, classis, et Hispania, et Sicilia, et Sardinia provinciæ nominatæ sunt. Consulum, Æmilio Macedonia, Licinio Italia evenit. Prætores, Cn. Bæbius urbanam, L. Anicius peregrinam, et si quo senatus censuisset, Cn. Octavius classem, P. Fonteius Hispaniam, M. Æbutius Siciliam, C. Papirius Sardiniam est sortitus.

XVIII. Extemplo adparuit omnibus, non segniter id bellum L. Æmilium gesturum; præterquam quod alius vir erat, etiam quod dies noctesque intentus ea sola, quæ ad id bellum pertinerent, animo agitabat. Jam omnium primum a senatu petiit, ut legatos in Mace-

La guerre de Macédoine occupait trop l'attention publique, pour qu'on n'en hâtât pas les préparatifs. Ainsi les consuls et les préteurs désignés dûrent tirer sur-le-champ leurs provinces au sort, pour qu'on sût quel consul partirait pour la Macédoine, et quel préteur aurait le commandement de la flotte; pour qu'en outre ils pussent aviser sur-le-champ à se procurer ce dont ils auraient besoin pour cette guerre, et prendre l'avis du sénat, s'il leur était nécessaire de le consulter en quelque chose. Avant tout, il fut prescrit aux magistrats « de ne pas manquer, une fois entrés en charge, de célébrer les féries latines, aussitôt que la religion le permettrait, afin que rien ne s'opposât au départ du consul qui devrait aller en Macédoine. » Ces décrets rendus, on assigna pour provinces aux consuls l'Italie et la Macédoine; aux préteurs, outre les deux juridictions de la ville, la flotte, l'Espagne, la Sicile et la Sardaigne. Pour les consuls, la Macédoine échut à Émilius, l'Italie à Licinius. Quant aux préteurs, Cn. Bébius eut la juridiction urbaine, et L. Anicius celle qui concernait les différens entre les citoyens et les étrangers, mais sans cesser de rester à la disposition du sénat, en cas qu'il jugeât utile de lui assigner une autre destination; le sort donna à Cn. Octavius la flotte, à P. Fonteius l'Espagne, à M. Ébutius la Sicile, et à C. Papirius la Sardaigne.

XVIII. Chacun fut à même de juger sur-le-champ de l'activité avec laquelle L. Émilius conduirait, dans ce cas, les opérations militaires. Outre qu'il était un autre homme que ses prédécesseurs, on le vit jour et nuit s'occuper exclusivement de ce qui concernait cette guerre. Il demanda avant tout au sénat d'envoyer en

doniam mitterent ad exercitus visendos classemque, et comperta referenda, quid aut terrestribus aut navalibus copiis opus esset: præterea ut explorarent copias regias, quantum possent, quaque provincia nostra, qua hostium foret: utrum intra saltus castra Romani haberent, an jam omnes angustiæ exsuperatæ, et in æqua loca pervenissent: qui fideles nobis socii, qui dubii suspensæque ex fortuna fidei, qui certi hostes viderentur: quanti præparati commeatus, et unde terrestri itinere, unde navibus subportarentur: quid ea æstate terra marique rerum gestarum esset: ex his bene cognitis certa in futurum consilia capi posse ratus. Senatus Cn. Servilio consuli negotium dedit, ut is in Macedoniam, quos L. Æmilio videretur, legaret. Legati biduo post profecti, Cn. Domitius Ahenobarbus, A. Licinius Nerva, L. Bæbius. Bis in exitu anni ejus lapidatum esse nunciatum est; in romano agro, simul in Veienti; bis novemdiale sacrum factum est. Sacerdotes eo anno mortui sunt, P. Quinctilius Varus, flamen martialis; et M. Claudius Marcellus decemvir: in cujus locum Cn. Octavius subfectus. Et jam magnificentia crescente notatum est, ludis circensibus P. Cornelii Scipionis Nasicæ et P. Lentuli ædilium curulium sexaginta tres Africanas, et quadraginta ursos et elephantos lusisse.

Macédoine des commissaires inspecter les armées et la flotte, pour faire, à leur retour, un rapport bien circonstancié sur les besoins des troupes de terre et de mer. Il voulait qu'ils fussent chargés, en outre, de reconnaître, autant qu'il leur serait possible, le nombre des troupes royales, la position des ennemis et celle des Romains ; si ces derniers étaient encore arrêtés dans les défilés, ou s'ils les avaient tous franchis et étaient parvenus à gagner le plat pays; les peuples fermes dans leur alliance avec Rome, ceux dont la fidélité chancelante était suspecte et subordonnée aux évènemens, ceux qu'on pouvait regarder comme des ennemis déclarés; l'état des approvisionnemens, et les endroits d'où l'on pouvait en tirer par terre ou par mer ; enfin toutes les opérations de la dernière année, tant sur terre que sur mer, détails sans une exacte connaissance desquels il jugeait qu'il ne lui était pas possible d'arrêter un bon plan de campagne. Le sénat chargea le consul Cn. Servilius d'envoyer en Macédoine les commissaires que désignerait M. Émilius. Ces commissaires, Cn. Domitius Ahenobarbus, A. Licinius Nerva et L. Bébius, partirent au bout de deux jours. On annonça que, sur la fin de cette année, il avait plu deux fois des pierres ; savoir, dans la circonscription du territoire de Rome, et aux environs de Veïes : ce qui fit qu'on offrit deux fois un sacrifice novendial. Durant la même année, il mourut deux membres de l'ordre sacerdotal, P. Quinctilius Varus, flamine de Mars, et le décemvir M. Claudius Marcellus, qui eut pour successeur Cn. Octavius. Ce qui, à cette époque, prouva combien le goût pour la magnificence avait déjà fait de progrès, c'est qu'on vit paraître dans les jeux du Cirque, donnés par P. Cornelius Sci-

XIX. L. Æmilio Paullo, C. Licinio consulibus, idibus martiis, principio insequentis anni, quum in exspectatione patres fuissent, maxime quidnam consul de Macedonia, cujus ea provincia esset, referret; « nihil se habere, Paullus, quod referret, quum nondum legati redissent, dixit. Ceterum Brundisii legatos jam esse, bis ex cursu Dyrrachium rejectos. Cognitis mox, quæ nosci prius in rem esset, relaturum : id fore intra perpaucos dies. Et, ne quid profectionem suam teneret, pridie idus apriles Latinis esse constitutam diem. Sacrificio rite perfecto, se et Cn. Octavium, simul senatus censuisset, exituros esse. C. Licinio collegæ suo fore curæ, se absente, ut, si qua parari mittive ad id bellum opus sit, parentur mittanturque. Interea legationes exterarum nationum audiri posse. Primi Alexandrini, legati ab Ptolemæo et Cleopatra regibus, vocati sunt. Sordidati, barba et capillo promisso, cum ramis oleæ ingressi Curiam, procubuerunt : et oratio, quam habitus, fuit miserabilior. Antiochus Syriæ rex, qui obses Romæ fuerat, per honestam speciem majoris Ptolemæi reducendi in regnum, bellum cum minore fratre ejus, qui tum Alexandriam tenebat, gerens, et ad Pelusium navali prœlio victor fuerat, et, tumultuario opere ponte

pion Nasica, et P. Lentulus, alors édiles curules, soixante-trois panthères d'Afrique, et quarante ours et éléphans.

XIX. Les consuls L. Émilius Paullus et C. Licinius entrèrent en charge au commencement de l'année suivante, c'est-à-dire, aux ides de mars, et les sénateurs attendaient avec impatience les propositions du consul à qui le sort avait assigné la Macédoine pour province, lorsque Paullus déclara, « qu'il n'avait rien à proposer avant le retour des commissaires. Deux fois la tempête les avait détournés de leur route, et rejetés à Dyrrachium ; mais ils étaient en ce moment à Brindes. Dès qu'il serait instruit des détails qu'il était important de connaître avant tout, il ferait son rapport, ce qui aurait lieu sous peu de jours. Afin que rien ne pût retarder son départ, il avait fixé les féries latines aux calendes d'avril. Les devoirs de religion dûment accomplis, il se mettrait en route avec Cn. Octavius, aussitôt que le sénat le jugerait à propos. Pendant son absence, son collègue C. Licinius aurait soin de préparer et d'envoyer ce qui se trouverait être nécessaire pour cette guerre. En attendant, on pouvait donner audience aux députations des nations étrangères. » Les ambassadeurs que le sénat fit appeler les premiers, furent ceux qui venaient d'Alexandrie au nom du roi Ptolémée et de la reine Cléopâtre. Ils parurent vêtus à la manière des supplians, la barbe négligée, ainsi que les cheveux, un rameau d'olivier à la main, se prosternèrent en entrant dans le sénat, et leur langage fut encore plus de nature à exciter la compassion que leur extérieur. Antiochus, roi de Syrie, qui avait été en otage à Rome, sous le prétexte spécieux de remettre en possession de son

per Nilum facto, transgressus cum exercitu, obsidioue ipsam Alexandriam terrebat : nec procul abesse, quin potiretur regno opulentissimo, videbatur. Ea legati querentes orabant senatum, ut opem regno regibusque amicis imperio ferret. « Ea merita populi romani in Antiochum, eam apud omnes reges gentesque auctoritatem esse, ut, si legatos misissent, qui denunciarent, non placere senatui, sociis regibus bellum fieri, extemplo abscessurus a mœnibus Alexandriæ, abducturusque exercitum in Syriam esset. Quod si cunctentur facere, brevi extorres regno Ptolemæum et Cleopatram Romam venturos, cum pudore quodam populi romani, quod nullam opem in ultimo discrimine fortunarum tulissent. » Moti patres precibus Alexandrinorum, extemplo C. Popillium Lænatem, et C. Decimium, et C. Hostilium legatos, ad finiendum inter reges bellum, miserunt. Prius Antiochum, dein Ptolemæum adire jussi, et nunciare, ni absistatur bello, per utrum stetisset, eum non pro amico, nec pro socio habituros esse.

XX. His intra triduum simul cum legatis alexandrinis profectis, legati ex Macedonia Quinquatribus ultimis adeo exspectati venerunt, ut, nisi vesper esset,

royaume Ptolémée l'aîné, faisait la guerre à son jeune frère, alors enfermé dans Alexandrie. Vainqueur à Peluse dans un combat naval, il avait jeté à la hâte un pont sur le Nil, et passé ce fleuve avec son armée; il assiégeait en ce moment Alexandrie même, poussait ce siège avec une extrême vigueur, et paraissait sur le point de s'emparer d'un royaume des plus florissans. En exposant ces plaintes, les ambassadeurs conjuraient le sénat de secourir des souverains amis de Rome, et leurs états menacés. « Tels étaient les bienfaits du peuple romain envers Antiochus, tel était son ascendant sur tous les rois et toutes les nations, que si le sénat envoyait signifier à ce prince qu'il ne voulait pas qu'on fît la guerre à des souverains alliés de Rome, Antiochus s'éloignerait des murs d'Alexandrie à l'instant même, et reprendrait avec son armée le chemin de la Syrie. Si les sénateurs tardaient à prendre cette mesure, bientôt Ptolémée et Cléopâtre, bannis de leur royaume, arriveraient à Rome, où leur présence serait, pour le peuple romain, une sorte de reproche de les avoir entièrement abandonnés dans une pareille extrémité. » Touchés des prières des Alexandrins, les sénateurs envoyèrent sur-le-champ C. Popillius Lénas, C. Decimius et C. Hostilius, mettre fin à la guerre entre ces rois. Ils avaient ordre de se rendre d'abord auprès d'Antiochus, ensuite auprès de Ptolémée, et de leur déclarer que, si les hostilités continuaient entre eux, les Romains cesseraient de regarder comme ami et comme allié celui des deux qui serait reconnu ne vouloir pas y renoncer.

XX. Ces envoyés partirent de Rome au bout de trois jours avec les ambassadeurs alexandrins. Le dernier jour des Quinquatries, les commissaires revinrent de la

extemplo senatum vocaturi consules fuerint. Postero die senatus fuit, legatique auditi sunt. Ii nunciant : « Majore periculo, quam emolumento, exercitum per invios saltus in Macedoniam inductum. Pieriam, quo processisset, regem tenere : castra castris prope ita conlata esse, ut flumine Enipeo interjecto arceantur; neque regem pugnandi potestatem facere, nec nostris vim ad cogendum esse. Hiemem etiam asperam rebus gerendis intervenisse; in otio militem ali, nec plus quam sex [dierum] frumentum habere. Macedonum dici triginta millia armatorum esse. Si Ap. Claudio circa Lychnidum satis validus exercitus foret, potuisse ancipiti bello distinere regem : nunc et Appium, et quod cum eo præsidii sit, in summo periculo esse, nisi propere aut justus exercitus eo mittatur, aut illi inde deducantur. Ad classem se e castris profectos, sociorum navalium partem morbo audisse absumtam; partem, maxime qui ex Sicilia fuerint, domos suas abisse, et homines navibus deesse; qui sint, neque stipendium accepisse, neque vestimenta habere. Eumenem classemque ejus, tamquam vento adlatas naves, sine caussa et venisse, et abisse; nec animum ejus regis constare satis visum. » Sicut omnia de Eumene dubia, Attali egregie constantem fidem nunciabant.

Macédoine; ils étaient si impatiemment attendus, que, sans l'arrivée de la nuit, les consuls auraient convoqué de suite le sénat. Cette convocation eut lieu le lendemain, et le sénat entendit les commissaires. Ils exposèrent, « Que l'armée avait franchi des défilés presque impraticables, et pénétré en Macédoine avec plus de danger que d'utilité réelle. La Piérie, où elle s'était avancée, le roi l'occupait; et les deux camps étaient si voisins l'un de l'autre, qu'ils ne se trouvaient séparés que par le fleuve Énipée. Le roi évitait d'en venir à une action, et les Romains n'étaient pas assez forts pour l'y contraindre. Aux difficultés de leur position se joignaient les rigueurs de l'hiver, qui entravaient les opérations. Il fallait nourrir le soldat dans l'inaction, et l'on n'avait plus de vivres que pour six jours. On estimait que les troupes des Macédoniens se montaient à trente mille hommes. Si Ap. Claudius eût eu aux environs de Lychnide une armée assez forte, il aurait pu opérer une diversion embarrassante pour le roi; mais Appius courait lui-même le plus grand danger avec le corps qu'il commandait, si on ne lui envoyait promptement un nombre d'hommes suffisant, ou si on ne lui faisait abandonner cette position. Du camp, s'étant rendus à la flotte, ils avaient appris que les maladies avaient enlevé une partie des équipages; que presque tout le reste, principalement les Siciliens, avait regagné ses foyers; que les vaisseaux étaient dégarnis d'hommes, et que le peu qui s'y trouvait encore était sans solde et sans vêtemens. Eumène et sa flotte, comme si ses vaisseaux eussent été amenés uniquement par la force des vents, étaient arrivés inopinément, et s'en étaient retournés de même; il ne paraissait pas qu'on

XXI. Legatis auditis, tunc de bello referre sese L. Æmilius dixit. Senatus decrevit, « ut in octo legiones parem numerum tribunorum consules et populus crearent : creari autem neminem eo anno placere, nisi qui honorem gessisset. Tum ex omnibus tribunis militum uti L. Æmilius in duas legiones in Macedoniam, quos eorum velit, eligat, et ut, sollemni Latinarum perfecto, L. Æmilius consul, Cn. Octavius prætor, cui classis obtigisset, in provinciam proficiscantur. » Additus est his tertius L. Anicius prætor, cujus inter peregrinos jurisdictio erat; eum in provinciam Illyricum circa Lychnidum Ap. Claudio succedere placuit. Delectus cura C. Licinio consuli imposita : is septem millia civium romanorum et equites ducentos scribere jussus; et sociis nominis latini septem millia peditum imperare, quadringentos equites; et Cn. Servilio Galliam obtinenti provinciam litteras mittere, ut sexcentos equites conscriberet. Hunc exercitum ad collegam primo quoque tempore mittere in Macedoniam jussus; neque in ea provincia plus quam duas legiones esse; eas repleri, ut sena millia peditum, trecenos haberent equites; ceteros equites peditesque in præsidiis disponi; qui eorum ido-

pût compter sur les dispositions de ce prince. » Mais les commissaires ajoutaient que, si tout portait à se méfier d'Eumène, la fidélité d'Attale était d'une constance à toute épreuve.

XXI. Les commissaires entendus, L. Émilius déclara que la délibération au sujet de la guerre était ouverte. Le sénat décréta, « que les consuls et le peuple nommeraient en nombre égal des tribuns pour les huit légions; et que, cette année, on ne pourrait créer tribuns que des citoyens ayant déjà été revêtus d'un grade supérieur; qu'en cette circonstance L. Émilius aurait le droit de choisir parmi tous les tribuns ceux qu'il voudrait pour commander les deux légions de Macédoine; qu'enfin, aussitôt après la célébration des féries latines, le consul L. Émilius et le préteur Cn. Octavius, auquel était échu le commandement de la flotte, partiraient chacun pour sa destination. » A ces deux chefs supérieurs en fut adjoint un troisième, le préteur L. Anicius, qui était chargé de connaître des différens entre les citoyens et les étrangers. Sa destination fut de se rendre dans la province d'Illyrie, aux environs de Lychnide, pour remplacer Ap. Claudius dans son commandement. Le consul C. Licinius fut chargé de faire les levées; il eut ordre d'enrôler sept mille fantassins et deux cents cavaliers romains, d'exiger des alliés du nom latin sept mille fantassins et quatre cents cavaliers, et d'écrire à Cn. Servilius, alors investi du commandement de la province de Gaule, d'y recruter six cents cavaliers. Licinius devait envoyer au plus tôt ces troupes à son collègue en Macédoine. Il n'y avait dans cette province que deux légions; et pour qu'elles fussent au complet, il fallait les porter à sept mille fantassins

nei ad militandum non essent, dimitti. Decem præterea millia peditum imperata sociis, et octingenti equites. Id præsidii additum Anicio, præter duas legiones, quas portare in Macedoniam est jussus, quina millia peditum et ducenos habentes, trecenos equites ; et in classem quinque millia navalium socium sunt scripta. Licinius consul duabus legionibus obtinere provinciam jussus : eo addere sociorum decem millia peditum, et sexcentos equites.

XXII. Senatusconsultis perfectis, L. Æmilius consul e Curia in concionem processit, orationemque talem habuit. « Animadvertisse videor, Quirites, majorem mihi, sortito Macedoniam provinciam, gratulationem factam, quam quum aut consul essem consalutatus, aut quo die magistratum inissem : neque id ob aliam caussam, quam quia bello in Macedonia, quod diu trahitur, existimastis dignum majestate populi romani exitum per me inponi posse. Deos quoque huic favisse sorti spero, eosdemque in rebus gerendis adfuturos esse. Hæc partim opinari, partim sperare possum. Illud adfirmare pro certo habeo audeoque, me omni ope adnisurum esse, ne frustra vos hanc spem de me conceperitis. Quæ ad bellum opus sunt, et senatus decrevit, et (quoniam extemplo proficisci placet, neque ego in mora sum)

et trois cents cavaliers. Le reste, cavaliers et fantassins, était destiné à être réparti dans les garnisons; et ceux qui ne seraient pas jugés propres à la guerre devaient recevoir leur congé. Outre ces contingens, on exigea des alliés dix mille fantassins et huit cents cavaliers. Ce renfort fut assigné à Anicius, en sus des deux légions qu'il avait ordre d'emmener en Macédoine, légions fortes chacune de cinq mille deux cents fantassins, et de trois cents cavaliers. On enrôla, de plus, cinq mille marins pour la flotte. Le consul Licinius eut ordre de garder, pour sa province, deux légions, et d'y ajouter dix mille fantassins et six cents cavaliers, qu'il prendrait chez les alliés.

XXII. Ces sénatus-consultes rendus, le consul L. Émilius alla se présenter devant le peuple assemblé, et parla en ces termes : « Je crois m'être aperçu, Romains, que vous m'avez plus félicité au moment où le sort m'a assigné la Macédoine pour province, que lorsque j'ai été proclamé consul, ou que le jour où j'ai pris possession du consulat. Vous en avez usé de la sorte uniquement parce que vous êtes persuadés que je pourrai terminer, avec un succès digne de la majesté du peuple romain, la guerre qui se prolonge depuis si long-temps dans cette contrée. Je pense aussi que les dieux ont approuvé ce qu'a, dans ce cas, décidé le sort, et que ces mêmes dieux favoriseront les opérations de la campagne. Ma confiance à cet égard repose sur d'heureux présages et sur des espérances fondées. Ce que je puis, ce que j'ose affirmer positivement, c'est que je ferai tous mes efforts pour ne point tromper votre attente. Quant à ce qui est nécessaire pour la guerre, le sénat a pris soin d'y pourvoir; et (puisque sa volonté est que je

C. Licinius collega, vir egregius, æque enixe parabit, ac si ipse id bellum gesturus esset. Vos, quæ scripsero senatui, aut vobis, credite; rumores credulitate vestra ne alatis, quorum auctor nemo exstabit. Nam nunc quidem, quòd vulgo fieri, hoc præcipue bello, animadverti, nemo tam famæ contemtor est, cujus non debilitari animus possit. In omnibus circulis, atque etiam (si diis placet) in conviviis sunt, qui exercitus in Macedoniam ducant; ubi castra locanda sint, sciant; quæ loca præsidiis occupanda; quando, aut quo saltu intranda Macedonia; ubi horrea ponenda; qua terra, mari subvehantur commeatus; quando cum hoste manus conserendæ; quando quiesse sit melius. Nec, quid faciendum sit, modo statuunt, sed, quidquid aliter, quam ipsi censuere, factum est, consulem veluti dicta die accusant. Hæc magna inpedimenta res gerentibus sunt; neque enim omnes tam firmi et constantis animi contra adversum rumorem esse possunt, quam Fabius fuit: qui suum imperium minui per vanitatem populi maluit, quam secunda fama male rempublicam gerere. Non sum is, qui non existimem admonendos duces esse: immo eum, qui de sua unius sententia omnia gerat, superbum judico magis, quam sapientem. Quid ergo est? Primum a prudentibus, et proprie rei militaris peritis, et usu doctis, monendi imperatores sunt: deinde ab his, qui intersunt

parte sur-le-champ, ce que je vais m'empresser de faire) mon collègue C. Licinius, homme rempli d'éminentes qualités, hâtera les préparatifs avec autant d'activité, que s'il devait faire cette guerre en personne. Pour vous, n'ajoutez foi qu'à ce que j'écrirai, soit au sénat, soit à vous-mêmes ; et ne donnez pas cours, par votre crédulité, à des bruits dénués de fondement : car ces bruits, je l'ai fréquemment remarqué, surtout dans la présente guerre, il n'est pas de chef, si disposé qu'il soit à les mépriser, dans l'âme duquel ils ne portent le découragement. Dans tous les cercles, et même (s'il plaît aux dieux) à toutes les tables, il se trouve des gens qui règlent la marche des armées en Macédoine, qui savent en quels lieux l'on doit camper, de quelles positions il est important de s'assurer, à quelle époque et par quel défilé il y a moyen de pénétrer dans le pays, où il faut placer les magasins, s'il convient de transporter les vivres par terre ou par mer, les circonstances où il est à propos d'en venir aux mains avec l'ennemi, et le temps où il vaut mieux demeurer dans l'inaction. Et, non-seulement ils tracent le plan qu'il faut suivre ; mais tout ce qui n'a point été exécuté selon leurs idées, ils en font un crime au consul, et ils semblent un tribunal devant lequel il sera tenu de comparaître. Ces propos entravent beaucoup la marche des opérations ; car tous les généraux n'opposent pas aux rumeurs la constance et la fermeté d'âme de Fabius, qui aima mieux voir son autorité restreinte par la légèreté de la multitude, que de compromettre les intérêts de la république, pour ménager sa réputation. Ce n'est pas que je prétende que les généraux n'ont point besoin de conseils ; au contraire, celui qui veut tout faire d'après

gerendis [rebus, qui] loca, qui hostem, qui temporum opportunitatem vident, qui in eodem velut navigio participes sunt periculi. Itaque si quis est, qui, quod e republica sit, suadere se mihi in eo bello, quod gesturus sum, confidat; is ne deneget operam reipublicæ, et in Macedoniam mecum veniat; nave, equo, tabernaculo, viatico etiam a me juvabitur. Si quem id facere piget, et otium urbanum militiæ laboribus præoptat, e terra ne gubernaverit. Sermonum satis ipsa præbet urbs; loquacitatem suam contineat : nos castrensibus consiliis contentos futuros esse sciat. » Ab hac concione, Latinis, quæ pridie calendas apriles fuerunt, in monte sacrificio rite perpetrato, protinus inde et consul et prætor Cn. Octavius in Macedoniam profecti sunt. Traditum est memoriæ, majore, quam solita, frequentia prosequentium consulem celebratum; ac prope certa spe ominatos esse homines, finem esse macedonico bello, maturumque reditum cum egregio triumpho consulis fore.

XXIII. Dum hæc in Italia geruntur, Perseus, quod

ses seules idées est, à mon avis, plus présomptueux que sage. Que peut-on donc exiger? Que ces conseils soient donnés aux généraux, d'abord par des hommes joignant aux lumières et à l'expérience la connaissance et la pratique de l'art militaire; puis par des personnes qui sont sur les lieux, à portée de voir le terrain, l'ennemi, les occasions, et qui, pour ainsi dire, embarquées sur le même vaisseau, partagent les mêmes dangers. Si donc il y a parmi vous quelqu'un qui se croie à même de pouvoir me donner d'utiles conseils dans la guerre que je suis sur le point de faire, je l'invite à ne pas refuser ses services à la république, et à venir avec moi en Macédoine; navire, chevaux, tentes, provisions de voyage, je lui fournirai tout. Mais si l'on juge la chose trop pénible, et si l'on préfère le repos de la ville aux fatigues de la guerre, qu'on n'ait pas la prétention de tenir le gouvernail de dessus le rivage. La ville fournit assez ample matière aux conversations; que l'on mette des bornes à la loquacité, et qu'on sache que nous n'accueillerons d'autres conseils, que ceux qui nous seront donnés dans le camp même.» A l'issue de cette assemblée, on célébra sur le mont Albain, par un sacrifice selon les rites, les féries latines, qui avaient été indiquées pour la veille des calendes d'avril, et aussitôt après le consul et le préteur Cn. Octavius se mirent en route pour la Macédoine. On rapporte que jamais consul n'eut à son départ un si nombreux cortège. Il semblait en quelque sorte hors de doute à la multitude, que la guerre de Macédoine touchait à sa fin, et que le consul reviendrait dans peu, après avoir mérité les honneurs d'un triomphe éclatant.

XXIII. Tandis que ces choses se passaient en Italie,

jam inchoatum perficere, quia inpensa pecuniæ facienda erat, non inducebat in animum, ut Gentium Illyriorum regem sibi adjungeret; hoc, postquam intrasse saltum Romanos, et adesse discrimen ultimum belli animadvertit, non ultra differendum ratus; quum per Hippiam legatum trecenta argenti talenta pactus esset, ita ut obsides ultro citroque darentur, Pantauchum misit, ex fidissimis amicis, ad ea perficienda. Meteone Labeatidis terræ Pantauchus regi illyrio obcurrit : ibi et jusjurandum ab rege et obsides accepit; missus et a Gentio est legatus, nomine Olympio, qui jusjurandum a Perseo obsidesque exigeret. Cum eodem ad pecuniam accipiendam missi sunt; et, auctore Pantaucho, qui Rhodum legati cum Macedonibus irent, Parmenio et Morcus destinantur; quibus ita mandatum, ut, jurejurando, obsidibusque, et pecunia accepta, tum demum Rhodum proficiscerentur : « Duorum simul regum nomine incitari Rhodios ad bellum romanum posse; adjunctam civitatem, penes quam unam tum rei navalis gloria esset, nec terra nec mari spem relicturam Romanis. » Venientibus Illyriis Perseus, ab Enipeo amni ex castris cum omni equitatu profectus, ad Dium obcurrit. Ibi ea, quæ convenerunt circumfuso agmine equitum facta; quos adesse fœderi sancitæ cum Gentio societatis volebat rex, aliquantum eam rem ratus animorum iis adjecturam; et

Persée, que son avarice empêchait de chercher à conclure avec Gentius, roi des Illyriens, le traité d'alliance qu'il avait déjà ébauché, voyant les Romains maîtres des défilés, et s'approcher la crise qui devait décider du sort de la guerre, jugea qu'enfin il n'y avait plus à différer : il fit donc proposer par Hippias, son ambassadeur, trois cents talens d'argent ; et, après que des ôtages eurent été promis de part et d'autre, il envoya Pantauchus, un de ses confidens les plus intimes, pour tout terminer. Pantauchus rencontra le roi d'Illyrie à Météon, ville du territoire des Labéates. Là, il reçut son serment et ses ôtages ; et Gentius, de son côté, envoya un ambassadeur, nommé Olympion, recevoir le serment et les ôtages de Persée. Avec celui-ci furent envoyés aussi des agens pour toucher l'argent ; et de plus, Gentius, à l'instigation de Pantauchus, chargea Parménion et Morchus d'aller en ambassade à Rhodes, avec les députés des Macédoniens. Les instructions qui leur furent remises portaient qu'ils ne partiraient pour cette destination, que la parole du roi une fois donnée, et les ôtages reçus, ainsi que l'argent. On avait fait entendre à Gentius : « Que l'alliance des deux rois pourrait porter les Rhodiens à faire aussi la guerre aux Romains ; et que cette coopération de la part d'une république seule en possession de la puissance maritime, ne laisserait aux Romains aucun espoir de succès, ni sur terre, ni sur mer. » A l'approche des ambassadeurs illyriens, Persée quitta son camp, sur les bords du fleuve Énipée, et, suivi de toute sa cavalerie, s'avança au devant d'eux, jusqu'à Dium. Là furent approuvés réciproquement les articles convenus, en présence de la cavalerie macédonienne ; le roi voulait que ses soldats fussent présens

obsides in conspectu omnium dati acceptique : et, Pellam ad thesauros regios missis, qui pecuniam acciperent, qui Rhodum irent cum illyriis legatis, Thessalonicæ conscendere jussi. Ibi Metrodorus erat, qui nuper ab Rhodo venerat ; auctoribusque Dinone et Polyarato, principibus civitatis ejus, adfirmabat, Rhodios paratos ad bellum esse: is princeps junctæ cum Illyriis legationis datus est.

XXIV. Eodem tempore ad Eumenem et ad Antiochum communia mandata, quæ subjicere conditio rerum poterat. « Natura inimica inter se esse liberam civitatem et regem. Singulos populum romanum adgredi , et , quod indignius sit , regum viribus reges obpugnare. Attalo adjutore, patrem suum obpressum. Eumene adjuvante, et quadam ex parte etiam Philippo patre suo, Antiochum obpugnatum; in se nunc et Eumenem et Prusiam armatos esse. Si Macedoniæ regnum sublatum foret, proximam Asiam esse; quam jam ex parte, sub specie liberandarum civitatium, suam fecerint : deinde Syriam. Jam Prusiam Eumeni honore præferri, jam Antiochum victorem præmio belli ab Ægypto arceri. Hæc cogitantem providere jubebat, ut aut ad pacem secum faciendam compelleret Romanos, aut perseverantes in

à la ratification de ce traité d'alliance avec Gentius, persuadé qu'un pareil spectacle ne laisserait pas d'augmenter leur ardeur. Les ôtages furent livrés et reçus également en présence de tous. Ensuite, le roi envoya à Pella les agens de Gentius, toucher sur ses trésors la somme stipulée; puis il donna ordre aux Macédoniens chargés d'aller à Rhodes avec les ambassadeurs illyriens, de s'embarquer à Thessalonique. Ils y trouvèrent Métrodore, qui, revenu depuis peu de Rhodes, affirmait, sur la foi de Dinon et de Polyarate, chefs de cette république, que les Rhodiens étaient disposés à la guerre; il fut mis à la tête de l'ambassade réunie des Macédoniens et des Illyriens.

XXIV. A la même époque, Persée envoya vers Eumène et vers Antiochus des ambassadeurs, avec des instructions communes, telles que pouvait les dicter la nature des choses. Ils étaient chargés d'exposer à ces princes « qu'un état libre et un roi étant, de leur nature, ennemis entre eux, le peuple romain attaquait successivement tous les rois, et, chose plus indigne encore, se servait des forces des uns pour combattre les autres. C'était avec le secours d'Attale que les Romains avaient accablé son père; c'était aidés d'Eumène, et même un peu de Philippe, père de Persée, qu'ils avaient fait la guerre à Antiochus. Présentement, ils armaient contre Persée, contre Eumène et contre Prusias. Le trône de Macédoine une fois renversé, ils n'avaient pas beaucoup de chemin à faire pour entrer dans l'Asie, dont ils avaient déjà asservi une partie, en se couvrant du prétexte de rendre aux cités grecques leur liberté. Viendrait ensuite le tour de la Syrie. Déjà ils affectaient, à l'égard de Prusias, des distinctions humiliantes pour

bello injusto communes duceret omnium regum hostes. »
Ad Antiochum aperta mandata erant, ad Eumenem per
speciem captivorum redimendorum missus legatus erat :
verum occultiora quædam agebantur, quæ in præsentia
invisum quidem et suspectum Romanis Eumenem falsis
gravioribus [criminibus onerabant]. Proditor enim ac
prope hostis habitus, dum inter se duo reges captantes
fraude et avaritia certant. Cydas erat Cretensis, ex in-
timis Eumenis : hic prius ad Amphipolim cum Chimaro
quodam populari suo, militante apud Persea, inde
postea ad Demetriadem, semel cum Menecrate quodam,
iterum cum Antimacho, regiis ducibus, sub ipsis mœnibus urbis conlocutus fuerat. Herophon quoque, qui
tum missus est, duabus ad eumdem Eumenem jam ante
legationibus functus erat. Quæ conloquia occulta et legationes infames quidem erant : sed, quid actum esset,
quidve inter reges convenisset, ignorabatur. Res autem
ita sese habuit.

XXV. Eumenes neque favit victoriæ Persei, neque
bello eum invadere animo habuit : non tam quia pa-
ternæ inter eos inimicitiæ erant, quam ipsorum odiis

Eumène; déjà ils empêchaient Antiochus, vainqueur de l'Égypte, de recueillir le prix de sa victoire. D'après ces considérations, Persée engageait chacun de ces princes à prendre des mesures pour contraindre les Romains à faire la paix avec lui, ou, s'ils s'obstinaient dans une guerre injuste, à les regarder comme les ennemis communs de tous les rois. » Les ambassadeurs envoyés à Antiochus pouvaient avouer ouvertement l'objet de leur mission; le but apparent de ceux qui allaient trouver Eumène cachait des négociations plus mystérieuses, qui rendirent Eumène suspect et odieux aux Romains, et donnèrent du poids aux accusations, même calomnieuses, dirigées contre lui. Cet assaut de ruse et d'avarice entre les deux rois le fit, en effet, bientôt regarder comme un traître, et presque comme un ennemi déclaré. Au nombre des plus intimes confidens d'Eumène était le Crétois Cydas. Celui-ci s'était abouché, sous les murs d'Amphipolis d'abord, avec un certain Chimare, son compatriote, alors au service de Persée; puis deux fois, au pied des murailles mêmes de Démétriade, la première avec Ménécrate, la seconde avec Antimaque, tous deux officiers de ce roi. Hérophon aussi, que Persée envoyait alors, avait déjà été chargé précédemment de deux missions auprès du même Eumène. Ces pourparlers clandestins et ces missions officielles faisaient soupçonner d'odieuses trames; mais on ignorait encore ce qui avait été arrêté, et ce dont les rois étaient convenus entre eux. Or, voici comment se passèrent les choses.

XXV. Eumène ne voulut ni aider Persée à vaincre les Romains, ni faire la guerre à celui-ci. Cette résolution était moins une suite de la haine qui avait divisé

inter se accensæ. Non ea regum æmulatio, ut æquo animo Persea tantas apisci opes, tantamque gloriam, quanta Romanis victis eum manebat, Eumenes visurus fuerit. Cernebat et Persea, jam inde ab initio belli, omni modo spem pacis tentasse, et in dies magis, quo propior admoveretur terror, nihil neque agere aliud, neque cogitare. Romanos quoque, quia traheretur diutius spe ipsorum bellum, et ipsos duces, et senatum, non abhorrere a finiendo tam incommodo ac difficili bello. Hac utriusque partis voluntate explorata, quod fieri etiam sua sponte tædio validioris, metu infirmioris credebat posse, in eo suam operam venditare concilianda gratia magis cupiit. Nam, modo ne juvaret bello Romanos terra marique, modo pacis patrandæ cum Romanis paciscebatur mercedem : ne bello interesset [mille; ut pacem conciliaret], mille et quingenta talenta: in utroque non fidem modo se, sed obsides quoque, dare paratum esse, ostendebat. Perseus ad rem inchoandam promtissimus erat, cogente metu, et de obsidibus accipiendis sine dilatione agebat; conveneratque, ut accepti Cretam mitterentur. Ubi ad pecuniæ mentionem ventum erat, ibi hæsitabat; et utique alteram in tanti nominis regibus turpem ac sordidam, et danti, et magis accipienti, mercedem esse. Malebat in spem romanæ pacis non recusare inpensam, sed eam

leurs pères, que l'effet de celle qu'avait allumée entre eux leur jalousie. Cette jalousie des deux rois ne permettait point qu'Eumène envisageât d'un œil indifférent, le degré de puissance et de gloire auquel, les Romains, une fois vaincus, Persée se trouverait élevé. Eumène ne perdait pas de vue, d'ailleurs, que, dès le commencement même des hostilités, Persée avait tenté tous les moyens possibles d'en venir à un accommodement, et que, chaque jour, à mesure que le danger approchait, la paix devenait, de plus en plus, l'objet de toutes ses pensées et de tous ses efforts; que les Romains aussi, las d'une guerre qui se prolongeait beaucoup au delà de leur attente, n'étaient pas éloignés, sénat et généraux eux-mêmes, de mettre fin à une lutte si fâcheuse et si pénible. Bien assuré de ces dispositions des deux partis, il s'attacha principalement à faire acheter ses services pour un accommodement qui, à ce qu'il pensait, pourrait bien, par suite de la lassitude du plus fort et de la crainte du plus faible, se conclure sans l'intervention de personne. Il se mit donc à faire des conventions d'après lesquelles il lui fallait une somme, tantôt pour s'abstenir d'aider les Romains dans cette guerre, tant sur terre que sur mer, tantôt pour travailler à la conclusion de la paix avec Rome : pour sa neutralité il demandait mille talens; pour sa médiation quinze cents. En garantie de ces promesses, il offrait, non-seulement sa parole, mais encore des ôtages. Persée, très-prompt à s'engager quand la peur l'y contraignait, était prêt à recevoir les ôtages, et il était même convenu de les envoyer en Crète aussitôt après leur arrivée. Mais lorsqu'on lui parlait de compter l'argent, il hésitait : à ses yeux, la première de ces deux conven-

pecuniam perfecta re daturum; interea Samothracæ in templo depositurum. Ea insula quum ipsius ditionis esset, videre Eumenes nihil interesse, an Pellæ pecunia esset : id agere, ut partem aliquam præsentem ferret. Ita, nequidquam inter se captati, nihil præter infamiam movere.

XXVI. Nec hæc tantum Perseo per avaritiam est dimissa res, quum pecuniam tutam et pacem habere per Eumenem, quæ vel parte regni redimenda esset, ac receptus protrahere inimicum mercede onustum, et hostes merito ei Romanos posset facere : sed jam ante Gentii regis parata societas, et tum Gallorum, effusorum per Illyricum, ingens agmen oblatum avaritia dimissum est. Veniebant decem millia equitum, par numerus peditum, et ipsorum jungentium cursum equis, et in vicem prolapsorum equitum vacuos capientium ad pugnam equos. Hi pacti erant, eques denos præsentes aureos, pedes quinos, mille dux eorum. Venientibus his Perseus ab Enipeo ex castris profectus obviam cum dimidia copiarum parte denunciare per vicos urbesque, quæ viæ propinquæ sunt, cœpit, ut commeatus expe-

tions était une honte pour deux rois aussi fameux ; il la trouvait déshonorante pour celui qui donnait l'argent, et encore plus pour celui qui le recevait. Dans l'espoir de conclure la paix avec Rome, il consentait bien à un sacrifice d'argent : mais, cet argent, il ne voulait le donner qu'après que tout serait terminé ; et, en attendant, il le déposerait dans le temple de Samothrace. Or, comme cette île était dans sa dépendance, il devenait tout-à-fait indifférent à Eumène que l'argent restât en dépôt à Samothrace ou à Pella, pourvu que, pour le présent, il en touchât une partie. De ces vaines tentatives pour se tromper réciproquement, les deux rois ne recueillirent que l'infamie.

XXVI. Ce ne fut pas là le seul avantage que Persée laissa échapper par son avarice, qui lui fit manquer l'occasion d'obtenir, au moyen d'Eumène, sans courir de risques pour son argent, une paix qu'il aurait dû acheter même au prix d'une partie de son royaume, et de pouvoir, une fois qu'elle serait conclue, faire éclater contre son ennemi le juste courroux des Romains, par la révélation du prix qu'il aurait reçu pour ses services; cette même avarice le priva encore de l'alliance précédemment contractée avec le roi Gentius, et du secours que lui offrait un nombreux corps de troupes formé des Gaulois répandus dans l'Illyrie. Ces Gaulois venaient au nombre de dix mille cavaliers, et d'autant de fantassins, dont la vitesse égalait celle des chevaux, et qui, dans l'action, montaient ceux dont les cavaliers venaient de succomber. Ils avaient mis, pour convention, que chaque cavalier toucherait, sur-le-champ, dix pièces d'or, chaque piéton cinq, et leur chef mille. A la nouvelle de leur entrée en Macédoine, Persée sortit de son

dirent, frumenti, vini, pecorum ut copia esset; ipse equos, phalerasque, et sagula, donum principibus ferre, et parum auri, quod inter paucos divideret, multitudinem credens trahi spe posse. Ad Almanam urbem pervenit, et in ripa fluminis Axii posuit castra; circa Desudabam in Maedica exercitus Gallorum consederat, mercedem pactam opperiens. Eo mittit Antigonum, ex purpuratis unum, qui juberet, multitudinem Gallorum ad Bylazora (Paeoniae is locus est) castra movere, principes ad se venire frequentes; septuaginta quinque millia ab Axio flumine et castris regis aberant. Haec mandata ad eos quum pertulisset Antigonus, adjecissetque, per viam quanta omnium praeparata cura regis copia multitudini foret, quibusque muneribus principes advenientes, vestis, argenti equorumque excepturus rex esset, de his quidem se coram cognituros respondent; illud, quod praesens pepigissent, interrogant, ecquid aurum, quod in singulos pedites equitesque dividendum esset, secum adduxisset? Quum ad id nihil responderetur, Clondicus regulus eorum : « Abi, renuncia ergo, inquit, regi, nisi aurum obsidesque accepissent, nusquam inde Gallos longius vestigium moturos. » Haec relata regi quum essent, advocato consilio, quum, quid omnes suasuri essent, adpareret, ipse, pecuniae, quam regni, melior custos, institit de perfidia et feritate Gallorum

camp, sur les bords de l'Énipée, s'avança à leur rencontre avec la moitié de ses troupes, et fit signifier aux villes et bourgades voisines de la route, l'ordre de tenir prêts, en quantité suffisante, du blé, du vin et des bestiaux. Pour lui, il s'était muni de chevaux, de harnais et d'habits de guerre, qu'il destinait aux chefs, et de quelque peu d'or qu'il se proposait de partager entre un petit nombre, croyant pouvoir amuser la multitude par des promesses. Arrivé près de la ville d'Almana, il campa sur les bords du fleuve Axius. Cependant, le corps de Gaulois avait fait halte dans la Médique, aux environs de Desudaba, attendant le paiement des sommes promises. Persée envoie vers lui Antigone, un de ses courtisans, ordonner à la multitude des Gaulois de s'avancer jusqu'à Bylazore (c'est un lieu de la Péonie), et inviter les chefs à se rendre en grand nombre auprès de lui. Les Gaulois se trouvaient à une distance de soixante-quinze milles du fleuve Axius et du camp du roi. Après avoir notifié les ordres dont il était porteur, Antigone ajoute que, par les soins du roi, les troupes trouveront sur leur route une immense quantité de provisions de toute espèce, et que les chefs, à leur arrivée, recevront de lui les plus riches dons en habits, en argent et en chevaux. Les Gaulois répliquent que, quand ils seront sur les lieux, ils verront bien si les effets répondent à ces promesses; puis ils demandent à l'envoyé, s'il avait apporté avec lui l'or qu'il était convenu que l'on donnerait sur-le-champ pour être distribué à chaque fantassin et à chaque cavalier? Comme Antigone ne faisait aucune réponse à cette question, Clondicus, leur chef, lui dit : « Va donc annoncer au roi que les Gaulois ne feront point un seul pas de plus, qu'ils

disserere. « Multorum jam ante cladibus expertum, periculosum esse, tantam multitudinem in Macedoniam accipere, ne graviores eos socios habeant, quam hostes romanos. Quinque millia equitum satis esse, quibus et uti ad bellum possent, et quorum multitudinem ipsi non timeant. »

XXVII. Adparebat inde omnibus, mercedem multitudinis timere, nec quidquam aliud : sed, quum suadere consulenti nemo auderet, remittitur Antigonus, qui nunciaret, quinque millium equitum opera tantum uti regem : non tenere multitudinem aliam. Quod ubi audivere Barbari, ceterorum quidem fremitus fuit, indignantium se frustra excitos sedibus suis : Clondicus rursus interrogat, ecquid ipsis quinque millibus, quod convenisset, numeraret ? Quum adversus id quoque misceri ambages cerneret, inviolato fallaci nuncio (quod vix speraverat ipse posse contingere) retro ad Istrum, perpopulati Thraciam, qua vicina erat viae, redierunt. Quae manus, quieto sedente rege ad Enipeum, adversus Romanos Perrhaebiae saltum in Thessaliam traducta, non agros tantum nudare populando potuit, ne quos

n'aient reçu l'or et les ôtages. » Lorsque ces paroles eurent été rapportées au roi, il assembla son conseil ; et, comme il pressentait bien quel serait l'avis général, meilleur gardien de son argent que de son royaume, il se mit à déclamer contre la perfidie et la férocité des Gaulois, puis il ajouta : « Que déjà, par le passé, de tristes exemples avaient prouvé fréquemment combien il était dangereux de donner entrée en Macédoine à une si grande multitude ; qu'il était à craindre, pour les Macédoniens, que les Gaulois ne leur fussent plus difficiles à supporter comme alliés, que les Romains comme ennemis ; qu'enfin, il suffisait de cinq mille cavaliers, dont on pourrait tirer dans la guerre un parti avantageux, sans avoir lieu de craindre leur nombre. »

XXVII. D'après ce langage, tous les membres du conseil voyaient clairement que la seule chose qui effrayât le roi, c'était d'avoir à solder un si grand nombre d'hommes ; mais, consulté seulement pour la forme, aucun d'eux n'osa dire son avis. Antigone est donc renvoyé vers les Gaulois, pour leur déclarer, qu'il suffira au roi de cinq mille cavaliers, et que le reste de la troupe est libre de s'en retourner. Quand les Barbares entendirent ces paroles, ceux d'entre eux qui se trouvaient congédiés éclatèrent en murmures, indignés de ce qu'on leur avait fait quitter inutilement les lieux où ils étaient. Clondicus demande, pour la seconde fois, si, du moins, on allait compter aux cinq mille cavaliers la somme convenue ? Voyant Antigone tergiverser encore sur ce point, il n'insista plus. Les Gaulois reprirent la route du Danube sans se permettre (ce que celui-ci avait à peine espéré lui-même pouvoir arriver) la moindre violence contre l'envoyé qui avait accepté la

inde Romani commeatus exspectarent, sed ipsas exscindere urbes, tenente ad Enipeum Perseo Romanos, ne urbibus sociis opitulari possent. Ipsis quoque Romanis de se cogitandum fuisset : quando neque manere, amissa Thessalia, unde exercitus alebatur, potuissent, neque progredi, quum ex adverso castra qui Macedonum [essent. Tanta occasione e manibus amissa Perseus Romanorum animos confirmavit, Macedonum] ea pependerant spe, haud mediocriter debilitavit. Eadem avaritia Gentium regem sibi alienavit; nam, quum trecenta talenta Pellæ missis a Gentio numerasset, signare eos pecuniam passus. Inde decem talenta ad Pantauchum missa, eaque præsentia dari regi jussit : reliquam pecuniam, signatam Illyriorum signo, portantibus suis præcipit, parvis itineribus veherent; dein, quum ad finem Macedoniæ ventum esset, subsisterent ibi, ac nuncios ab se opperirentur. Gentius, exigua parte pecuniæ accepta, quum adsidue Pantaucho ad lacessendos hostili facto Romanos stimularetur, M. Perpernam et L. Petillium legatos, qui tum forte ad eum venerant, in custodiam conjecit. Hoc audito, Perseus, contraxisse eum necessitates ratus ad bellum utique cum Romanis, ad revocandum, qui pecuniam portabat, misit : velut nihil aliud agens, quam ut, quanta maxima posset, præda ex se victo Romanis reservaretur. Et ab Eumene

mission de les tromper; mais ils ravagèrent les frontières de la Thrace qui se trouvaient sur leur chemin. Ce corps de troupes, en le faisant passer en Thessalie par les défilés de la Perrhébie, aurait pu, tandis que le roi serait demeuré en repos sur les bords de l'Énipée, pour fermer le passage aux Romains, non-seulement ravager les campagnes, et mettre par là les Romains dans l'impossibilité d'en tirer des vivres, mais ruiner les villes mêmes de leurs alliés, que ceux-ci, arrêtés par Persée sur les bords de l'Énipée, n'auraient pu secourir. Les Romains eux-mêmes se seraient trouvés dans un grand embarras; car il leur aurait été impossible, et de demeurer après avoir perdu la Thessalie, d'où l'armée tirait ses vivres, et de se porter en avant, puisqu'ils avaient en face le camp des Macédoniens. Persée, en laissant échapper de ses mains une pareille occasion, rehaussa le courage des Romains, et affaiblit beaucoup celui des Macédoniens, qui avaient compté sur cette ressource. La même avarice lui fit perdre l'alliance du roi Gentius. Et voici comment. Après avoir fait compter aux agens de ce roi, à Pella, les trois cents talens convenus, il leur avait permis de sceller de leur cachet les sacs; à la réserve de dix, qu'il envoyait à Pantauchus, avec ordre de les remettre sur-le-champ au roi; mais il prescrivit aux siens, porteurs du reste de l'argent scellé du sceau des Illyriens, de marcher à petites journées, et, quand ils seraient arrivés sur la frontière de Macédoine, de s'y arrêter et d'attendre ses ordres. Gentius, après avoir reçu cette faible partie de la somme convenue, se voyant pressé continuellement par Pantauchus de commencer les hostilités contre les Romains, fit jeter en prison M. Perpenna et L. Petillius, qui venaient

Herophon, ignotis, quæ occulte acta erant, redit. De captivis actum esse et ipsi evulgaverant, et Eumenes consulem, vitandæ suscipionis causa, certiorem fecit.

XXVIII. Perseus, post reditum ab Eumene Herophontis spe dejectus, Antenorem et Callipum præfectos classis cum quadraginta lembis (adjectæ ad hunc numerum quinque pristes erant) Tenedum mittit, ut inde sparsas per Cycladas insulas naves, Macedoniam cum frumento petentes, tutarentur. Cassandreæ deductæ naves in portus primum, qui sub Atho monte sunt, inde Tenedum placido mari quum trajecissent, stantes in portu Rhodias apertas naves Eudamumque præfectum earum, inviolatos, atque etiam benigne appellatos dimiserunt. Cognito deinde, in latere altero quinquaginta onerarias suarum, stantibus in ostio portus Eumenis rostratis, quibus Damius præerat, inclusas esse; circumvecti propere, ac submotis terrore hostium navibus, onerarias, datis, qui prosequerentur, decem lem-

d'arriver auprès de lui en qualité d'ambassadeurs. A cette nouvelle, Persée jugeant qu'il s'était mis dans l'absolue nécessité de faire la guerre aux Romains, envoya ordre à ceux qui portaient l'argent de revenir sur leurs pas, semblant travailler exclusivement à ce que les Romains tirassent de sa défaite le plus de butin possible. Dans le même temps, Hérophon revint de chez Eumène, sans qu'on se doutât de ce qui avait été traité secrètement avec ce prince. Les Macédoniens avaient eux-mêmes publié que cette mission avait eu pour objet le rachat des prisonniers; et Eumène, pour ne pas se rendre suspect, fit au consul une déclaration tout-à-fait dans ce sens.

XXVIII. Persée, après le retour d'Hérophon de chez Eumène, se voyant déchu de ses espérances, envoie à Ténédos Anténor et Callipe, commandans de la flotte, avec quarante bâtimens légers (à ce nombre étaient joints cinq autres navires d'une plus petite dimension). De là ils devaient aller croiser dans les parages des îles Cyclades pour protéger les navires épars qui se rendaient en Macédoine chargés de blé. Anténor et Callipe, partant de Cassandrée avec ces bâtimens, gagnèrent d'abord les ports que domine le mont Athos; puis, de là, ils se mirent en route pour Ténédos, où ils arrivèrent après une traversée fort calme. Ils y trouvèrent, en station dans le port, les vaisseaux de guerre des Rhodiens, commandés par Eudamus; non-seulement ils ne se permirent aucun mauvais traitement envers les Rhodiens et leur chef, mais ils les congédièrent avec beaucoup d'égards. Ensuite, apprenant qu'ils se trouvait, du côté opposé, cinquante navires de charge macédoniens, que bloquaient à l'entrée du port les vaisseaux d'Eu-

bis, in Macedoniam mittunt : ita ut in tutum prosecuti redirent Tenedum. Nono post die ad classem, jam ad Sigeum stantem, redierunt. Inde Subota (insula est interjecta Elææ et Atho) trajiciunt. Forte postero die, quam Subota classis tenuit, quinque et triginta naves, quas hippagogos vocant, ab Elæa profectæ cum equitibus Gallis equisque, Phanas promontorium Chiorum petebant, unde transmittere in Macedoniam possent. Attalo ab Eumene mittebantur. Has naves per altum ferri quum ex specula signum datum Antenori esset, profectus a Subotis, inter Erythrarum promontorium Chiumque, qua artissimum fretum est, iis obcurrit. Nihil minus credere præfecti Eumenis, quam Macedonum classem in illo vagari mari : nunc Romanos esse, nunc Attalum, aut remissos aliquos ab Attalo ex castris romanis Pergamum petere. Sed quum jam adpropinquantium forma lemborum haud dubia esset, et concitatio remorum, directæque in se proræ, hostes adpropinquare aperuissent; tunc injecta trepidatio est, quum resistendi spes nulla esset, inhabilique navium genere, et Gallis vix quietem ferentibus in mari. Pars eorum, qui propiores continenti litori erant, in Erythræam enarunt : pars, velis datis, ad Chium naves ejecere, relictisque equis, effusa fuga urbem petebant. Sed, propius urbem lembi accessuque commodiore quum exposuis-

mène, commandés par Damius, ils doublent promptement l'île, délivrent ces navires de la crainte des ennemis, et les envoient en Macédoine sous l'escorte de dix bâtimens légers, qui avaient ordre de revenir à Ténédos, quand ils les auraient conduits en lieu de sûreté. Neuf jours après, les dix bâtimens légers regagnèrent la flotte, qui déjà stationnait auprès du promontoire de Sigée. De là, Anténor et Callipe se dirigent vers Subota (c'est une île située entre Élée et le mont Athos). Par hasard, le lendemain de l'arrivée de la flotte à Subota, trente-cinq bâtimens, de ceux qu'on nomme hippagoges, furent aperçus se dirigeant vers Phanes, promontoire de l'île de Chio, d'où ils devaient passer en Macédoine. Eumène les envoyait à Attale. Dès que la vigie eût signalé à Anténor ces bâtimens s'avançant sur la mer, il partit de Subota, et vint à leur rencontre entre Chio et le promontoire d'Erythrée, à l'endroit où le détroit est le plus resserré. Les commandans d'Eumène ne s'attendaient à rien moins qu'à voir la flotte macédonienne croiser dans cette mer; tantôt ils se figurent que ce sont les Romains, tantôt ils pensent que c'est Attale, ou quelques-uns des siens, qu'il a renvoyés du camp romain, et qui s'en retournent à Pergame. Mais lorsque, les vaisseaux légers, une fois parvenus à peu de distance, leur forme, qu'il était impossible de ne pas distinguer, le mouvement accéléré des rames, et la direction des proues tournées vers les hippagoges, eurent fait suffisamment comprendre que c'était l'ennemi qui approchait, l'épouvante fut bientôt sur la flottille, que mettaient hors d'état de résister et la pesanteur de ses bâtimens, et l'agitation des Gaulois, qui ne peuvent supporter la mer, même lorsqu'elle est calme. Alors,

sent armatos, partim in via fugientes Gallos adepti
Macedones ceciderunt, partim ante portam exclusos;
clauserant enim Chii portam, ignari, qui fugerent, aut
sequerentur. Octingenti ferme Gallorum occisi, ducenti
vivi capti : equi, pars in mari, fractis navibus, ab-
sumti; partim nervos subciderunt in litore Macedones;
viginti eximiæ equos formæ cum captivis eosdem decem
lembos, quos ante miserat, Antenor devegere Thessalonicam jussit, et primo quoque tempore ad classem re-
verti : Phanis se eos exspectaturum. Triduum ferme
classis ad urbem stetit. Phanas inde progressi sunt, et
spe celerius reversis decem lembis, evecti Ægæo mari
Delum trajecerunt.

XXIX. Dum hæc geruntur, legati romani, C. Popillius
et C. Decimius, et C. Hostilius, a Chalcide profecti,
tribus quinqueremibus Delum quum venisse, lembos ibi
Macedonum quadraginta, et quinque regis Eumenis
quinqueremes invenerunt. Sanctitas templi insulæque
inviolatos præstabat omnes. Itaque permixti Romanique

ceux qui se trouvaient plus près du continent gagnèrent Érythrée à la nage, les autres poussèrent à force de voiles leurs navires vers l'île de Chio, et, abandonnant leurs chevaux, s'enfuirent précipitamment vers la ville. Mais les bâtimens légers de l'ennemi ayant jeté des soldats sur les points de la côte plus voisins de la ville et d'un plus facile accès, les Macédoniens atteignirent les Gaulois et les taillèrent en pièces, soit dans leur fuite, soit aux portes de la ville; car les habitans les avaient fermées, ignorant quels étaient ces fuyards, et quels étaient ceux qui les poursuivaient. Huit cents Gaulois environ furent tués, et deux cents faits prisonniers. Quant aux chevaux, quelques-uns furent submergés avec les vaisseaux fracassés, et les Macédoniens coupèrent les jarrets à ceux qui avaient gagné le rivage. Anténor en réserva vingt des plus beaux, et donna ordre aux mêmes dix bâtimens légers qu'il avait envoyés précédemment escorter les navires de charge, de les transporter à Thessalonique avec les prisonniers, puis de rejoindre au plus tôt la flotte, avec laquelle il devait les attendre à Phanes. La flotte stationna près de trois jours à la hauteur de la ville. Ensuite les Macédoniens se rendirent à Phanes; et, les dix bâtimens légers étant revenus plus tôt qu'on ne s'y attendait, ils gagnèrent Délos en traversant la mer Égée.

XXIX. Sur ces entrefaites, les commissaires romains C. Popillius, C. Decimius et C. Hostilius, partis de Chalcis avec trois quinquérèmes, arrivèrent à Délos, où ils trouvèrent les quarante bâtimens légers des Macédoniens et cinq quinquérèmes du roi Eumène. La sainteté du temple et de l'île en faisait un asile inviolable pour tous. Ainsi Romains, Macédoniens, soldats de marine

et Macedones et Eumenis navales socii in templo, inducias religione loci præbente, versabantur. Antenor, Persei præfectus, quum aliquas alto præferri onerarias naves ex speculis significatum foret, parte lemborum ipse insequens, parte per Cycladas disposita, præterquam si quæ Macedoniam peterent, omnes aut subprimebat, aut spoliabat naves: quibus poterant, Popillius aut Eumenis naves subcurrebant; sed vecti nocte binis aut ternis plerumque lembis Macedones fallebant. Per id fere tempus legati macedones illyriique simul Rhodum venerunt, quibus auctoritatem addidit non lemborum modo adventus, passim per Cycladas atque Ægæum vagantium mare, sed etiam conjunctio ipsa regum Persei Gentiique, et fama cum magno numero peditum equitumque venientium Gallorum. Et jam quum accessissent animi Dinoni ac Polyarato, qui Persei partium erant, non benigne modo responsum regibus est, sed palam pronunciatum, « bello finem se auctoritate sua imposituros esse; itaque ipsi quoque reges æquos adhiberent animos ad pacem accipiendam. »

XXX. Jam veris principium erat, novique duces in provinciam venerant; consul Æmilius in Macedoniam, Octavius Oreum ad classem, Anicius in Illyricum, cui bellandum adversus Gentium. Patre Pleurato rege Illy-

du roi Eumène, à la faveur d'une trêve commandée par le religieux respect dû au lieu, circulaient pêle-mêle dans le temple. Lorsque l'on signalait en mer quelques navires de transport, Anténor, commandant de Persée, leur donnait la chasse lui-même avec une partie de ses bâtimens légers, tandis que l'autre croisait autour des Cyclades; et, de cette manière, il pillait ou coulait à fond tous ces navires, excepté ceux qui se rendaient en Macédoine. Popillius et les vaisseaux d'Eumène secouraient, toutes les fois qu'ils le pouvaient, les navires poursuivis; mais les Macédoniens, s'échappant la nuit avec deux ou trois bâtimens légers, trompaient leur vigilance. Ce fut vers cette époque qu'arrivèrent simultanément à Rhodes les ambassadeurs macédoniens et illyriens, à la mission desquels ajoutèrent beaucoup de poids, non-seulement les courses que venaient d'entreprendre les bâtimens légers autour des Cyclades et dans la mer Égée, mais l'alliance même des rois Persée et Gentius; et la nouvelle de la marche d'un grand nombre de fantassins et de cavaliers gaulois. Enhardis donc par ces circonstances, Dion et Polyarate, qui étaient dans les intérêts de Persée, prirent soin, non-seulement de ménager aux envoyés des deux rois une réponse bienveillante, mais encore de leur faire déclarer publiquement : « Que les Rhodiens allaient user de leur puissante influence pour mettre fin à la guerre; et qu'ainsi les deux rois devaient, de leur côté, prendre des sentimens de modération propres à hâter la conclusion de la paix. »

XXX. Déjà l'on était au commencement du printemps, et les nouveaux chefs étaient arrivés chacun dans sa province, le consul Émilius en Macédoine, Octavius à Orée, où se trouvait la flotte, et Anicius

riorum et matre Eurydica genitus fratres duos, Platorem utroque parente, Caravantium matre eadem natum, habuit. Hoc propter ignobilitatem paternam minus suspecto, Platorem occidit et duos amicos ejus, Ettritum et Epicadum, inpigros viros, quo tutius regnaret. Fama fuit, Honuni Dardanorum principis filiam Etutam pacto fratri eum invidisse, tamquam his nuptiis adjungenti sibi Dardanorum gentem; et simillimum id vero fecit ducta ea virgo, Platore interfecto. Gravis deinde, demto fratris metu, popularibus esse cœpit; et violentiam insitam ingenio intemperantia vini accendebat. Ceterum, sicut ante dictum est, ad romanum incitatus bellum, Lissum omnes copias contraxit; quindecim millia armatorum fuerunt. Inde, fratre in Caviorum gentem, vi aut terrore subigendam, cum mille peditibus et quinquaginta equitibus misso, ipse ad Bassaniam urbem quinque millia ab Lisso ducit. Socii erant Romanorum; itaque per præmissos nuncios prius tentat, obsidionem pati, quam dedere sese, maluerunt. Caravantium in Caviis Durnium oppidum advenientem benigne accepit : Caravantis altera urbs exclusit; et, quum agros eorum effuse vastaret, aliquot palati milites agrestium concursu interfecti sunt. Jam et Ap. Claudius, adsumtis ad eum exercitum, quem habebat, Bullinorum, et Apolloniatium et Dyrrachinorum auxiliis, profectus ex hiber-

en Illyrie, où il devait faire la guerre contre Gentius. Ce prince, fils de Pleuratus, roi des Illyriens, et d'Eurydice, avait deux frères, Plator, né du même père et de la même mère, et Caravantius, qui n'était que son frère utérin. Ce dernier lui portant moins ombrage, à cause de la naissance obscure de son père, il fit périr, pour s'assurer la possession tranquille du trône, Plator, et deux hommes courageux qui lui étaient attachées, Ettritus et Epicadus. Le bruit courut que sa jalousie contre son frère était venue de ce que celui-ci devait épouser Etuta, fille de Honunus, prince des Dardaniens, et qu'il lui croyait l'intention de se ménager, par ce mariage, l'appui de la nation dardanienne. Au surplus, en épousant lui-même cette princesse, après le meurtre de Plator, il rendit un tel soupçon très-fondé. Une fois délivré de la crainte de son frère, il ne tarda pas à imposer à ses sujets un pesant joug; et l'usage immodéré du vin enflamma sa violence naturelle. Engagé donc, comme il a été dit précédemment, à prendre part à la guerre contre les Romains, il rassembla toutes ses troupes à Lissus; elles se montaient à quinze mille hommes. De là il détacha son frère avec mille fantassins et cinquante cavaliers pour subjuguer, par la force ou par la crainte, la nation des Caviens, et se porta lui-même sur Bassania, ville située à cinq milles de Lissus. Les Lissiens étaient alliés des Romains. Il fit préalablement sonder leurs dispositions par des envoyés; mais ils aimèrent mieux soutenir un siège que de se rendre. Pour Caravantius, lorsqu'il fut arrivé chez les Caviens, la ville de Durnium le reçut avec des témoignages de satisfaction; au lieu que Caravantis, autre ville du même pays, lui ferma ses portes. Alors il se mit à ravager le territoire des Cara-

nis, circa Genusum amnem castra habebat; audito fœdere inter Persea et Gentium, et legatorum violatorum injuria accensus, bellum haud dubie adversus eum gesturus. Anicius prætor, eo tempore Apolloniæ auditis, quæ in Illyrico gererentur, præmissisque ad Appium litteris, ut se ad Genusum opperiretur, triduo et ipse in castra venit; et ad ea, quæ habebat, auxilia Parthinorum junctis duobus millibus peditum et equitibus ducentis (peditibus Epicadus, equitibus Algalsus præerat), parabat ducere in Illyricum, maxime ut Bassanitas solveret obsidione: tenuit inpetum ejus fama lemborum vastantium maritimam oram. Octoginta erant lembi, auctore Pantaucho missi a Gentio ad Dyrrachinorum et Apolloniatium agros populandos. Tum classis ad [oram haud procul Apollonia stabat. Huc recurrit Anicius, ac brevi assecutus illyrios prædatores, congressusque cum eis, et perlevi negotio victor, aliquot naves hostium cepit, ceteras repetere illyricum coegit. Inde in castra ad Genusum regressus, ad Bassanitarum auxilium properavit. Non sustinuit famam adventantis prætoris Gentius, solutaque obsidione Scodram se contulit tam trepida fuga, ut ne totum quidem exercitum abduceret. Magna pars copiarum, quæ, si dux præsens confirmasset animos, morari Romanos poterant, amo]to eo, tradiderunt se.

vantiens; mais son monde s'étant dispersé sans précaution, les habitans des campagnes s'attroupèrent, et lui tuèrent quelques soldats. Déjà Ap. Claudius, après avoir réuni à l'armée dont il avait le commandement les corps auxiliaires des Bulliniens, des Apolloniates et des Dyrrachiens, avait quitté ses quartiers d'hiver, et campait sur les bords du fleuve Génuse. Instruit de l'alliance entre Persée et Gentius, et animé par l'outrage fait aux ambassadeurs, envers lesquels avait été violé le droit des gens, il s'apprêtait ouvertement à faire la guerre à ce dernier. Le préteur Anicius, venant d'apprendre à Apollonie ce qui se passait en Illyrie, expédia à Appius des dépêches par lesquelles il l'invitait à l'attendre sur les bords du Génuse; et, au bout de trois jours, il arriva dans son camp. Là, réunissant à ceux qu'il avait déjà, les auxiliaires des Parthiniens, au nombre de deux mille fantassins et deux cents cavaliers (les fantassins avaient pour chefs Epicadus, et les cavaliers Algalsus), il se disposait à marcher vers l'Illyrie, surtout pour délivrer les Bassanites alors assiégés, lorsque la nouvelle des ravages qu'exerçaient sur la côte les bâtimens légers de l'ennemi arrêta son élan. Ces bâtimens étaient au nombre de quatre-vingts, Gentius les avait envoyés dévaster le territoire des Dyrrachiens et des Apolloniates, idée qui lui avait été suggérée par Pantauchus. La flotte romaine stationnait alors près de la côte, à peu de distance d'Apollonie. Anicius s'y transporte promptement, atteint bientôt les pirates illyriens, en vient aux mains avec eux, les défait aisément, prend quelques bâtimens ennemis, et force les autres à regagner l'Illyrie. De là il revient dans le camp sur les bords du Génuse, et se hâte de marcher au secours des Bassanites. Gentius,

XXXI. Deinceps et urbes regionis ejus idem faciebant, adjuvante inclinationem animorum clementia in omnes et justitia praetoris romani. Ad Scodram inde ventum est, id quod belli caput erat; non eo solum, quod Gentius eam sibi ceperat velut regni totius arcem, sed etiam quod Labeatium gentis munitissima longe est et difficilis aditu. Duo cingunt eam flumina, Clausala latere urbis, quod in orientem patet praefluens, Barbanna ab regione occidentis, ex Labeatide palude oriens: hi duo amnes confluentes incidunt Oriundi flumini; quod, ortum ex monte Scordo, multis et aliis auctum aquis, mari Adriatico infertur. Mons Scordus, longe altissimus regionis ejus, ab oriente Dardaniam subjectam habet, a meridie Macedoniam, ab occasu Illyricum. Quamquam munitum situ naturali oppidum erat, gensque id tota Illyriorum et rex ipse tuebatur, tamen praetor romanus, quia prima successerant prospere, fortunam totius rei principia secuturam esse ratus, et repentinum valiturum terrorem, instructo exercitu ad moenia succedit. Quod si clausis portis muros portarumque turres,

apprenant l'arrivée du préteur, se garda bien de rester en sa présence; il leva le siège, et s'enfuit vers Scodra avec une telle précipitation, qu'il laissa derrière lui une partie de son armée. Alors un grand nombre de ses soldats, qui, s'ils eussent été rassurés par la présence de leur chef, auraient pu arrêter les Romains, s'en voyant abandonnés, se rendirent.

XXXI. Ensuite les différentes villes du pays en firent autant, encouragées à prendre ce parti, vers lequel elles penchaient déjà, par la clémence dont usait envers tous le préteur romain, et par sa justice. On arriva ensuite devant Scodra. S'emparer de cette ville était le point important de la guerre, non-seulement parce que Gentius s'y était renfermé, la regardant comme le boulevard de tout son royaume, mais en outre parce que, de toutes les places du pays des Labéates, il n'en est aucune qui, pour les fortifications, puisse être comparée à celle-ci, dont l'accès est fort difficile. Deux rivières l'entourent; la Clausala à l'orient, et à l'occident la Barbanna, qui prend sa source dans le lac Labéatis. Ces deux rivières versent leurs eaux réunies dans le fleuve Orionde, qui sort du mont Scordus, et va se jeter dans la mer Adriatique, après avoir reçu un grand nombre d'autres eaux dans son cours. Le mont Scordus, qui est de beaucoup le plus élevé de cette contrée, domine à l'orient la Dardanie, au midi la Macédoine, et au couchant l'Illyrie. Quoique la ville fût protégée par sa situation naturelle, défendue par toutes les forces des Illyriens et par le roi en personne, le préteur romain néanmoins, dont les premières opérations avaient été couronnées du succès, persuadé que le reste de la campagne répondrait à ces commencemens, et voulant profiter de la terreur qui

dispositis armatis, defendissent, vano cum incepto mœnibus pepulissent Romanos; nunc, porta egressi, prœlium loco æquo majore animo commiserunt, quam sustinuerunt. Pulsi enim et fuga conglobati, quum ducenti amplius in ipsis faucibus portæ cecidissent, tantum intulerunt terrorem, ut oratores extemplo ad prætorem mitteret Gentius Teuticum et Bellum, principes gentis, per quos inducias peteret, ut deliberare de statu rerum suarum posset. Triduo in hoc dato, quum castra romana quingentos ferme passus ab urbe abessent, navem conscendit, et flumine Barbanna navigat in lacum Labeatum, velut secretum locum petens ad consultandum; sed, ut adparuit, falsa spe excitus, Caravantium fratrem, multis millibus armatorum actis ex ea regione, in quam missus erat, adventare: qui postquam evanuit rumor, tertio post die navem eamdem secundo amni Scodram demisit; præmissisque nunciis, ut sibi adpellandi prætoris potestas fieret, copia facta, in castra venit. Et principium orationis ab accusatione stultitiæ orsus suæ, postremo ad preces lacrymasque effusus, genibus prætoris accidens, in potestatem sese dedit. Primo, bonum animum habere jussus, ad cœnam etiam invitatus, in urbem ad suos rediit, et cum prætore eo die honorifice est epulatus: deinde in custodiam C. Cassio tribuno militum traditus, vix gladiatorio ac-

tout à coup s'était emparée des ennemis, s'avança jusqu'au pied des murs avec son armée rangée en bataille. Si les assiégés, tenant leurs portes fermées, eussent opposé une solide résistance, en garnissant de soldats les murailles et les tours des portes, ils auraient contraint les Romains de s'éloigner des murs, et fait échouer leur entreprise; mais au lieu de prendre ce sage parti, ils firent une sortie, et, se déployant en rase campagne, engagèrent un combat dans lequel leur courage ne se soutint pas long-temps. Repoussés bientôt, et enveloppés dans leur fuite, il en périt plus de deux cents aux portes mêmes de la ville, où leur désastre jeta une telle épouvante, que Gentius député sur-le-champ au préteur Teuticus et Bellus, les deux personnages les plus marquans de la nation, pour demander une trêve, à la faveur de laquelle il pût réfléchir au parti qu'il avait à prendre. Il lui fut accordé pour cela trois jours, pendant lesquels l'armée romaine resta campée à cinq cents pas environ de la place. Durant ce temps, Gentius s'embarque, et, remontant la Barbanna, gagne le lac Labéatis, en apparence pour atteindre un endroit isolé où il pût se livrer à ses réflexions; mais en réalité, comme on le comprit bien, dans l'espoir mal fondé de voir arriver son frère Caravantius, avec plusieurs milliers de soldats tirés de la contrée où il avait été envoyé. Se voyant trompé dans son attente, le troisième jour, il redescend la Barbanna sur le même navire, rentre dans Scodra, fait demander au préteur la permission d'aller le trouver, l'obtient, et se rend au camp. Après avoir commencé par avouer hautement sa folie, il finit par recourir aux larmes et aux prières, et, tombant aux genoux du préteur, il s'abandonne à sa discrétion. D'abord

cepto decem talentis ab rege rex, ut in eam fortunam recideret.

XXXII. Anicius, Scodra recepta, nihil prius, quam requisitos Petillium Perpernamque legatos ad se duci, jussit; quibus splendore suo restituto, Perpernam extemplo mittit ad comprehendendos amicos cognatosque regis : qui, Meteonem, Labeatium gentis urbem, profectus, Etlevam uxorem cum filiis duobus, Scerdilædo Pleuratoque, et Caravantium fratrem Scodram in castra adduxit. Anicius, bello illyrio intra triginta dies perfecto, nuncium victoriæ Perpernam Romam misit ; et post dies paucos Gentium regem ipsum cum parente, conjuge, ac liberis, ac fratre, aliisque principibus Illyriorum. Hoc unum bellum prius perpetratum, quam cœptum, Romæ auditum est. Quibus diebus hæc agebantur, Perseus quoque in magno terrore erat, propter adventum simul Æmilii novi consulis, quem cum ingentibus minis adventare audiebat, simul Octavii prætoris. Nec minus terroris a classe romana et periculo maritimæ oræ habebat. Thessalonicæ Eumenes et Athenagoras præerant cum parvo præsidio duo-

Anicius le rassure, l'invite même à souper, et lui permet de retourner vers les siens dans la ville. Ce jour-là, il soupa donc avec le préteur, qui eut pour lui beaucoup d'égards pendant le repas; mais ensuite, il fut mis sous la garde du tribun des soldats, C. Cassius. Pour aller au devant d'un pareil sort, ce roi avait reçu de celui de Macédoine dix talens, somme presque au dessous des gages d'un gladiateur.

XXXII. Le premier soin d'Anicius, après la prise de Scodra, fut de réclamer et de se faire amener les ambassadeurs Petillius et Perperna. Lorsqu'il les eut rétablis dans tous les honneurs dus à leur caractère, il envoya sur-le-champ Perperna s'assurer des confidens et des proches du roi. Perperna se rendit à Météon, ville du pays des Labéates, et ramena dans le camp à Scodra Etleva, femme de Gentius, avec ses deux fils, Scerdilède et Pleurate, et son frère Caravantius. Anicius, après avoir terminé en trente jours la guerre d'Illyrie, chargea Perperna d'aller porter à Rome la nouvelle de sa victoire; et, au bout de quelques jours, il y envoya le roi Gentius lui-même, avec sa mère, sa femme, ses enfans, son frère, et les plus marquans d'entre les Illyriens. Cette guerre est la seule dont, à Rome, on ait appris la fin avant d'en avoir su le commencement. Pendant ces évènemens, Persée était en proie, de son côté, à de vives alarmes, causées par l'arrivée du nouveau consul Émilius, qu'il savait entrer en Macédoine avec des dispositions très-menaçantes, et par celle du préteur Octavius; car la flotte romaine, prête à attaquer ses côtes, ne lui causait pas moins d'effroi. Eumène et Athénagoras défendaient Thessalonique, avec une faible garnison de deux mille soldats armés de boucliers; il y

rum millium cætratorum. Eo et Androclem præfectum mittit, jussum sub ipsis navalibus castra habere. Æneam mille equites cum Antigono misit ad tutandam maritimam oram : ut, quocumque litore adplicuisse naves hostium audissent, extemplo ferrent agrestibus opem ; quinque millia Macedonum missa ad præsidium Pythii et Petræ, quibus præpositi erant Histiæus, et Theogenes, et Medon. His profectis, ripam munire Enipei fluminis adgressus est, quia sicco alveo transiri poterat. Huic ut omnis multitudo vacaret, feminæ, ex propinquis urbibus coactæ, cibaria in castra adferebant : miles jussus ex propinquis silvis [ligna petere. Inde structum vallum, propugnacula excitata, adjectis turribus dispositisque ubique tormentis, ita ripam defendebant, ut penetrare hostis sine gravi certamine et periculo non posset. Sic tutum se adversus omnem Romanorum inpetum fore confidebat, sedendoque et segni mora languescentes, tum sumptibus exhaustos hostes tandem tædium tam difficilis belli capturum. Paullus contra quo diligentius et cautius omnia apud Macedonas provisa et custodita cernebat, eo acrius curam intendere, in omnes partes versare animum, si quo consilio frustrari hostium spem haud de nihilo sane conceptam posset. Ceterum præsens tum malum angebat, aquarum penuria. Exaruerat pene proximum flumen, nisi

envoie aussi Androclès, avec ordre d'asseoir son camp près de l'entrée même du port. Il dirigea en outre, vers Énéa, sous la conduite d'Antigone, mille cavaliers, qui avaient mission de protéger la côte, et de courir sur-le-champ au secours des habitans, quand ils apprendraient une tentative de débarquement de la part de l'ennemi sur un point quelconque. De plus, cinq mille Macédoniens allèrent renforcer les garnisons de Pythium et de Petra, commandées par Histiée, Théogène et Médon. Ces troupes parties, Persée entreprit de fortifier les rives de l'Énipée, parce que ce fleuve était guéable. Afin que tout le monde concourût à ce travail, on obligea les femmes, rassemblées des villes d'alentour, de porter des vivres dans le camp. Pour le soldat, il était chargé d'aller chercher du bois dans les forêts voisines. Bientôt se trouva élevé un retranchement flanqué de tours et bordé de machines qui défendaient si bien la rive, qu'il était impossible à l'ennemi, à cause de ces obstacles, de tenter le passage sans de grands efforts et un grand péril. Persuadé que ces ouvrages le mettaient tout-à-fait à l'abri de l'impétuosité des Romains, le roi comptait voir les ennemis, à force de languir dans une complète inaction, se rebuter enfin d'une guerre si difficile et si ruineuse. Plus toutes ces précautions annonçaient de prudence et d'activité chez les Macédoniens, plus leur système de défense semblait adroitement combiné, plus Paullus redoubla de soins et d'attention pour mûrir son plan d'attaque, cherchant quelque moyen de pouvoir faire échouer les espérances de l'ennemi, qui paraissaient très-bien fondées. Au reste, ce qui le gênait le plus pour le moment, c'était le manque d'eau. Le fleuve voisin du camp était presqu'à sec,

quod juxta ipsum mare exigua et corrupta manabat aquula.

XXXIII. Consul, quum missi circa propinqua loca nullam aquam inveniri renunciarent,] postremo sequi se utrarios ad mare, quod minus trecentos passus aberat, jussit, et in litore alios alibi modicis intervallis fodere; montes ingentis altitudinis spem faciebant, eo magis quia nullos apertos evergerent rivos, occultos continere latices, quorum venæ in mare permanantes undæ miscerentur. Vix diducta summa arena erat, quum scaturigines turbidæ primo et tenues emicare, dein liquidam multamque fundere aquam, velut deum dono, cœperunt. Aliquantum ea quoque res duci famæ et auctoritatis apud milites adjecit. Jussis deinde militibus expedire arma, ipse cum tribunis primisque ordinibus vadit ad contemplandos transitus; qua descensus facilis armatis, qua in ulteriorem ripam minime iniquus adscensus esset. His satis exploratis, illa quoque primum, ut ordine ac sine tumultu omnia in agmine ad nutum imperiumque ducis fierent, providit. Ubi omnibus simul pronunciaretur, quod fieret, neque omnes exaudirent; incerto imperio accepto, alios, ab se adjicientes, plus eo, quod imperatum sit, alios minus facere; clamores deinde dissonos oriri omnibus locis, et prius hostes, quam ipsos, quid paretur, scire. Pla-

et ne formait plus qu'un faible ruisseau dont l'eau corrompue coulait le long du rivage.

XXXIII. Le consul, averti par ceux qui avaient été envoyés chercher de l'eau dans les environs, qu'il ne s'en trouvait nulle part, leur ordonna enfin de le suivre avec leurs outres jusqu'à la mer, éloignée du camp de moins de trois cents pas, et de creuser sur le rivage des trous de distance en distance. La grande élévation des montagnes voisines lui faisait présumer, surtout parce qu'on n'en voyait sourdre et couler aucun ruisseau, qu'elles renfermaient des sources cachées, qui, filtrant à travers les terres, allaient se mêler aux eaux de la mer. A peine eût-on effleuré le sable, qu'on vit jaillir des sources dont l'eau, trouble d'abord, et se montrant en petite quantité, devint bientôt limpide et abondante. Cette découverte, que les soldats ne tardèrent pas à regarder comme une faveur des dieux, ajouta encore à la haute idée qu'ils avaient de leur général, et à la confiance qu'il leur inspirait. Émilius ordonne ensuite aux troupes de tenir leurs armes prêtes; et, accompagné des tribuns et des chefs des premières centuries, il va reconnaître lui-même les endroits propres au passage, examiner par où le soldat pourrait descendre sans peine, par où il aurait le moins à gravir pour atteindre la rive opposée. Après s'être suffisamment éclairé à cet égard, son premier soin est de prendre des mesures pour que, dans l'armée, au premier signal donné par le général, toutes les manœuvres s'exécutent avec ordre et précision. En effet, comme un commandement adressé à tous n'est pas entendu de tous, chacun, dans l'incertitude, y ajoute de lui-même, l'un plus, l'autre moins, des cris discordans s'élèvent de tous les points, et les

cere igitur, tribunum militum primo pilo legionis secretum edere imperium : illum, et dein singulos, proximo cuique in ordine centurioni dicere, quid opus facto sit; sive a primis signis ad novissimum agmen, sive ab extremis ad primos perferendum imperium sit. Vigiles etiam novo more scutum in vigiliam ferre vetuit : non enim in pugnam vigilem ire, ut armis utatur, sed ad vigilandum, ut, quum senserit hostium adventum, recipiat se, excitetque ad arma alios. Scuto præ se erecto stare galeatos : deinde ubi fessi sint, innisos pilo, capite super marginem scuti posito, sopitos stare : ut fulgentibus armis procul conspici ab hoste possint, ipsi nihil provideant. Stationum quoque morem mutavit; armati omnes, et frenatis equis equites, diem totum perstabant; id quum æstivis diebus, urente adsiduo sole, fieret, tot horarum æstu et languore ipsos equosque fessos integri sæpe adorti hostes, vel pauci plures vexabant; itaque ex matutina statione ad meridiem decedi, et in postmeridianam succedere alios jussit : ita numquam fatigatos recens hostis adgredi poterat.

ennemis sont instruits les premiers de ce qu'on se propose de faire. Il arrêta donc qu'un tribun des soldats donnerait le mot d'ordre au premier centurion de la légion, qui, lui-même, le ferait passer de proche en proche à tous les autres, soit que ce mot d'ordre dût être transmis de la tête à la queue de l'armée, soit qu'il dût venir de la queue à la tête. Il défendit aussi que les sentinelles portassent, d'après une coutume nouvelle, leurs boucliers en faction. En effet, le devoir d'une sentinelle est, non pas de marcher au combat, pour faire usage de ses armes, mais de veiller; et, quand elle aperçoit l'ennemi s'avancer, de se replier et de faire courir aux armes les autres soldats. Avant cette défense, les sentinelles se tenaient debout, le casque en tête, et le bouclier planté devant elles; et, lorsqu'elles étaient fatiguées, elles s'assoupissaient en appuyant le corps sur leur javeline et la tête sur le bord du bouclier, en sorte que l'éclat de leurs armes pouvait les faire apercevoir de l'ennemi, tandis qu'elles-mêmes ne remarquaient rien. Il introduisit également, par rapport aux postes avancés, un changement fort important. Auparavant, tous ceux qui y étaient placés restaient sous les armes la journée entière, et les cavaliers tenaient, durant tout ce temps, leurs chevaux bridés. Aussi, dans les jours d'été, où le soleil darde continuellement ses rayons brûlans, arrivait-il souvent que, lorsqu'une chaleur supportée durant tant d'heures avait épuisé de fatigue les hommes et les chevaux eux-mêmes, ces avant-postes venant à être attaqués par des troupes fraîches, une poignée d'ennemis mettait en désordre un corps plus nombreux. Émilius ordonna donc que les postes fussent relevés le matin et à midi. De cette manière, les troupes

XXXIV. Hæc quum ita fieri placere, concione advocata, pronunciasset, adjecit urbanæ concioni convenientem orationem. « Unum imperatorem in exercitu providere et consulere, quid agendum sit, debere, nunc per se, nunc cum iis, quos advocarit in consilium; qui non sint advocati, eos nec palam, nec secreto jactare consilia sua. Militem hæc tria curare debere, corpus ut quam validissimum et pernicissimum habeat, arma apta, cibum paratum ad subita imperia : cetera scire de se diis inmortalibus et imperatori suo curæ esse; in quo exercitu milites consultent, imperator rumoribus vulgi circumagatur, ibi nihil salutare esse. Se, quod sit officium imperatoris, provisurum, ut bene gerendæ rei occasionem eis præbeat; illos nihil, quid futurum sit, quærere : ubi datum signum sit, tum militarem operam navare. » Ab his præceptis concionem dimisit; vulgo etiam veteranis fatentibus, se illo primum die, tamquam tirones, quid agendum esset in re militari, didicisse. Non sermonibus tantum his, cum quanto adsensu audissent verba consulis, ostenderunt ; sed rerum præsens effectus erat. Neminem totis mox castris quietum videres : acuere alii gladios : alii galeas bucculasque, scuta alii, alii loricas tergere : alii aptare corpori arma, experirique sub his membrorum agilita-

fraîches de l'ennemi ne pouvaient jamais attaquer des soldats fatigués.

XXXIV. Le consul, après avoir convoqué l'armée, lui prescrivit d'exécuter ces nouvelles dispositions, puis il lui adressa un discours analogue à celui qu'il avait prononcé à Rome devant le peuple : « C'était, dans une armée, au général seul qu'il appartenait de régler les opérations militaires, soit par lui-même, soit de concert avec ceux qu'il appelait au conseil. Les chefs qu'il n'y appelait pas devaient garder pour eux leur manière de voir, et n'en occuper ni le public, ni les particuliers. Quant au soldat, se livrer aux exercices propres à rendre le corps très-robuste et très-agile, avoir ses armes en état, tenir des vivres prêts pour partir au premier ordre, étaient les trois points qui appelaient son attention ; pour le reste, il devait s'en reposer sur les dieux immortels et sur son général. Une armée où les soldats délibéraient, où le général prenait pour règle de sa conduite le caprice de la multitude, voyait par là son salut compromis. Pour lui, il remplirait ses devoirs de général en ménageant à ses soldats l'occasion de vaincre l'ennemi. De leur côté, ils devaient être entièrement tranquilles sur l'avenir, et déployer tout leur courage, lorsqu'ils recevraient le signal du combat. » Ces avis donnés, il congédia l'assemblée ; et les vieux soldats avouèrent ne s'être formé que de ce jour-là une juste idée de la discipline militaire. Ce ne fut pas seulement par ce langage qu'ils témoignèrent combien leur avaient été agréables les paroles du consul ; ils le prouvèrent bientôt par des effets. De ce moment, il n'y eut plus dans le camp un seul oisif : les uns aiguisaient leurs épées ; les autres fourbissaient leurs casques, leurs visières, leurs bou-

tem : quatere alii pila, alii micare gladiis, mucronemque intueri : ut facile quis cerneret, ubi primum conserendi manum cum hoste data occasio esset, aut victoria egregia, aut morte memorabili inituros bellum. Perseus quoque quum, adventu consulis simul et veris principio, strepere omnia moverique apud hostes, velut novo bello, cerneret, mota a Phila castra in adversa ripa posita, nunc ad contemplanda opera sua circumire ducem, haud dubie transitus speculantem, [nunc ea omnia intentissima cura apparare, quæ ad vim faciendam oppugnandaque castra usui esse possent; nihil omittere, quod sive adversus hostem, sive ad suorum adjuvandas vires magno duci conandum faciendumque esset; et ipse, tamquam in summæ rei jam discrimen venturus, acuere militum animos, firmare opera magis ac magis, numquam satis provisa omnia, satis tutam munitamque ripam credere. Tamen in acerrimo utrimque ardore quieta per aliquantum temporis stativa fuere; nec unquam tantos exercitus tam in propinquum collatis castris tam tranquillos consedisse memoriæ proditum est. Interim fama nunciat, victum in Illyrico Gentium regem ab Anicio prætore, ipsumque cum domo tota et universa ditione in potestate Roma]norum esse.

cliers, leurs cuirasses ; ceux-ci se couvraient de leurs armes, et, le corps chargé de ce poids, essayaient l'agilité de leurs membres; ceux-là brandissaient leurs javelots, faisaient briller leurs épées, en éprouvaient la pointe; enfin, il était aisé de juger que, dès qu'ils auraient occasion d'en venir aux mains avec l'ennemi, ils se signaleraient, dans cette première action, ou par une victoire éclatante, ou par une mort glorieuse. Persée, de son côté, à la vue du mouvement bruyant et général qui régnait, comme au moment d'une nouvelle guerre, chez les ennemis, dont l'arrivée du consul et le commencement du printemps semblaient avoir redoublé l'ardeur; à la vue du camp qu'ils venaient de lever à Phila et d'établir sur la rive opposée, des tournées du général visitant les travaux des siens, dans l'intention évidente de tenter le passage; à la vue de tous les préparatifs propres à tenter un coup de main et à forcer un camp, auxquels Émilius se livrait avec une extrême activité, sans omettre aucune des énergiques mesures que doit prendre un grand capitaine, aucun des moyens qu'il doit employer, soit pour affaiblir l'ennemi, soit pour ajouter aux forces de ceux qu'il commande; Persée, dis-je, sentit lui-même qu'il touchait à une lutte qui allait décider de son sort. Il anima donc le courage de ses soldats, éleva retranchemens sur retranchemens, ne croyant jamais avoir suffisamment pourvu à tout, ne croyant jamais la rive assez protégée et assez fortifiée. Toutefois, malgré l'ardeur qui enflammait les deux partis, ils restèrent dans l'inaction durant quelque temps encore; et jamais on ne vit des armées si nombreuses, et dont les camps étaient si voisins, demeurer tellement tranquilles. Cependant la renommée publia que le pré-

XXXV. Quæ res Romanis auxit animos, Macedonibus regique eorum haud mediocrem adtulit terrorem. Et primo subprimere in occulto famam ejus rei est conatus, missis, qui Pantauchum inde venientem adpropinquare castris vetarent; sed jam et pueri quidam visi ab suis erant inter obsides illyrios ducti : et, quo quæque adcuratius celantur, eo facilius loquacitate regiorum ministrorum emanant. Sub idem tempus rhodii legati in castra venerunt cum iisdem de pace mandatis, quæ Romæ ingentem iram patrum excitavere. Multo iniquioribus animis a castrensi consilio auditi sunt. Itaque quum alii præcipites sine responso [censerent] agendos castris, pronunciavit, post diem quintum decimum se responsum daturum. Interim, ut adpareret, quantum pacificantium Rhodiorum auctoritas valuisset, consultare de ratione belli gerendi cœpit. Placebat quibusdam, et maxime minoribus natu, per Enipei ripam munitionesque vim facere, « confertis et vim facientibus resistere Macedonas non posse : ex tot castellis aliquanto altioribus ac munitioribus, quæ validis præsidiis insedissent, priore anno dejectos; » aliis placebat, Octavium cum classe Thessalonicam petere, et populatione maritimæ oræ distringere copias regias : ut, altero ab tergo

teur Anicius avait vaincu en Illyrie le roi Gentius, et que les Romains étaient maîtres de sa personne, de toute sa famille et de son royaume entier.

XXXV. Cette nouvelle augmenta le courage des Romains, et causa beaucoup d'effroi aux Macédoniens et à leur roi. Aussi Persée fit d'abord tout ce qu'il put pour la tenir secrète; et même il envoya défendre à Pantauchus, qui arrivait de l'Illyrie, d'approcher de son camp : mais celui-ci avait ramené avec lui de jeunes Macédoniens qui étaient en ôtage chez les Illyriens, et ces jeunes gens venaient de revoir leurs parens. D'ailleurs plus les rois s'efforcent de tenir une chose cachée, plus les propos indiscrets de ceux qui les entourent en font transpirer promptement le secret. Vers cette époque, les envoyés des Rhodiens arrivèrent au camp des Romains, avec des instructions au sujet de la paix semblables à celles qui, à Rome, avaient si fortement excité l'indignation des sénateurs. Ils furent écoutés bien plus défavorablement encore par une assemblée composée de gens de guerre. Le conseil était d'avis qu'il fallait les chasser promptement et sans réponse; mais Émilius déclara qu'il leur donnerait la sienne dans quinze jours. En attendant, pour prouver quel cas il faisait de la médiation des Rhodiens, il mit en délibération les opérations ultérieures de la campagne. Quelques-uns des membres du conseil, et les plus jeunes surtout, proposaient de passer l'Énipée, et d'emporter de vive force les ouvrages de l'ennemi : « Les Macédoniens ne pourraient résister aux troupes romaines marchant serrées et au pas de charge, eux qui, l'année précédente, s'étaient laissés chasser de tant de châteaux plus élevés, mieux fortifiés et défendus par des garnisons nombreu-

se ostendente bello, circumactus ad interiorem partem regni tuendam, nudare aliqua parte transitus Enipei cogeretur. Ipsi natura et operibus inexsuperabilis ripa videbatur; et, præterquam quod tormenta ubique disposita essent, missilibus etiam melius et certiore ictu hostes uti audierat. Alio spectabat mens tota ducis; dimissoque consilio perrhæbos mercatores, Cœnum et Menophilum, notæ et fidei jam sibi et prudentiæ homines, arcessitos secreto percunctatur, quales ad Perrhæbiam transitus sint. Quum loca non iniqua esse dicerent, præsidiis autem regiis obsideri, spem cepit, si nocte inproviso valida manu adgressus necopinantes esset, dejici præsidia posse. « Jacula enim et sagittas et cetera missilia in tenebris, ubi, quid petatur, procul provideri nequeat, inutilia esse; gladio cominus geri rem in permixta turba, quo miles romanus vincat. » His ducibus usurus, prætorem Octavium arcessitum, exposito, quid pararet, Heracleum cum classe petere jubet, et mille hominibus decem dierum cocta cibaria habere. Ipse P. Scipionem Nasicam, Q. Fabium Maximum filium suum cum quinque delectis millibus Heracleum mittit, velut classem conscensuros ad maritimam oram interioris Macedoniæ, quod in consilio agitatum erat, vastandam. Secreto indicatum, cibaria his præparata ad classem esse, ne quid eos moraretur. Inde jussi

ses. » D'autres trouvaient plus sage d'envoyer Octavius, avec la flotte, vers Thessalonique, porter la dévastation sur les côtes, afin d'attirer dans cette direction une partie des troupes royales; car alors Persée, menacé sur ses derrières, se trouverait forcé, pour défendre l'intérieur de son royaume, de dégarnir quelque endroit de l'Énipée, qui offrirait un passage. Mais le consul, qui avait reconnu l'impossibilité de franchir cette rive inaccessible par sa nature et ses fortifications, garnie sur tous les points de formidables machines, et défendue par des ennemis qu'il savait être plus habiles à lancer des traits et plus sûrs de leurs coups, méditait un tout autre projet. La séance levée, il fait appeler deux marchands perrhébiens, Cénus et Ménophile, hommes dont il avait déjà eu occasion de connaître la prudence et la fidélité, les prend à l'écart, et leur demande de quelle nature sont les passages qui conduisent dans la Perrhébie. Sur leur réponse qu'ils n'étaient pas impraticables, mais que des troupes royales les occupaient, il conçoit l'espoir de pouvoir débusquer ces troupes de leurs positions, en les faisant charger la nuit par un fort détachement, tout à coup et lorsqu'elles s'y attendraient le moins. « En effet, toutes les armes de trait devenaient inutiles dans une attaque nocturne, où l'obscurité ne permettait pas de diriger les coups de loin; au lieu que dans une mêlée, dans un combat corps à corps, l'épée, dont l'usage était si familier au soldat romain, ne pouvait manquer de lui procurer la victoire. » Déterminé à prendre pour guides les deux Perrhébiens, il mande le préteur Octavius, lui fait part de son projet, et lui donne ordre de prendre avec la flotte la direction d'Héraclée, muni de vivres pour mille hommes pendant dix

duces itineris ita dividere viam, ut quarta vigilia tertio die Pythium adoriri possent. Ipse postero die, ut detineret regem ab circumspectu rerum aliarum, prima luce medio in alveo cum stationibus hostium proelium commisit; pugnatumque utrimque est levi armatura: nec gravioribus armis in tam inaequali alveo pugnari poterat. Descensus ripae utriusque in alveum trecentorum ferme passuum erat: medium spatium torrentis, alibi aliter cavati, paullo plus quam mille passus patebat. Ibi in medio, spectantibus utrimque ex vallo castrorum hinc rege, hinc consule cum suis legionibus, pugnatum est. Missilibus procul regia auxilia melius pugnabant; cominus stabilior et tutior, aut parma, aut scuto ligustino, Romanus erat. Meridie fere receptui cani suis consul jussit; ita eo die diremtum proelium est, haud paucis utrimque interfectis. Sole orto postero die, irritatis certamine animis, etiam acrius concursum est: sed Romani, non ab his tantum, cum quibus contractum certamen erat, sed multo magis ab ea multitudine, quae disposita in turribus stabat, omni genere missilium telorum ac saxis maxime vulnerabantur. Ubi propius ripam hostium subissent, tormentis missa etiam ad ultimos perveniebant. Multo pluribus eo die amissis, consul paullo serius recepit suos. Tertio die proelio abstinuit, degressus ad imam partem castrorum,

jours. En même temps, il détache vers Héraclée P. Scipion Nasica et Q. Fabius Maximus son fils, à la tête de cinq mille soldats d'élite, avec la mission apparente d'aller joindre la flotte pour ravager les côtes de la Macédoine intérieure, conformément à l'avis ouvert dans le conseil. Scipion et Fabius furent avertis secrètement, avant leur départ, qu'ils trouveraient des vivres tout prêts sur la flotte, afin qu'aucun obstacle ne les arrêtât; et les guides eurent ordre de régler la marche de manière à ce qu'on pût attaquer Pythium le troisième jour, à la quatrième veille. De son côté, pour empêcher le roi de porter son attention sur un autre point, le lendemain, dès que parut le jour, Émilius engagea un combat, dans le lit même du fleuve, avec les postes avancés des Macédoniens. L'action n'eut lieu qu'entre les troupes légères; car il n'eût pas été possible à des soldats pesamment armés de combattre sur un terrain si inégal. La descente de chaque rive jusqu'au lit était d'environ trois cents pas; et entre elles coulait un torrent, plus ou moins profond, sur une largeur d'un peu plus d'un mille. Ce combat entre les deux rives eut pour spectateurs d'un côté le roi avec ses troupes pesamment armées, de l'autre le consul avec ses légions, les unes et les autres en bataille devant leurs retranchemens. De loin, les archers auxiliaires de Persée avaient l'avantage; mais quand on combattait de près, il était du côté des Romains, les vélites et les Liguriens, armés de boucliers, ayant plus d'aplomb et donnant moins de prise. Vers midi, le consul fit sonner la retraite; et ce fut ainsi que finit ce jour-là le combat, dans lequel ne laissèrent pas de périr de part et d'autre un assez grand nombre d'hommes. Le jour suivant, au lever du

veluti per devexum in mare brachium transitum tentaturus. Perseus, quod in oculis erat, [id tantum cogitans, ad repellendum ea parte hostem omnem curam intendebat, nihil aliud sollicitus. Interim P. Nasica cum attributa sibi manu versus mare Heracleum profectus, postquam eo pervenit, jussis corpora curare militibus, noctem exspectavit. Tum vera consulis mandata præcipuis ducum exposuit, ac, primis se intendentibus tenebris flexo ad montem itinere, ad Pythium, ut imperatum erat, copias silentio ducit. Ubi ventum ad summum cacumen est, quod decem amplius stadia in altitudinem assurgit, fatigatis militibus aliquid requietis datum. Hoc jugum, ut ante dictum est, Milo et Histiæus, et Theogenes a Perseo missi cum quinque millibus Macedonum obtinebant : sed tanta negligentia regiis ducibus erat, ut nemo adventare Romanos senserit. Sopitos aggressus Nasica de jugo facile dejecit, si Polybio fides; ipse enim Nasica in epistola ad quemdam regem longe aliter rem narrat. «Montem arduo adscensu fuisse, sed incustoditum, ita ut saltum occupare nullo negotio potuisset, nisi transfuga cretensis ex iis, quos secum ducebat, ad Persea cucurrisset, eumque docuisset, quid ageretur. Regem ipsum quidem mansisse in castris, sed misisse duo Macedonum, decem auxiliarium millia, Milone duce, ad occupandum saltum. Cum his

soleil, les deux partis, animés par ce premier engagement, se chargèrent avec plus d'acharnement encore; mais les Romains étaient criblés de blessures par une grêle de traits de toute espèce et surtout de pierres, que leur lançaient et ceux avec qui l'action était engagée, et principalement la foule de Macédoniens qui bordait les tours. Pour peu qu'ils approchassent de la rive que défendaient les ennemis, les traits qui partaient des machines atteignaient jusqu'aux derniers rangs. Le consul perdit ce jour-là plus de monde, et rappela les siens plus tard que la veille. Le troisième jour, il s'abstint de livrer un nouveau combat, et se retira vers la partie inférieure de son camp, comme pour tenter le passage du fleuve par celui de ses bras qui penchait vers la mer. Persée, uniquement occupé de ce qui se passait sous ses yeux, mettait tous ses soins à repousser l'ennemi sur ce point, sans s'inquiéter d'aucune autre chose. Cependant P. Scipion Nasica s'était dirigé vers la mer avec le corps dont il avait reçu le commandement. Arrivé près d'Héraclée, il y fit prendre à ses soldats de la nourriture et du repos, et attendit la nuit. Alors il exposa aux principaux chefs les véritables ordres du consul; et, dès que les ténèbres commencèrent à s'épaissir, il tourna du côté de la montagne, puis, ainsi que le consul le lui avait enjoint, conduisit sans bruit les troupes vers Pythium. Arrivé au sommet du mont, qui a plus de dix stades d'élévation, il laissa reposer un peu ses soldats fatigués. Cette cime était, comme il a été dit précédemment, occupée par Milon, Histiée et Théagène, que Persée y avait envoyés avec cinq mille hommes; mais telle était la négligence des généraux du roi, que personne ne s'aperçut de l'approche des Romains.

acerrima pugna in summo jugo concursum esse, atque inter alia sese a thrace milite ferro appetitum, quem ipse adacta per pectus hasta transfixerit. Victos tandem Macedonas loco cessisse, Milonemque ipsum turpissima fuga abjectis armis saluti consuluisse.» Romanis fugientes persequentibus facilis et sine ullo periculo in plana descensus fuit. Hoc rerum statu Perseus ambigere, quid facto opus. Quum, aperta jam per saltum via, metueret, ne circumiretur a Romanis, omnino necesse erat ut aut ad Pydnam recedens hostem ibi exspectaret, sub muris munitæ urbis minore periculo certaturus; aut copiis per urbes Macedoniæ dispersis, convectisque in loca munitiora frugibus atque pecoribus, populatos agros et nudum hosti relinqueret solum. Anceps fluctuabat inter hæc duo consilia regis animus. Amici tutius quoque id, quod honestius foret, rati, hortabantur, ut pugnæ casum opperiretur. «Eum et numero præstare militum, et vero etiam virtuti credere debere, quam ingenitam animis accensura quoque essent illa validissima et sanctissima apud homines ad fortiter pugnandum incitamenta, aræ, foci, sacra, inter quæ et pro quibus dimicandum esset; et parentes ac conjuges, rex denique ipse inspectans, seseque in partem discriminis offerens.» His motus rex ad pugnam sese comparavit, et, quum retrocessisset ad Pydnam, simul castra locat, simul in-

Si l'on en croit Polybe, Nasica surprit les Macédoniens endormis, et les culbuta facilement du haut de la montagne. Mais Nasica, dans une lettre écrite à un roi allié, raconte lui-même la chose d'une manière bien différente. D'après cette lettre, « il avait eu de la peine à gravir la montagne, mais il l'avait trouvée assez négligemment gardée pour pouvoir s'emparer du défilé sans la moindre difficulté, si un transfuge crétois, du nombre de ceux qu'il avait avec lui, n'eût couru informer Persée de ce qui se passait. Le roi, sans sortir du camp, avait détaché Milon à la tête de deux mille Macédoniens et de dix mille auxiliaires, avec ordre de se saisir du défilé. Il avait eu à soutenir contre ces troupes, sur la crête même de la montagne, un combat des plus acharnés. Entre autres particularités, il avait été blessé par un soldat thrace, qu'il avait renversé lui-même d'un coup de lance, dont il l'avait percé à travers la poitrine. Enfin, les Macédoniens vaincus avaient abandonné le terrain, et Milon lui-même, pour se dérober au danger, avait jeté ses armes et fui de la manière la plus honteuse. » Les Romains poursuivirent les fuyards jusque dans la plaine, où ils descendirent sans obstacle et sans aucun péril. Dans cet état de choses, Persée ne savait trop quel parti prendre. Craignant d'être tourné par les Romains, qui venaient de s'ouvrir la route en s'emparant du défilé, il lui fallait, de toute nécessité, ou se replier sur Pydna, et y attendre l'ennemi, pour le combattre avec moins de danger sous les murs d'une ville pourvue de fortifications, ou disperser ses troupes dans les cités de la Macédoine, et transporter dans les places les mieux fortifiées les récoltes et les bestiaux, pour ne laisser à l'ennemi que des campagnes dévastées et un sol nu. L'es-

struit aciem, suum cuique ductorum munus locumque assignat, tamquam statim ex itinere dimicaturus. Regio erat hujusmodi : campus explicandæ phalangi, cui aperta et æquabili planitie opus est, opportunus; non ita tamen, ut facile promoveri posset : perpetui deinde colles, qui levi armaturæ tum refugiendi, tum circumcursandi copiam præberent. Amnes duo, Æsonem alterum, alterum Leucum incolæ appellant, quamvis tenui tum fluerent aqua, aliquid tamen negotii facessere Romanis posse videbantur. Æmilius, junctis cum Nasica copiis, recta ad hostem ire pergit. Verum ad conspectum exercitus, et numero et robore militum validissimi, et egregie instructi et parati ad pugnam, stupefactus substitit, multa secum reputans.

prit du roi flottait incertain entre ces deux partis. Mais ses amis, persuadés que le plus honorable était en même temps le plus sûr, l'exhortaient à tenter la chance d'une bataille. « Il avait plus de troupes que les Romains ; et d'ailleurs, il devait compter sur la valeur naturelle de ses soldats, qu'animerait encore ce qu'il y a de plus puissant sur le cœur des hommes, de plus sacré à leurs yeux, et conséquemment de plus propre à enflammer leur courage, c'est-à-dire ces foyers, ces temples, ces autels, au milieu et pour la défense desquels il leur faudrait combattre; le salut de leurs parens et de leurs épouses ; enfin la présence de leur roi, témoin de leurs efforts, et exposant sa personne aux mêmes dangers. » Cédant à ces représentations, le roi se prépara donc au combat. Il rétrograde jusqu'à Pydna, s'y retranche, met son armée en bataille, et assigne à chacun des chefs son poste et ses fonctions, comme si l'action allait s'engager immédiatement. Or telle était la nature du lieu : s'offrait d'abord une plaine assez étendue pour y développer la phalange, qui demande un terrain ouvert et uni, mais pourtant pas de façon à ce qu'il lui fût aisé de se porter en avant; ensuite régnait une chaîne de collines propres à favoriser ou la retraite ou les manœuvres des troupes légères. Deux rivières, appelées par les habitans l'une Éson, l'autre Leucus, quoique le volume de leurs eaux fût en ce moment peu considérable, paraissaient cependant pouvoir opposer quelque obstacle aux Romains. Émilius, après avoir réuni ses troupes à celles de Nasica, marcha droit à l'ennemi. Mais à la vue d'une armée si redoutable par le nombre et la vigueur des soldats, par son bon ordre et son attitude guerrière, il s'arrêta, saisi d'étonnement, et se livra à des réflexions profondes.

XXXVI. Tempus] anni post circumactum solstitium erat : hora dici jam ad meridiem vergebat : iter multo pulvere et incalescente sole factum erat. Lassitudo et sitis jam sentiebatur, et, meridie instante, magis accessurum utrumque adparebat. Statuit sic adfectos recenti atque integro hosti non objicere. Sed tantus ardor in animis ad dimicandum utrimque erat, ut consuli non minore arte ad suos eludendos, quam ad hostes, opus esset. Nondum omnibus instructis, instabat tribunis militum, ut maturarent instruere : circumibat ipse ordines, animos militum hortando in pugnam accendebat. Ibi primo alacres signum poscebant; deinde, quantum incresceret æstus, et vultus minus vigentes et voces segniores erant, et quidam incumbentes scutis, nisique pilis stabant. Tum jam aperte primis ordinibus imperat, metarentur frontem castrorum, et inpedimenta constituerent. Quod ubi fieri milites sensere, alii gaudere palam, quod fessos viæ labore flagrantissimo æstu non coegisset pugnare ; legati circa imperatorem ducesque externi erant, inter quos et Attalus, omnes adprobantes, quum pugnaturum consulem credebant : neque enim ne his quidem cunctationem aperuerat suam. Tunc mutatione consilii subita quum alii silerent, Nasica unus ex omnibus ausus est monere consulem: « Ne hostem, ludificatum priores imperatores, fugiendo certa-

XXXVI. On avait alors passé le solstice d'été ; il était déjà près de midi ; les troupes avaient marché à l'ardeur du soleil et à travers des tourbillons de poussière ; la fatigue et la soif commençaient à se faire sentir, et, comme on était au milieu du jour, ne pouvaient aller qu'en augmentant. Émilius résolut de ne pas hasarder ses soldats ainsi affaiblis, contre un ennemi exempt de fatigue et de besoin. Mais on était de part et d'autre dans une telle impatience d'en venir aux mains, qu'il ne fallut pas moins d'adresse au consul pour modérer l'impétuosité des siens, que pour éluder l'attaque dont le menaçait l'ennemi. Avant que les troupes eussent achevé de se mettre en ordre, il pressait les tribuns de les former en bataille, parcourait lui-même les rangs, et, haranguant les soldats, augmentait encore en eux l'ardeur de combattre. D'abord ils demandaient le signal en poussant des cris de joie ; mais, à mesure que la chaleur augmentait, leur air devenait moins animé, leur voix faiblissait, et quelques-uns même se penchaient sur leurs boucliers ou s'appuyaient sur leurs javelots. Alors il ordonne hautement aux centurions des premiers rangs de dresser les alignemens du camp et de faire déposer les bagages. Cet ordre est suivi de l'exécution, et une partie des soldats témoignent ouvertement leur joie de ce que le consul ne les contraignait pas à combattre harassés d'une marche pénible et dans la plus forte chaleur du jour. Émilius avait autour de lui ses lieutenans, et les chefs des troupes auxiliaires, entre autres Attale, tous approuvant cette résolution, dans la persuasion où ils étaient que le consul se proposait de livrer bataille ; car il ne s'était ouvert à personne, pas même à eux, des motifs qui le portaient à différer.

men, manibus emitteret. Vereri, ne, si nocte abeat, sequendus maximo labore ac periculo in intima Macedoniæ sit; exercitusque, sicut prioribus ducibus, per calles saltusque macedonicorum montium vagando circumagatur. Se magnopere suadere, dum in campo patenti hostem habeat, adgrediatur, nec oblatam occasionem vincendi amittat.» Consul, nihil offensus libera admonitione tam clari adolescentis. « Et ego, inquit, animum istum habui, Nasica, quem tu nunc habes; et, quem ego nunc habeo, tu habebis. Multis belli casibus didici, quando pugnandum, quando abstinendum pugna sit. Non operæ sit stanti nunc in acie docere, quibus de caussis hodie qui esse melius sit; rationes alias reposcito : nunc auctoritate veteris imperatoris contentus eris.» Conticuit adolescens; haud dubie videre aliqua inpedimenta pugnæ consulem, quæ sibi non adparerent.

XXXVII. Paullus, postquam metata castra inpedimentaque conlocata animadvertit, ex postrema acie triarios primos subducit : deinde principes, stantibus

Frappés de ce changement subit, tous gardaient le silence ; Nasica seul osa prendre la parole et presser le consul « de ne pas laisser échapper de ses mains un ennemi dont l'adresse à éviter tout engagement avait mis en défaut l'expérience des généraux qui l'avaient précédé dans cette guerre. On devait craindre que, s'il décampait à la faveur de la nuit, il ne fallût le suivre avec les plus rudes fatigues et le plus grand péril jusque dans le cœur de la Macédoine, et que l'armée, comme sous les précédens généraux, ne se vît réduite à errer sans fin dans les défilés et les gorges des montagnes que renferme cette contrée. Il l'invitait donc à attaquer les Macédoniens, tandis qu'il les avait devant lui dans une plaine, et à ne pas manquer cette belle occasion de vaincre. » Le consul, sans s'offenser aucunement de la liberté avec laquelle cet illustre jeune homme lui exposait son avis, lui dit : « Et moi aussi, Nasica, j'ai pensé autrefois comme vous pensez maintenant ; un temps viendra où vous aurez ma manière de voir actuelle. Une longue habitude de la guerre m'a appris quand il est nécessaire de combattre, et quand il est à propos de s'en abstenir. Ce n'est pas maintenant, sur le champ de bataille, le moment de vous expliquer pourquoi il vaut mieux rester aujourd'hui dans l'inaction. Plus tard, si vous le voulez, je vous en instruirai ; pour l'instant, qu'il vous suffise de l'autorité d'un vieux général. » Le jeune romain garda le silence, bien persuadé que le consul, pour ne pas combattre, était arrêté par des obstacles qu'il n'envisageait pas.

XXXVII. Paullus, voyant le camp tracé et les bagages mis en place, retira d'abord les triaires de l'arrière-garde, ensuite les princes, tandis que les hastats res-

in prima acie hastatis, si quid hostis moveret : postremo hastatos, ab dextro primum cornu singulorum paullatim signorum milites subtrahens. Ita pedites, equitibus cum levi armatura ante aciem hosti obpositis, sine tumultu abducti : nec ante, quam prima frons valli ac fossa perducta est, ex statione equites revocati sunt. Rex quoque, quum sine detrectatione paratus pugnare eo die fuisset, contentus, quod per hostem moram fuisse pugnae scirent, et ipse in castra copias reduxit. Castris permunitis, C. Sulpicius Gallus tribunus militum secundae legionis, qui praetor superiore anno fuerat, consulis permissu ad concionem militibus vocatis pronunciavit, « nocte proxima, ne quis id pro portento acciperet, ab hora secunda usque ad quartam horam noctis lunam defecturam esse. Id, quia naturali ordine statis temporibus fiat, et sciri ante et praedici posse. Itaque quemadmodum, quia certi solis lunaeque et ortus et occasus sint, nunc pleno orbe, nunc senescentem exiguo cornu fulgere lunam non mirarentur; ita ne obscurari quidem, quum condatur umbra terrae, trahere in prodigium debere. » Nocte, quam pridie nonas septembres insecuta est dies, edita hora luna quum defecisset, romanis militibus Galli sapientia prope divina videri : Macedonas, ut triste prodigium, occasum regni perniciemque gentis portendens, movit : nec ali-

taient en première ligne, attentifs aux mouvemens de l'ennemi ; enfin les hastats, dont les centuries se replièrent successivement en commençant par leur droite. Ainsi tous les fantassins défilèrent et rentrèrent sans tumulte, protégés par la cavalerie et la troupe légère; et la cavalerie elle-même ne quitta son poste qu'après qu'on eût élevé le retranchement destiné à couvrir le front du camp, et creusé le fossé qui devait l'enfermer. De son côté, le roi, qui aurait accepté volontiers la bataille ce jour-là, content de voir les siens convaincus que c'était l'ennemi qui s'y était refusé, fit aussi rentrer ses troupes dans leur camp. Les retranchemens achevés, C. Sulpicius Gallus, tribun des soldats de la seconde légion, et qui avait été préteur l'année précédente, convoqua les soldats avec la permission du consul, et les prévint « que, la nuit suivante, ce qu'il ne faudrait point regarder comme un prodige, la lune disparaîtrait depuis la seconde heure de la nuit jusqu'à la quatrième. C'était un phénomène qui arrivait périodiquement par des causes toutes naturelles, et qui pouvait se calculer et se prédire aussi sûrement que le lever et le coucher du soleil et de la lune. Ainsi, puisque les différentes phases de cette dernière, tantôt dans son plein, tantôt sur son déclin, et réduite au simple croissant, ne leur causaient aucune surprise; de même son obscurité, occasionée par l'interposition de la terre, ne devait pas être considérée par eux comme un prodige. » La nuit qui précéda le premier jour des nones de septembre, la lune étant venue à s'éclipser à l'heure indiquée, les soldats romains regardèrent Gallus comme un sage inspiré par les dieux; les Macédoniens, au contraire, virent dans cet obscurcissement de la lune un triste présage, annonçant la ruine du royaume et la

ter vates ; clamor ululatusque in castris Macedonum fuit, donec luna in suam lucem emersit. Postero die tantus utrique ardor exercitui ad concurrendum fuerat, ut et regem et consulem suorum quidam, quod sine prœlio discessum esset, accusarent. Regi promta defensio erat, non eo solum, quod hostis prior, aperte pugnam detrectans, in castra copias reduxisset; sed etiam, quod eo loco signa constituisset, quo phalanx, quam inutilem vel mediocris iniquitas loci efficeret, promoveri non posset. Consul ad id, quod pridie prætermisisse pugnandi occasionem videbatur, et locum dedisse hosti, si nocte abire vellet, tunc quoque per speciem inmolandi terere videbatur tempus, quum luce prima signum propositum pugnæ ad exeundum in aciem fuisset. Tertia demum hora, sacrificio rite perpetrato, ad consilium vocavit; atque ibi, quod rei gerendæ tempus esset, loquendo et intempestive consultando videbatur quibusdam extrahere: post sermones tamen consul orationem habuit.

XXXVIII. « P. Nasica, egregius adolescens, ex omnibus unus, quibus hesterno die pugnari placuit, denudavit mihi suum consilium : idem postea, ita ut transisse in sententiam meam videri posset, tacuit. Quibus-

perte de la nation, d'autant plus qu'il se trouvait entièrement conforme aux prédictions de leurs devins. Aussi des cris et des hurlemens retentirent dans le camp macédonien, jusqu'à ce que la lune eût recouvré sa lumière. L'ardeur des deux armées était si vive, que, le lendemain, quelques-uns firent au consul et au roi de vifs reproches de ce qu'ils avaient laissé passer le jour précédent sans engager de combat. Il était facile au roi de se justifier, en alléguant, non-seulement que l'ennemi avait ouvertement refusé d'en venir aux mains, puisqu'il avait ramené le premier ses troupes dans son camp, mais même que la phalange, à laquelle la moindre inégalité de terrain faisait perdre tout son avantage, s'était trouvée dans une position où elle ne pouvait se déployer. Le consul, à qui l'on reprochait déjà d'avoir, la veille, laissé échapper l'occasion de combattre, et donné à l'ennemi la facilité de se retirer, s'il eût voulu en profiter durant la nuit, semblait mériter ces reproches, en ayant l'air de s'occuper d'un sacrifice pour passer le temps dans l'inaction, quoique le signal de sortir du camp, pour se former en bataille et marcher à l'ennemi, eût été donné dès le point du jour. Enfin, vers la troisième heure, le sacrifice étant régulièrement offert, il assembla son conseil; et alors même, il parut à quelques-uns perdre, en paroles et en délibérations intempestives, un temps qu'il eût dû employer à agir. A la suite de ces murmures, le consul ne laissa pas de prononcer un discours, et s'exprima en ces termes.

XXXVIII. « De tous ceux qui jugeaient hier qu'il fallait combattre, P. Nasica, jeune homme d'un rare courage, a été le seul qui n'ait pas balancé à me découvrir sa pensée; et s'il a ensuite gardé le silence, il l'a

dam aliis absentem carpere imperatorem, quam praesentem monere, melius visum est. Et tibi, P. Nasica, et quicumque idem, quod tu, occultius senserunt, non gravabor reddere dilatae pugnae rationem. Nam tantum abest, ut me hesternae quietis poeniteat, ut servatum a me exercitum eo consilio credam; in qua me opinione esse ne quis sine caussa vestrum credat, recognoscat, agedum, mecum, si videtur, quam multa pro hoste et adversus nos fuerint. Jam omnium primum, quantum numero nos praestent, neminem vestrum nec ante ignorasse, et hesterno die explicatam intuentes aciem animadvertisse, certum habeo. Ex hac nostra paucitate quarta pars militum praesidio inpedimentis relicta erat : nec ignavissimum quemque relinqui ad custodiam sarcinarum scitis. Sed fuerimus omnes; parvum hoc tandem esse credimus, quod ex his castris, in quibus hac nocte mansimus, exituri in aciem hodierno aut summum crastino die, si ita videbitur, diis bene juvantibus, sumus? Nihilne interest, utrum militem, quem neque viae labor hodie, neque operis fatigaverit, requietum, integrum in tentorio suo arma capere jubeas, atque in aciem plenum virium, vigentem et corpore et animo educas? an longo itinere fatigatum, et onere fessum, madentem sudore, ardentibus siti faucibus, ore atque oculis repletis pulvere, torrente meridiano sole, hosti

fait de manière à donner lieu de présumer qu'il se rangeait à mon avis. D'autres ont mieux aimé blâmer leur général en son absence, que de lui déclarer en face leur sentiment. Aujourd'hui, je ferai connaître sans la moindre répugnance les motifs de ce délai, à vous, P. Nasica, et à tous ceux qui, pensant comme vous, ont été beaucoup plus circonspects; car, loin de me repentir de mon inaction d'hier, je crois que ma résolution a sauvé l'armée. Pour que personne d'entre vous ne puisse douter que ma conviction à cet égard est fondée sur de bonnes raisons, eh bien! que chacun de vous examine avec moi, s'il lui plaît, combien l'ennemi avait de chances en sa faveur, et combien nous en avions contre nous. D'abord aucun de vous n'ignorait antérieurement à quel point les Macédoniens nous surpassent en nombre; et, certes, hier vous avez tous pu vous en convaincre en voyant l'armée macédonienne rangée en bataille. De nos forces, déjà si inférieures, un quart avait été laissé à la garde des bagages : or, vous savez que cette garde ne se confie point aux plus lâches. Mais quand nous aurions été tous présens, pouvons-nous regarder comme un faible avantage de n'avoir qu'à sortir, aujourd'hui, ou demain au plus tard, de ce camp dans lequel nous avons passé tranquillement la nuit, pour marcher au combat, si la circonstance paraît opportune, et avec la protection des dieux? N'y a-t-il aucune différence entre des soldats qui ne sont fatigués ni par la marche, ni par les travaux du jour, que l'on fait s'armer à loisir dans leurs tentes, que l'on mène au combat pleins de vigueur et de courage, et des hommes exténués par une longue route, accablés sous le poids de leurs fardeaux, baignés de sueur, tourmentés d'une soif

objicias recenti, requieto, qui nulla re ante consumtas vires ad proelium adferat? Quis, pro deum fidem! ita comparatus, vel iners atque inbellis, fortissimum virum non vicerit? Quid? quod hostes per summum otium instruxerant aciem, reparaverant animos, stabant compositi suis quisque ordinibus? nobis tunc repente trepidandum in acie instruenda erat, et incompositis concurrendum?

XXXIX. « At, hercule, aciem quidem inconditam inordinatamque habuissemus : castra munita, provisam aquationem, tutum ad eam iter præsidiis inpositis, explorata circa omnia; an nihil nostri habentes præter nudum campum, in quo pugnaremus? Majores vestri castra munita portum ad omnes casus exercitus ducebant esse ; unde ad pugnam exirent, quo jactati tempestate pugnæ receptum haberent : ideo, quum munimentis ea sepsissent, præsidio quoque valido firmabant ; quod, qui castris exutus erat, etiamsi pugnando acie vicisset, pro victo haberetur : castra sunt victori receptaculum, victo perfugium. Quam multi exercitus, quibus minus prospera pugnæ fortuna fuit, intra vallum compulsi, tempore suo, interdum momento post, eruptione facta, victorem hostem pepulerunt? patria altera est militaris hæc sedes, vallumque pro mœnibus, et

dévorante, étouffés, aveuglés de poussière, brûlés par le soleil du midi, que l'on met en présence d'un ennemi frais, dispos, et qui apporte au combat des forces que rien n'a diminuées auparavant? En pareil cas, j'en atteste les dieux! un soldat qui n'aura même ni énergie ni penchant à se battre, ne vaincra-t-il pas l'homme le plus courageux? Quoi! ne doit-on pas considérer que les ennemis avaient eu tout le temps de se mettre en bataille, de reprendre haleine, et de placer chacun à son poste; tandis que nous, il nous fallait former nos rangs à la hâte, à l'instant même, et marcher en désordre au combat?

XXXIX. « Mais, ne manquera-t-on pas de m'objecter, en admettant que l'ordre de bataille n'eût point été exempt de tumulte et de confusion, n'avions-nous pas un camp bien fortifié, la certitude de ne pas manquer d'eau, certitude que nous garantissaient les postes établis de distance en distance jusqu'à la rivière; enfin, tout le pays d'alentour n'avait-il pas été reconnu par nous? Je demande, moi, avions-nous rien de plus qu'un sol pour combattre? Nos ancêtres regardaient un camp retranché comme un port à l'abri duquel une armée est toujours en sûreté, d'où les troupes sortent pour aller au combat, et où elles trouvent un refuge après la tourmente d'une bataille. Aussi, ne se bornant pas à l'entourer de retranchemens, ils le faisaient garder par un fort détachement, en sorte que celui qui se laissait enlever son camp était réputé vaincu, bien qu'il fût demeuré vainqueur sur le champ de bataille. En effet, un camp est une retraite après la victoire, un asile après la défaite. Combien d'armées qui, repoussées jusque dans leur camp, à la suite d'un combat dont la

tentorium suum cuique militi domus ac penates sunt. Sine ulla sede vagi dimicassemus, ut quo victores nos reciperemus? His difficultatibus et inpedimentis pugnæ illud obponitur. Quid si hostis hac interposita nocte abisset, quantum rursus sequendo eo penitus in ultimam Macedoniam exhauriendum laboris erat? Ego autem, neque mansurum eum, neque in aciem copias educturum fuisse, certum habeo, si cedere hinc statuisset; quanto enim facilius abire fuit, quum procul abessemus, quam nunc, quum in cervicibus sumus? Nec falleret nos, nec interdiu nec nocte abeundo. Quid autem est nobis optatius, quam ut, quorum castra, præalta fluminis ripa tuta, vallo insuper septa ac crebris turribus, obpugnare adorti sumus, eos, relictis munimentis, agmine effuso abeuntes, in patentibus campis ab tergo adoriamur? Hæ dilatæ pugnæ ex hesterno die in hodiernum caussæ fuerunt. Pugnare enim et ipsi mihi placet; et ideo, quia per Enipeum amnem septa ad hostem via erat, alio saltu, dejectis hostium præsidiis, novum iter aperui: neque prius, quam debellavero, absistam. »

chance ne leur avait pas été favorable, ont, soit après y avoir attendu l'occasion de reprendre avantageusement l'offensive, soit après en être sorties tout à coup au bout de quelques instans, mis à leur tour en déroute l'ennemi victorieux? Cette habitation militaire est la seconde patrie des soldats, les palissades leur tiennent lieu de murailles, et chacun d'eux a dans sa tente son domicile et ses pénates. Si nous en fussions venus aux mains comme des vagabonds qui n'ont aucun refuge, quel lieu nous eût servi de retraite après la victoire? Voici ce qu'on oppose à ces difficultés, et aux motifs puissans qui m'ont porté à différer la bataille. Quel contre-temps n'eût-ce pas été pour l'armée, si l'ennemi eût profité de cette nuit pour s'éloigner, et combien n'eût-on pas essuyé de fatigues à le poursuivre de nouveau jusque dans le cœur de la Macédoine? Mais moi, je tiens pour certain que, si son dessein eût été de quitter ce lieu, il ne nous aurait pas attendus et ne serait pas venu se ranger en bataille devant nous. Combien, en effet, ne lui était-il pas plus facile de se retirer lorsque nous étions éloignés, que maintenant qu'il nous a en face? Sa fuite ne pourrait tromper notre vigilance ni le jour, ni la nuit. Au surplus, que pourrions-nous désirer de mieux que de le poursuivre s'éloignant de ses retranchemens, fuyant dans le plus grand désordre, et de tomber sur ses derrières en rase campagne; au lieu d'entreprendre de forcer son camp, protégé par les bords escarpés d'une rivière, entouré de palissades, et flanqué de nombreuses tours. Voilà les motifs qui m'ont déterminé à différer d'hier à aujourd'hui la bataille : car, et moi aussi, j'ai le désir de combattre ; et comme l'Énipée fermait la route pour arriver

XL. Post hanc orationem silentium fuit, partim traductis in sententiam ejus, partim verentibus nequidquam offendere in eo, quod, utcumque prætermissum, revocari non posset. Ac ne illo ipso quidem die, aut consule, aut rege (rege, quod nec fessos, ut pridie, ex via, neque trepidantes in acie instruenda et vixdum compositos adgressurus erat; consule, quod in novis castris non ligna, non pabulum convectum erat, ad quæ petenda ex propinquis agris magna pars militum e castris exierat) neutro imperatorum volente. Fortuna, quæ plus consiliis humanis pollet, contraxit certamen. Flumen erat haud magnum propius hostium castris, ex quo et Macedones et Romani aquabantur, præsidiis ex utraque ripa positis, ut id facere tuto possent. Duæ cohortes a parte Romanorum erant, Marrucina et Peligna; duæ turmæ samnitium equitum, quibus præerat M. Sergius Silus legatus : et aliud pro castris stativum erat præsidium sub C. Cluvio legato, tres cohortes, Firmana, Vestina, Cremonensis ; duæ turmæ equitum, Placentina et Æsernina. Quum otium ad flumen esset, neutris lacessentibus, hora circiter

à l'ennemi, j'en ai ouvert une nouvelle, en chassant d'un défilé confié à leur garde les postes des Macédoniens, et je ne cesserai de poursuivre l'armée de Persée, qu'après avoir terminé la guerre par un engagement décisif. »

XL. A ce discours succéda un profond silence, les uns entrant dans la manière de voir du consul, les autres craignant de le blesser mal-à-propos par d'inutiles regrets sur l'occasion dont, à tort ou à raison, il n'avait pas voulu profiter. Ce jour-là même encore, ni le consul, ni le roi n'avaient le désir de combattre (le roi, parce qu'il ne s'agissait plus, comme la veille, d'attaquer des troupes fatiguées d'une longue marche, et obligées de se ranger en bataille à la hâte et tumultueusement; le consul, parce que son camp était à peine achevé, et que, la provision de bois et de fourrage n'étant pas encore faite, une grande partie des soldats avaient quitté le camp pour en aller chercher dans les campagnes voisines) : mais, nonobstant la répugnance des deux chefs, la fortune, plus puissante que les combinaisons humaines, engagea l'action. Entre les deux armées coulait une petite rivière, plus voisine du camp des ennemis, où les Macédoniens et les Romains allaient puiser de l'eau, protégés par des détachemens placés, à cet effet, sur les deux rives. Du côté des Romains, le bord de la rivière était gardé par deux cohortes, la Marrucine et la Pélignienne, et deux turmes de cavaliers samnites, que commandait M. Sergius Silus, un des lieutenans d'Émilius. De plus, C. Cluvius, autre lieutenant du consul, couvrait le camp avec trois cohortes, la Firmane, la Vestine et la Crémonaise, et deux turmes de cavaliers, l'une tirée de Plaisance et l'autre d'Ésernie. Les

nona jumentum, e manibus curantium elapsum, in ulteriorem ripam effugit; quod quum per aquam, ferme genutenus altam, tres milites sequerentur, Thraces duo id jumentum ex medio alveo in suam ripam traherent: altero eorum occiso, receptoque eo jumento, ad stationem suorum se recipiebant. Octingentorum Thracum præsidium in hostium ripa erat; ex his pauci primo, ægre passi popularem in suo conspectu cæsum, ad persequendos interfectores fluvium transgressi sunt: dein plures, postremo omnes, et cum præsidio, [quod a parte Romanorum ripam defendebat, manum conseserunt. Non desunt auctores, qui ipsius Paulli jussu equum detracto freno impulsum scribant in hostilem ripam, emissosque, qui retraherent, ut hostes pugnam priores lacesserent. Etenim cum viginti cæsis hostiis litatum non esset, tandem læta vigesimæ primæ exta aruspices ita renunciaverant, ut, Romanis non lacessentibus, sed defendentibus sese, victoriam promitterent. Ceterum, sive consilio ducis, sive casu, ab hoc certe initio commissa pugna, aliis super alios ad ferendam suis opem utrimque advolantibus, brevi ita accensa est, ut duces cogerentur descendere in universum summæ rei discrimen. Æmilius enim, tumultu concurrentium audito, prætorio egressus, postquam cæcum ruentium ad arma inpetum revocare aut sistere

détachemens stationnaient fort tranquillement de chaque côté de la rivière, lorsque, sur la neuvième heure, un cheval, échappé aux Romains, s'enfuit vers la rive opposée. Trois soldats le poursuivent, entrent dans l'eau jusqu'aux genoux, l'arrachent à deux Thraces qui voulaient l'emmener du milieu de la rivière sur leur bord, tuent l'un des deux, reviennent avec le cheval et rejoignent leur poste. Le bord opposé était gardé par huit cents Thraces; quelques-uns d'entre eux, irrités de la mort de leur camarade, tué sous leurs yeux, traversent la rivière pour atteindre ses meurtriers : ils sont suivis d'un plus grand nombre, enfin de tous, et le combat s'engage avec le corps de troupes qui défendait la rive du côté des Romains. Plusieurs auteurs rapportent que ce fut par l'ordre même de Paullus qu'un cheval débridé fut lâché vers la rive ennemie, et que des soldats furent envoyés à sa poursuite, afin que les Macédoniens devinssent les agresseurs. En effet, on avait déjà immolé vingt victimes sans pouvoir espérer que les dieux seraient favorables, lorsque les aruspices trouvèrent enfin, dans les entrailles de la vingt-unième, des présages satisfaisans, et promirent la victoire aux Romains, s'ils n'attaquaient pas, et ne faisaient que se défendre. Au reste, que ce fût calcul de la part du général, que ce fût un pur effet du hasard, il est certain que le combat s'engagea de cette manière; et comme, de chaque côté, les uns accouraient après les autres au secours des leurs, l'action devint bientôt si animée, que les chefs se trouvèrent dans la nécessité de risquer une bataille générale et décisive. Émilius, au bruit de ceux qui couraient au combat, était sorti de sa tente;

nec facile nec tutum videbatur, utendum ardore militum, et casum in occasionem vertendum putavit. Educit itaque copias castris, et ordines interequitans hortatur, ut expetitam tantopere pugnam pari ardore capesserent. Simul Nasica præmissus ad explorandum, quo in statu res essent inter primam cientes pugnam, adventare instructo exercitu Perseum nunciavit. Primi Thraces incedebant, truci vultu, corpore procero, splendentibus miro candore clypeis lævam protecti. Humerum utrumque nigra vestiebat chlamys: ab dextro immanem pondere frameam identidem coruscabant. Juxta Thracas constitere mercede conducta auxilia, diverso inter se pro diversis nationibus armatu habituque: in his et Pæones fuere. Subibat agmen Macedonum ipsorum, quam Leucaspidem phalangem appellabant; delecti quotquot robore ac virtute præstabant, fulgentes auratis armis sagisque puniceis. Ea media acies fuit. Hos sequebantur, quos ab æreis lucidisque clypeis Chalcaspidas dicebant, aut Aglaspidas. Hæc phalanx juxta alteram in dextro cornu locata est. Præter hanc utramque phalangem, quod præcipuum robur erat macedonici exercitus, cætrati, Macedones et ipsi, sarissas gerentes, quemadmodum phalangitæ, cetera levius armati, in cornua divisi erant, ante reliquam aciem projecti et eminentes. Fulgebat campus armorum splendore: clamoribus co-

mais, prévoyant qu'il ne serait ni facile, ni sûr de chercher à réprimer ou à contenir l'aveugle impétuosité de ceux qui se précipitaient sur leurs armes, il crut devoir utiliser ce vif empressement du soldat, et saisir l'occasion que lui offrait le hasard. Il conduit donc les troupes hors du camp, parcourt les rangs à cheval, et exhorte les soldats à montrer, pendant ce combat qu'ils avaient tant désiré, une ardeur pareille à celle qu'ils manifestaient présentement. En même temps, il détache Nasica pour reconnaître ce qui se passait à la première ligne; et bientôt celui-ci revient annoncer que Persée s'avance avec son armée rangée en bataille. En tête de cette armée marchaient les Thraces, joignant à une haute stature un air farouche, et portant à leur bras gauche des boucliers d'une éclatante blancheur. Une chlamyde noire leur couvrait les épaules; de la main droite ils brandissaient de temps à autre une framée d'une énorme pesanteur. Près des Thraces étaient les auxiliaires à la solde de Persée; l'armure et l'habillement de ces derniers variaient suivant les divers usages des nations auxquelles ils appartenaient : parmi eux étaient les Péoniens. Après les auxiliaires venait un corps de troupes macédoniennes, nommé la phalange Leucaspide; il était composé de soldats d'élite, que l'on reconnaissait à l'éclat de leurs armes dorées et de leurs saies rouges. Ce corps occupait le centre. Suivait une autre phalange, nommée Chalcaspide, ou Aglaspide, à cause de ses boucliers d'airain poli; elle était, ainsi que la première, placée à l'aile droite. Outre ces deux phalanges, qui constituaient la principale force de l'armée macédonienne, étaient jetés sur les ailes, mais en avant du corps de bataille, les autres soldats macédo-

hortantium sese invicem vicini colles personabant. Harum omnium copiarum prodeuntium in pugnam ea fuit celeritas et audacia, ut, qui primi interfecti sunt, ad ducentos et quinquagenta passus a romanis castris caderent. Progrediebatur interim Æmilius; utque adspexit quum reliquos Macedonas, tum eos, qui in phalangem contributi erant, partim clypeis, partim cætris ex humero detractis, inclinatisque uno signo sarissis, excipientes Romanorum impetum, admiratus et illam densatorum agminum firmitatem, et vallum protentis sarissis horrens, stupore simul ac terrore perculsus est, tamquam non aliud umquam tam terribile spectaculum conspicatus; ac postea id sæpius commemorare et præ se ferre solitus est. Tum vero sedulo dissimulans perturbati animi motum, vultu sereno ac secura fronte, et capite et corpore intacto aciem instruebat. Jam pugnabant Peligni adversus oppositos sibi cætratos, quumque diu multumque connisi perrumpere confertum agmen non possent, Salius, qui Pelignos ducebat, arreptum signum in hostes misit. Hic ingens accensum certamen est, dum hinc Peligni ad recipiendum signum, hinc Macedones ad retinendum, summa ope nituntur. Illi prælongas Macedonum hastas aut ferro incidere, aut unbone inpellere, aut nudis etiam interdum manibus avertere. Hi ambabus firmiter comprehensas tanta vi adigere

niens portant des sarisses comme les phalangites, mais, du reste, plus légèrement armés. La plaine étincelait de l'éclat des armes, et les collines des environs retentissaient des cris des soldats qui s'animaient mutuellement. Toutes ces troupes marchèrent au combat avec tant de promptitude et d'audace, que les premiers qui furent tués ne tombèrent qu'à deux cent cinquante pas du camp romain. Cependant Émilius s'avançait de son côté. Lorsqu'il vit les soldats de la phalange, ainsi que le reste des Macédoniens, se couvrir de leurs boucliers et baisser leurs sarisses au premier signal, pour recevoir le choc des Romains, l'aspect de ces rangs serrés et presque impénétrables, de ce rempart hérissé de piques, le frappa d'une surprise mêlée d'effroi ; et il lui arriva souvent, depuis, de rappeler ce qu'il avait éprouvé en lui-même dans cette circonstance, et de déclarer que jamais spectacle aussi formidable ne s'était offert à ses regards. Mais alors, dissimulant avec soin le trouble de son âme sous un air calme et serein, il rangea son armée en bataille sans casque ni cuirasse. Déjà les Péligniens étaient aux prises avec les troupes armées de légers boucliers, qu'ils avaient en face, sans pouvoir, malgré tous leurs efforts, entamer cette masse serrée. Alors Salius, qui commandait les Péligniens, saisit un étendart et le lance au milieu des ennemis. Aussitôt le combat redouble d'acharnement, les Péligniens faisant des efforts inouïs pour recouvrer leur enseigne, les Macédoniens pour la retenir. Les Péligniens tâchent de couper avec leurs épées les longues piques des Macédoniens, ou de les repousser avec leurs boucliers, ou de les détourner avec la main ; mais ces derniers, tenant fortement leurs piques des deux mains, les poussent avec

in temere ac furore cæco ruentes, ut, transfossis scutis loricisque, transfixos etiam homines super capita projicerent. Sic profligatis Pelignorum primis ordinibus, cæduntur quoque, qui post illos steterant; atque, etsi nondum confessa fuga, pedem referebant tamen montem versus, Olocrum indigenæ vocant. Hic vero exarsit Æmilio dolor, ut etiam ex indignatione paludamentum scinderet. Nam et in ceteris locis videbat cunctari suos, timideque accedere ad illam velut ferream sepem, qua undique acies macedonica inhorrebat. Sed animadvertit peritus dux, non stare undique confertam illam hostium velut compagem, eamque dehiscere identidem quibusdam intervallis, sive ob inæqualitatem soli, sive ob ipsam porrectæ in immensum frontis longitudinem, dum qui superiora occupare conantur ab inferiora tenentibus, vel tardiores a citatioribus, et progredientes a subsistentibus, instantes denique hosti ab inpulsis, inviti licet, necessario divelluntur. Ergo ut omnino rumperet ordinem hostium, et inexpugnabilem illam universæ phalangis vim in multa minutatim prœlia carperet, imperat suis, ut intenti quacumque rimas agere hostilem aciem viderint, illuc quisque inpetu inferantur, seque cuneatim in hiantia vel tantillum spatia insinuantes strenue rem agant. Hoc edito imperio, et per totum exercitum circumlato, ipse alteram e legionibus in] prœlium ducit.

tant de force contre leurs adversaires s'élançant témérairement et avec une aveugle fureur, qu'ils percent à la fois les cuirasses, les boucliers et les hommes mêmes, qu'ils renversent les uns sur les autres. Les premiers rangs des Péligniens ainsi culbutés, ceux qui se trouvaient derrière eurent bientôt le même sort, et le corps entier, sans être encore en pleine déroute, lâche pied et se retire vers une montagne que les naturels du pays appellent Olocrus. Alors Émilius éprouva un tel mouvement de colère et d'indignation, qu'il déchira son manteau; car, indépendamment de cet échec, il voyait, sur les autres points, les siens hésiter et n'approcher qu'avec frayeur de cette espèce de haie de fer qui couvrait de tous côtés l'armée macédonienne. Mais, en chef habile, il s'aperçoit bientôt que cette masse d'ennemis n'est pas également serrée partout, et qu'elle présente, de temps en temps, quelques ouvertures occasionnées ou par l'inégalité du terrain, ou par son développement sur un front d'une immense étendue. En effet, le flottement progressif de la tête et de la queue, la fougue des plus emportés et la circonspection des traîneurs, la marche des uns et l'immobilité des autres, l'élan de ceux qui chargent l'ennemi et le mouvement rétrograde de ceux qui plient, sont autant de causes qui font rompre, malgré eux, aux Macédoniens, la continuité de leur ligne. Afin donc de déconcerter tout-à-fait la tactique des ennemis, et d'affaiblir, par des combats partiels, cette phalange dont la masse offrait un inexpugnable rempart, il ordonne aux siens de se jeter, en formant le coin, dans tous les vides qu'offriront à leurs yeux les rangs ennemis, de pénétrer ainsi dans les moindres intervalles, et d'y agir avec vigueur.

XLI. Movebat imperii majestas, gloria viri, ante omnia ætas, quod major sexaginta annis juvenum munia in parte præcipua laboris periculique capessebat. Intervallum, quod inter cætratos et phalanges erat, implevit legio, atque aciem hostium interrupit. A tergo cætratis erat, frontem adversus clypeatos habebat : Chalcaspides adpellabantur. Secundam legionem L. Albinus consularis ducere adversus Leucaspidem phalangem jussus : ea media acies hostium fuit. In dextrum cornu, unde circa fluvium commissum prœlium erat, elephantos inducit, et alas sociorum; et hinc primum fuga Macedonum est orta. Nam sicut pleraque nova commenta mortalium in verbis vim habent, experiendo, quum agi, non, quemadmodum agantur, edisseri, oportet, sine ullo effectu evanescunt; ita tum elephanti in acie nomen tantum sine usu fuerunt. Elephantorum inpetum subsecuti sunt socii nominis latini, pepuleruntque lævum cornu. In medio secunda legio inmissa dissipavit phalangem; neque ulla evidentior causa victoriæ fuit, quam quod multa passim prœlia erant, quæ fluctuantem turbarunt primo, deinde disjecerunt phalangem : cujus confertæ et intentis horrentis hastis intolerabiles vires sunt. Si carptim adgrediendo circumagere inmobilem longitudine et gravitate hastam cogas,

Cet ordre donné et communiqué à toute l'armée, il conduit lui-même à l'ennemi la seconde légion.

XLI. La majesté du commandement, la gloire du général, et surtout son âge, enflammaient l'ardeur du soldat, qui le voyait, à soixante ans passés, le premier à partager, avec les jeunes gens, les fatigues et les dangers. La légion remplit l'intervalle qui se trouvait entre les phalanges et les troupes armées de petits boucliers, et rompit la ligne des ennemis. Elle prit à revers ces dernières, tandis qu'elle avait en tête les phalangites nommés Chalcaspides. L. Albinus, personnage consulaire, eut ordre de conduire cette seconde légion contre la phalange Leucaspide, qui formait le centre de l'armée ennemie. Émilius fit avancer à l'aile droite, qui avait engagé le combat sur les bords du fleuve, les éléphans et la cavalerie des alliés ; et ce fut de ce côté que les Macédoniens commencèrent à lâcher pied. Les éléphans, dans cette circonstance, ne furent d'aucun usage et ne servirent que d'épouvantail. Il en fut d'eux comme de la plupart des inventions humaines, dont la théorie séduit, mais dont on ne tarde pas à reconnaître l'inutilité, lorsqu'il est question d'agir, et non de disserter sur les moyens de les mettre en pratique. Au surplus, la charge des éléphans, secondée par les alliées du nom latin, enfonça l'aile gauche. Au centre, la manœuvre de la seconde légion rompit la phalange. Rien ne contribua plus à décider la victoire que ces combats partiels et multipliés, qui commencèrent par jeter le désordre dans les rangs de la phalange, et finirent par la mettre en déroute. Une phalange est d'une force irrésistible, tant qu'elle demeure serrée, et présente un front hérissé de piques : mais, si des attaques dirigées contre elle de plusieurs

confusa strue inplicantur: si vero aut ab latere, aut ab tergo aliquid tumultus increpuit, ruinæ modo turbantur; sicut tum adversus catervatim incurrentes Romanos, et interrupta multifariam acie, obviam ire cogebantur: et Romani, quacumque data intervalla essent, insinuabant ordines suos. Qui, si universa acie in frontem adversus instructam phalangem concurrissent, quod Pelignis, principio pugnæ incaute congressis adversus cætratos, evenit, induissent se hastis, nec confertam aciem sustinuissent.

XLII. Ceterum sicut peditum passim cædes fiebant, nisi qui abjectis armis fugerunt; sic equitatus prope integer pugna excessit. Princeps fugæ rex ipse erat; jam a Pydna cum sacris alis equitum Pellam petebat: confestim eos Cotys sequebatur Odrysarumque equitatus: ceteræ quoque Macedonum alæ integris abibant ordinibus; quia interjecta peditum acies, cujus cædes victores tenebant, inmemores fecerat sequendi equites. Diu phalanx a fronte, a lateribus, ab tergo cæsa est: postremo, qui ex hostium manibus elapsi erant, inermes ad mare fugientes, quidam aquam etiam ingressi, manus ad eos, qui in classe erant, tendentes, suppliciter

côtés à la fois l'obligent à quelque conversion, les piques longues et pesantes dont sont armés les phalangites occasionent du désordre et de la confusion dans leurs mouvemens; et, à la moindre alarme sur les flancs ou sur les derrières, les rangs, culbutés les uns sur les autres, offrent l'image d'une déroute. C'est ce qui arriva en cette occasion, où la nécessité de repousser les ennemis, qui attaquaient par détachemens, obligea les phalangites de s'ouvrir en beaucoup d'endroits, et de prêter le flanc aux Romains, qui s'insinuaient par tous les intervalles; au lieu que, si les Romains eussent attaqué la phalange de front sur toute sa ligne, comme cela était arrivé aux Péligniens, qui, au commencement du combat, avaient chargé sans précaution les troupes armées de légers boucliers, ils se seraient enferrés, et ils n'auraient pu résister à la masse serrée des phalangites.

XLII. Au reste, si les fantassins furent taillés en pièces de tous côtés, à l'exception d'un petit nombre qui jetèrent leurs armes et se mirent à fuir, la cavalerie se retira presque sans aucune perte. Le roi donna le premier l'exemple de la fuite, et, de Pydna, se dirigea vers Pella avec les cavaliers de sa garde, qui furent aussitôt suivis de Cotys et de la cavalerie des Odryses. Le reste de la cavalerie macédonienne opéra sa retraite sans rompre ses rangs, parce que l'acharnement des vainqueurs après les fantassins, qui se trouvaient entre eux et les cavaliers, leur fit oublier de poursuivre ceux-ci. La phalange fut long-temps hachée en tête, en flanc et en queue : enfin, ceux qui échappèrent au fer de l'ennemi jetèrent leurs armes et s'enfuirent du côté de la mer; plusieurs même entrèrent dans l'eau, et, tendant

vitam orabant; et quum scaphas concurrere undique ab navibus cernerent, ad excipiendos sese venire rati, ut caperent potius, quam occiderent, longius in aquam, quidam etiam natantes, progressi sunt. Sed quum hostiliter e scaphis cæderentur, retro, qui poterant, nando repetentes terram, in aliam fœdiorem pestem incidebant; elephanti enim, ab rectoribus ad litus acti, exeuntes obterebant elidebantque. Facile conveniebat, Romanis numquam una acie tantum Macedonum interfectum. Cæsa enim ad viginti millia hominum sunt : ad sex millia, qui Pydnam ex acie perfugerant, vivi in potestatem pervenerunt ; et vagi ex fuga quinque millia hominum capta. Ex victoribus ceciderunt non plus centum, et eorum multo major pars Peligni; vulnerati aliquanto plures sunt. Quod si maturius pugnari cœptum esset, ut satis diei victoribus ad persequendum superesset, deletæ omnes copiæ forent: nunc inminens nox et fugientes texit, et Romanis pigritiem ad sequendum locis ignotis fecit.

XLIII. Perseus ad Pieriam silvam via militari, frequenti agmine equitum et regio comitatu, fugit. Simul in silvam ventum est, ubi plures diversæ semitæ erant, et nox adpropinquabat; cum perpaucis maxime fidis via devertit. Equites, sine duce relicti, alii alia in civitates

les mains vers les soldats qui étaient sur la flotte, leur demandaient humblement la vie. En voyant s'avancer les esquifs envoyés de tous les navires, persuadés qu'on vient les recueillir, et qu'on veut les prendre plutôt que les tuer, ils s'avancent davantage dans la mer, quelques-uns même se mettent à nager; mais comme, lorsqu'ils arrivent près des esquifs, ils sont impitoyablement massacrés, ceux qui le peuvent regagnent en nageant la terre, où ils trouvent une mort encore plus affreuse; car, au sortir de l'eau, ils sont écrasés par les éléphans, que leurs conducteurs avaient dirigés vers le rivage. On convenait sans peine que jamais les Romains n'avaient tué tant de Macédoniens dans une seule bataille. En effet, du côté de ceux-ci, il périt près de vingt mille hommes. Six mille environ, qui s'étaient réfugiés à Pydna après la bataille, tombèrent vivans au pouvoir de l'ennemi, qui, en outre, fit prisonniers vingt mille fuyards. Du côté des vainqueurs, la perte ne fut que de cent hommes, Péligniens pour la plupart; mais le nombre des blessés fut plus considérable. Si l'action se fût engagée plus tôt, et qu'il fût resté aux vainqueurs assez de jour pour poursuivre leur succès, toutes les forces des Macédoniens auraient été anéanties; mais l'approche de la nuit favorisa les fuyards, et rendit les Romains plus lents à les poursuivre dans des lieux qu'ils ne connaissaient pas.

XLIII. Persée s'enfuit vers la forêt de Piérie, en suivant la voie militaire, avec un nombreux corps de cavalerie et sa garde. Arrivé dans cette forêt, où se trouvaient plusieurs chemins conduisant de divers côtés, comme la nuit approchait, il prit une route de traverse avec quelques-uns de ses plus fidèles amis. Les cavaliers,

suas dilapsi sunt : perpauci inde Pellam celerius, quam ipse Perseus, quia recta expedita via ierant, pervenerunt. Rex ad mediam ferme noctem terrore et variis difficultatibus viæ vexatus est. In regia Perseo, qui Pellæ præerat, Euctus regiique pueri præsto erant; contra ea amicorum, qui, alii alio casu servati, ex prœlio Pellam venerant, quum sæpe arcessiti essent, nemo ad eum venit: tres erant tantum cum eo fugæ comites, Evander Cretensis, Neo Bœotius, et Archidamus Ætolus : cum iis, jam metuens, ne, qui venire ad se abnuerent, majus aliquid mox auderent, quarta vigilia profugit. Secuti eum sunt admodum quingenti Cretenses : petebat Amphipolim; sed nocte a Pella exierat, properans ante lucem Axium amnem trajicere, eum finem sequendi, propter difficultatem transitus, fore ratus Romanis.

XLIV. Consulem, quum se in castra victor recepisset, ne sincero gaudio frueretur, cura de minore filio stimulabat. P. Scipio is erat, Africanus et ipse postea, deleta Carthagine, adpellatus, naturalis consulis Paulli, adoptione Africani nepos. Is, septimum decimum tunc annum agens, quod ipsum curam augebat, dum effuse sequitur hostes, in partem aliam turba ablatus erat :

restés sans chef, se dispersèrent, et chacun d'eux regagna son pays. Un petit nombre se dirigea vers Pella, où ils arrivèrent avant Persée, parce qu'ils avaient suivi la route directe, qui était en même temps la plus facile. Le roi ne gagna cette ville que vers le milieu de la nuit, après avoir éprouvé de vives alarmes et rencontré toutes sortes de difficultés durant le chemin. Il trouva, dans son palais, Euctus, gouverneur de Pella, et ses pages : mais de tous ceux de ses courtisans qui, après s'être échappés du combat, chacun comme il avait pu, étaient revenus à Pella, aucun, malgré ses messages réitérés, ne voulut se rendre auprès de sa personne. Il n'avait, avec lui, que trois compagnons de sa fuite, le Crétois Évandre, le Béotien Néon, et l'Étolien Archidame. Commençant à craindre que ceux qui avaient refusé de se rendre auprès de lui ne se portassent bientôt à quelque chose de pis, il quitta Pella vers la quatrième veille, avec les trois personnages dont il vient d'être fait mention. Environ cinq cents Crétois le suivirent. Il prit la route d'Amphipolis, et, comme il était sorti de Pella durant la nuit, il se hâta de traverser le fleuve Axius avant le jour, s'imaginant que la difficulté du passage pourrait empêcher les Romains de le poursuivre plus long-temps.

XLIV. La joie du consul, rentré victorieux dans son camp, fut troublée par l'inquiétude que lui causait l'absence du plus jeune de ses fils. C'était P. Scipion, qui fut, dans la suite, surnommé l'*Africain*, après qu'il eut détruit Carthage. Fils du consul Paullus, il était passé par adoption dans la famille du premier Scipion l'Africain, dont il était devenu le petit-fils. Ce jeune homme, alors dans sa dix-septième année, âge qui re-

et, serius quum redisset, tunc demum, recepto sospite filio, victoriæ tantæ gaudium consul sensit. Amphipolim quum jam fama pugnæ pervenisset, concursusque matronarum in templum Dianæ, quam Tauropolon vocant, ad opem exposcendam fieret; Diodorus, qui præerat urbi, metuens, ne Thraces, quorum duo millia in præsidio erant, urbem in tumultu diriperent, ab subornato ab se per fallaciam in tabellarii speciem litteras in foro medio accepit. Scriptum in iis erat, « ad Emathiam classem romanam adpulsam esse, agrosque circa vexari; orare præfectos Emathiæ, ut præsidium adversus populatores mittat. » His lectis, hortatur Thracas, « ut ad tuendam Emathiæ oram proficiscantur; magnam eos cædem prædamque, palatis passim per agros Romanis facturos. » Simul elevat famam adversæ pugnæ: « Quæ si vera foret, alium super alium recentes ex fuga venturos fuisse. » Per hanc caussam Thracibus ablegatis, simul transgressos eos Strymonem vidit, portas clausit.

XLV. Tertio die Perseus, quam pugnatum erat, Amphipolim venit; inde oratores cum caduceo ad Paullum misit. Interim Hippias, et Medon, et Pantauchus,

doublait l'inquiétude sur son sort, en s'abandonnant à la poursuite des ennemis, s'était laissé entraîner par la foule. Il revint fort tard ; et ce ne fut qu'alors, quand il eut près de lui son fils sain et sauf, que le consul goûta toute l'ivresse d'une si éclatante victoire. Lorsque la nouvelle de la bataille et de ses suites fut connue à Amphipolis, où elle ne tarda pas à parvenir, les matrones de cette ville se rendirent en foule dans le temple de Diane, surnommée *Tauropole*, pour implorer la protection de la déesse. Alors Diodore, gouverneur de la ville, craignant que les deux mille Thraces qui en composaient la garnison ne profitassent de ce tumulte pour la piller, se fit remettre, au milieu de la place publique, des dépêches qu'apporta un prétendu courrier aposté par lui à cet effet. Ces fausses dépêches annonçaient : « Que la flotte romaine venait d'aborder près d'Émathie, et de jeter, sur la côte, des troupes qui ravageaient les campagnes voisines ; et que ceux qui commandaient dans cette ville priaient qu'on leur envoyât du secours pour arrêter ces dévastations. » Après leur lecture, il exhorte les Thraces à partir pour défendre la côte d'Émathie. « Ils feraient un grand carnage des Romains, dispersés çà et là dans les champs, et leur enlèveraient un riche butin. » En même temps, il tâche de rendre suspecte la nouvelle de la défaite, en ajoutant « que, si elle était vraie, on verrait arriver sans cesse des fuyards. » Il parvint, par ce moyen, à éloigner les Thraces, et, dès qu'il les sut au delà du Strymon, il fit fermer les portes.

XLV. Trois jours après la bataille, Persée arriva à Amphipolis, d'où il envoya des ambassadeurs demander la paix à Paullus. Cependant Hippias, Médon et Pan-

principes amicorum regis, Beroea, quo ex acie confugerant, ipsi ad consulem profecti, Romanis se dedunt: hoc idem et alii deinceps metu perculsi parabant facere. Consul, nunciis victoriæ Q. Fabio filio et L. Lentulo et Q. Metello cum literis Romam missis, spolia jacentis hostium exercitus peditibus concessit; equitibus prædam circumjecti agri, dum ne amplius duabus noctibus ab castris abessent. Ipse propius mare ad Pydnam castra movit. Beroea primum, deinde Thessalonica, et Pella, et deinceps omnis ferme Macedonia intra biduum dedita. Pydnæi, qui proximi erant, nondum miserant legatos: multitudo incondita plurium simul gentium, turbaque, quæ ex acie fuga in unum compulsa erat, consilium et consensum civitatis inpediebat: nec clausæ modo portæ, sed etiam inædificatæ erant. Missi Medon et Pantauchus sub muros ad conloquium Solonis, qui præsidio præerat: per eum emittitur militaris turba; oppidum deditum militibus datur diripiendum. Perseus, una tantum spe Bisaltarum auxilii tentata, ad quos nequidquam miserat legatos, in concionem processit, Philippum secum filium habens: ut et ipsos Amphipolitanos, et equitum peditumque, qui aut semper secuti, aut fuga eodem delati erant, adhortando animos confirmaret. Sed aliquoties dicere incipientem quum lacrymæ præpedissent; quia ipse dicere nequiit, Evandro Cre-

tauchus, les plus intimes confidens du roi, quittent Béroé, où ils s'étaient réfugiés après l'action, vont trouver le consul, et se livrent aux Romains; bientôt les autres, frappés d'épouvante, se disposent à suivre cet exemple. Le consul, après avoir envoyé à Rome Q. Fabius son fils, L. Lentulus et Q. Metellus avec des dépêches, pour y annoncer cette victoire, abandonna aux fantassins les dépouilles des ennemis restés sur le champ de bataille, et aux cavaliers tout le butin qu'ils pourraient faire dans les campagnes d'alentour, à condition qu'ils ne passeraient pas plus de deux nuits hors du camp. Ensuite, il se rapprocha de la mer en se dirigeant vers Pydna. Dans l'espace de deux jours, il se trouva maître de Béroé d'abord, puis de Thessalonique, de Pella, enfin de presque toute la Macédoine. Les Pydnéens, qui étaient les plus voisins, n'avaient point encore envoyé de députés; un mélange confus de soldats de diverses nations, que la fuite avait jetés en foule du champ de bataille dans leur ville, troublait leurs délibérations et les empêchait de s'entendre; les portes n'étaient pas seulement fermées, elles étaient murées. Médon et Pantauchus furent envoyés au pied des remparts pour s'aboucher avec Solon, qui commandait la garnison. Gagné par eux, celui-ci fait sortir toute la soldatesque; la ville est livrée, et les troupes ont la permission de la piller. Persée, après avoir fait solliciter en vain le secours des Bisaltes, seul espoir qui lui restait, s'avança sur la place publique d'Amphipolis, accompagné de Philippe son fils, pour animer par ses discours le courage, soit des Amphipolitains eux-mêmes, soit des cavaliers et des fantassins qui l'avaient toujours suivi, ou que la fuite avait amenés dans cette ville.

tensi editis, quæ agi cum multitudine vellet, de templo descendit. Multitudo, sicut ad conspectum regis fletumque tam miserabilem et ipsa ingemuerat lacrymaveratque, ita Evandri orationem adspernabatur; et quidam ausi sunt media ex concione subclamare. « Abite hinc, ne, qui pauci supersumus, propter vos pereamus. » Horum ferocia vocem Evandri clausit. Rex inde domum se recepit, pecuniaque et auro argentoque in lembos, qui in Strymone stabant, delatis, et ipse ad flumen descendit. Thraces, navibus se committere non ausi, domos dilapsi, et aliæ militaris generis turbæ: Cretenses spem pecuniæ secuti; et, quoniam in dividendo plus obfensionum, quam gratiæ, erat, quinquaginta talenta iis posita sunt in ripa diripienda. Ab hac direptione quum per tumultum naves conscenderent, lembum unum in ostio amnis multitudine gravatum merserunt. Galepsum eo die, postero Samothracam, quam petebant, perveniunt: ad duo millia talentum pervecta eo dicuntur.

XLVI. Paullus, per omnes deditas civitates dimissis, qui præessent, ne qua injuria in nova pace victis fieret, retentisque apud se caduceatoribus regis, P. Nasicam, ignarus fugæ regis, Amphipolim misit cum modica pe-

Mais comme, chaque fois qu'il prenait la parole, il fondait en pleurs et ne pouvait continuer, il chargea le Crétois Évandre d'exprimer ce qu'il voulait dire au peuple, et descendit de la tribune. Autant la multitude avait, à l'aspect de son roi pleurant d'une manière si digne de compassion, poussé elle-même de gémissemens et versé de larmes, autant elle méprisa les paroles d'Évandre; et quelques-uns même osèrent lui crier du milieu de l'assemblée : « Éloignez-vous d'ici, de peur que votre présence ne cause la ruine de ce peu d'habitans qui survit à vos désastres. » Cette dure apostrophe ferma la bouche à Évandre. Le roi s'en retourna chez lui, fit porter tout ce qu'il avait d'or et d'argent dans des barques qui étaient sur le Strymon, et descendit lui-même vers le fleuve. Les Thraces, n'osant s'exposer aux hasards d'une navigation, se dispersèrent pour regagner leur pays, et les autres troupes les imitèrent. Les Crétois seuls cédèrent à l'appât de l'argent; et, comme ce qu'on avait à leur distribuer était plutôt fait pour irriter leur avidité que pour la satisfaire, on leur laissa piller cinquante talens sur le rivage. Après s'être partagés cette somme, ils s'embarquèrent tumultueusement, et montèrent en si grand nombre sur une des barques, que leur poids la fit couler bas à l'embouchure du fleuve. Les autres arrivèrent le jour même à Galepsus, et le lendemain à Samothrace, lieu de leur destination. On évalue à deux mille talens les sommes qui y furent transportées.

XLVI. Paullus envoya des gouverneurs dans toutes les villes qui s'étaient rendues, pour qu'il ne se commît aucun acte de violence envers des vaincus contre lesquels on n'était plus en guerre, et retint auprès de

ditum equitumque manu : simul ut Sinticen evastaret, et ad omnes conatus regis inpedimento esset. Inter hæc Melibœa a Cn. Octavio capitur diripiturque : ad Æginium, ad quod obpugnandum Cn. Anicius legatus missus erat, ducenti, eruptione ex oppido facta, amissi sunt, ignaris Æginiensibus debellatum esse. Consul, a Pydna profectus, cum toto exercitu die altero Pellam pervenit : et, quum castra mille passus inde posuisset, per aliquot dies ibi stativa habuit, situm urbis undique adspiciens; quam non sine caussa delectam esse regiam advertit. Sita est in tumulo, vergente in occidentem hibernum; cingunt paludes inexsuperabilis altitudinis æstate et hieme, quas restagnantes faciunt lacus. In ipsa palude, qua proxima urbi est, velut insula eminet [arx] aggeri operis ingentis inposita : qui et murum sustineat, et humore circumfusæ paludis nihil lædatur. Muro urbis conjuncta procul videtur, divisa est intermurali amni, et eadem ponte juncta : ut nec, obpugnante externo, aditum ab ulla parte habeat; nec, si quem ibi rex includat, ullum nisi per facillimæ custodiæ pontem effugium. Et gaza regia in eo loco erat : sed tum nihil præter trecenta talenta, quæ missa Gentio regi, deinde retenta fuerant, inventum est. Per quos dies ad Pellam stativa fuerunt, legationes frequentes, quæ ad gratulandum convenerant, maxime ex Thessalia, auditæ sunt. Nuncio deinde ac-

lui les envoyés du roi. Ensuite, comme il ignorait que celui ci se fût enfui d'Amphipolis, il envoya de ce côté P. Nasica à la tête d'un détachement de fantassins et de cavaliers, avec la double mission de ruiner la Sintice, et de mettre obstacle à toutes les entreprises de Persée. Cependant Cn. Octavius prit Mélibée et la livra au pillage; mais le lieutenant Cn. Anicius, qui avait été envoyé faire le siège d'Égine, perdit deux cents hommes par une sortie, les Éginiens ignorant qu'une bataille avait décidé du sort de la guerre. Le consul partit de Pydna, et, en deux jours de marche, arriva près de Pella avec toute l'armée. Il campa à mille pas des murs, demeura quelques jours en cet endroit, examina de toutes parts la situation de cette ville, et reconnut que ce n'était pas sans raison que les rois l'avaient choisie pour leur demeure. Pella, située sur une hauteur qui s'abaisse en pente vers l'occident d'hiver, est entourée de marais formés par l'écoulement des lacs, et d'une profondeur qui les rend impraticables en toute saison. Du milieu même du marais le plus voisin de la ville, s'élève, en forme d'île, une citadelle assise sur une digue que d'immenses travaux ont rendue assez solide pour soutenir les murs, et n'être aucunement dégradée par le séjour des eaux stagnantes qui l'entourent. De loin, cette citadelle paraît contiguë aux murailles de la ville; mais elle en est séparée par un canal sur lequel est un pont de communication. Ainsi, elle ne donne accès d'aucune part aux attaques du dehors; et aucun de ceux que le roi y fait enfermer ne peut en sortir que par ce pont, dont la garde est très-facile. C'était en ce lieu qu'était déposé le trésor royal; mais on n'y trouva pour lors que les trois cents talens qui, envoyés au roi

cepto, Persea Samothracam trajecisse, profectus a Pella consul quartis castris Amphipolim pervenit. Effusa omnis obviam turba cuivis indicio erat, non bono ac justo rege orba[tos, sed impotenti domino liberatos sibi Amphipolitanos videri. Ingressus urbem Paullus quum divinis rebus operaretur, sacrificiumque solemne faceret, de cœlo tacta subito ara arsit: sic interpretantibus omnibus, acceptissima diis dona consulis esse, quæ etiam cœlesti flamma consecrarentur. Non diu moratus Amphipoli consul, simul ad persequendum Persea, simul ut per omnes gentes, quæ ditionis ejus erant, victricia arma circumferret, Odomanticen, regionem ultra Strymonem amnem, petiit, et ad Siras castra posuit.]

Gentius, avaient été ensuite retenus par Persée. Pendant le séjour de l'armée près de Pella, le consul reçut un grand nombre de députations, qui arrivaient le féliciter; la plupart venaient de la Thessalie. Ensuite, apprenant que Persée était passé dans l'île de Samothrace, il partit de Pella, et arriva, en quatre jours de marche, devant Amphipolis. L'empressement avec lequel on vint en foule à sa rencontre prouva bien que les Amphipolitains se croyaient, non pas privés d'un roi dont ils regrettaient la justice et la bonté, mais délivrés d'un maître qui faisait peser sur eux un joug tyrannique. Tandis que Paullus, entré dans la ville, satisfaisait aux devoirs de religion, et offrait un sacrifice solennel, la foudre vint frapper l'autel, qui s'embrasa tout à coup. Chacun vit, dans ce prodige, une preuve que l'offrande du consul était très-agréable aux dieux, puisque même une flamme céleste la consacrait. Le consul ne séjourna pas long-temps à Amphipolis; voulant se mettre à la poursuite de Persée, et porter ses armes victorieuses chez toutes les nations qui étaient sous la dépendance de ce roi, il gagna l'Odomantice, contrée située au delà du fleuve Strymon, et campa aux environs de Sirès.

NOTES

SUR LE LIVRE XLIV.

Chap. I. *Et in rebus deinde gerendis***. *Proconsul enim ad exercitum****. Ici le texte, fort altéré par ces deux lacunes, ne présente qu'un sens incomplet, et par conséquent douteux. J'ai, dans la traduction, suppléé de mon mieux à ce qui manque, pour ne pas interrompre le fil de la narration.

Idem. *Cogitato in parentem*. Tite-Live ne parle nulle part ailleurs de ce second attentat de Persée.

Chap. III. *Ubi propter Octolophum diximus*, etc. Les commentateurs s'accordent à reconnaître que ce passage manque d'exactitude, et plusieurs voient dans *Octolophum* une erreur de copiste. Au surplus, il ne s'agirait pas ici d'Octolophe, ville des Dassarètes, mais d'une petite ville de même nom qui était située sur les confins de la Macédoine et de la Thessalie, près du mont Olympe et de Dium.

Idem. *Eudieru*. Si ce nom n'est pas altéré, il aura été tiré de l'abondance des belles eaux qui se trouvaient dans le voisinage de cette tour. *Rac.* εὖ, bien ; διερός, humide.   (Crévier.)

Idem. *Ad Ascuridem paludem*. Guérin s'était fondé sur ces mots pour traduire, au commencement du chapitre, *eo saltu ducere*, etc., par « prendre la route du marais Ascuris. » Le passage en question est évidemment inexact, mais cette version s'écarte par trop de la phrase latine. Mieux vaut suivre le texte tel qu'il est, en appelant l'attention du lecteur sur la difficulté de concilier la phrase, *ubi propter Octolophum*, etc., avec ce qui précède, comme avec ce qui suit.

Chap. V. *Procedebat elephas in pontem*. Il faut supposer, ce que ne dit point Tite-Live, que chaque pont était capable de contenir tout ce qu'il y avait d'éléphans dans l'armée romaine, et le nombre n'en devait pas être grand. La manière dont Annibal s'y prit pour faire passer le Rhône à ses éléphans, a quelque rapport avec ce que pratiquent ici les Romains; mais l'embarras fut beaucoup moindre. (Rollin.)

Chap. V. *Paullo plus septem millia die.* On doit sous-entendre *eo*, qui, selon toute apparence, a été omis par les copistes. Le mot *nocte*, que l'on trouve quelques lignes plus bas, ne permet guère de douter qu'il ne fût primitivement dans le texte.

Chap. VI. *Solio.* Les Latins appelaient ainsi la partie de la baignoire où l'on est assis. (Crévier.)

Idem. *Duobus ex amicis, etc.* Ici la phrase était tellement tronquée et inintelligible, que je n'ai point hésité à lui substituer le supplément proposé par Crévier. En cet endroit, on lit dans le texte de Drakenborch, *duos ex amicis, Pellam alterum, ubi pecunia deposita erat, alterum usque ad Parthum, ex præsidiis revocat*; et, dans d'autres, *duobus ex amicis Pellam, alterum Asclepiodotum, ubi pecunia deposita erat, ex præsidiis revocat.* Ces deux variantes sont également pleines d'incohérences, et il est absolument impossible d'en tirer un sens raisonnable. C'est évidemment un passage mutilé.

Idem. *Auratis statuis.* C'étaient les statues des cavaliers tués au passage du Granique; Alexandre les avait fait faire par Lysippe, et placer à Dium. (Rollin.)

Idem. *Demigrare Pydnam cogit.* Tite-Live ne marque pas quels étaient ceux que Persée força de se transporter à Pydna. Diodore supplée à son silence, et nous apprend que ce furent les habitans de Diume avec leurs femmes et leurs enfans.

Chap. IX. *Bestiis omnium gentium.* En cet endroit, le texte est visiblement altéré. Nul doute qu'on ne doive lire, *bestiis omnium generum.*

Idem. *Sed prætenta.* Sous-entendu *corporibus.*

Chap. XI. *Cervis.* C'étaient des pieux fichés en terre, et bifurqués par le haut, comme le bois d'un cerf, d'où ils ont pris leur nom. (Crévier.)

Idem. *Euripus.* On appelait ainsi des fossés creusés à force de bras, pour recevoir les eaux de la mer. (Guérin.)

Chap. XII. *Demetriadem.* Cette ville, qui devait son nom à

Demetrius Poliorcète, était regardée comme une des places propres à tenir la Grèce en esclavage.

Chap. XIII. *Cydantem.* — *Cydam*, selon Crévier.

Chap. XIV. *Viginti millibus philippeorum.* Cette valeur est exorbitante. Il y a sans doute ici quelque altération dans le texte. Drakenborch propose de lire *duobus millibus.*

Chap. XV. *Caras et Lycios liberos esse.* Les Romains, après la défaite d'Antiochus, avaient donné une partie de la Carie au roi Eumène, et l'autre aux Rhodiens, avec la presque totalité de la Lycie. Les Rhodiens traitèrent les Lyciens de la manière la plus tyrannique.

Chap. XVI. *Epirotis.* Il a été dit plus haut que les Épirotes étaient entrés dans le parti de Persée. De deux choses l'une; ou il y a faute ici dans le texte de Tite-Live, ou une partie de la nation était demeurée fidèle aux Romains. (Rollin.)

Idem. *Veteres.* Doujat a entendu par ce mot l'ancienne maison de Scipion. Il paraît plus naturel d'entendre par là les boutiques du grand Cirque, qui, dans les auteurs latins, sont désignées par les seules épithètes de *novæ* ou de *veteres.*

Chap. XVII. *Æmilio Macedonia.* Suivant Plutarque, le peuple ne voulut point abandonner au caprice du sort le département des provinces, et défèra à Paul-Émile le commandement des armées de Macédoine. Ce récit paraît plus vraisemblable; car le sort aurait pu rendre inutiles toute la bonne volonté et tout l'empressement du peuple. (Rollin.)

Chap. XIX. *Sacrificio rite perfecto, primi, etc.* Il n'est pas question du sacrifice des Latins, mais de celui qu'offraient les consuls, en entrant en charge, et avant d'entamer aucune délibération.

Idem. *Ab Ptolemæo.* Ptolémée Epiphane laissa deux fils, Ptolémée Philométor, qui avait épousé sa sœur Cléopâtre, et Ptolémée Évergète ou Physcon, qui, après avoir chassé son frère et lui avoir enlevé Cléopâtre, s'était renfermé dans Alexandrie, où Antiochus l'assiégeait. C'est de la part de ce dernier Ptolémée et de sa sœur que venait l'ambassade dont il est ici question. (Crévier.)

Chap. XX. *Quinquatribus.* Fêtes de Minerve, ainsi nommées

parce qu'elles se célébraient durant les cinq jours qui suivaient les ides, que l'on mettait au rang des jours malheureux (*atri*).

Chap. XX. *Nec plus quam sex [dierum] frumentum habere.* C'est à Sigonius qu'on doit l'insertion du mot *dierum*. Mais il paraît peu vraisemblable que les approvisionnemens eussent été faits de manière à ce qu'il n'y eut plus alors de blé que pour six jours.

Chap. XXI. *Cn. Servilio.* C'était un des deux consuls de l'année précédente, qui commandait cette armée en Gaule comme proconsul. (Crévier.)

Idem. *Quas portare in Macedoniam est jussus.* Il faudrait : *Quas portare in Illyricum est jussus;* puisqu'on lit un peu plus haut, dans le même chapitre : *Eum in provinciam Illyricum circa Lychnidum Ap. Claudio succedere placuit.*

Chap. XXIV. *Eodem tempore ad Eumenem et ad Antiochum communia mandata.* Plusieurs commentateurs soupçonnent, avec raison, qu'il y a ici une lacune.

Chap. XXVI. *Nec hæc tantum Perseo per avaritiam est dimissa res, quam pecuniam tutam, etc.* Dans cette phrase, d'une obscurité désespérante, le texte est évidemment altéré. Les mots *pecuniam tutam* ne s'accordent pas avec ce qu'on lit dans le chapitre précédent. On trouve à leur place, dans le texte de Crévier, *pecunia tantula,* ce qui ne donne pas une leçon beaucoup meilleure. *Pecunia et tutam* vaudraient peut-être mieux. J'ai traduit ce passage d'après le sens que lui donne Drakenborch, qui s'exprime ainsi : *Livius, si recte mentem illius capio, hoc dicit, Perseum pecunia Eumeni danda duas res sibi utilissimas consequuturum fuisse : primum, eo conciliante utique pacem a Romanis impetratarum ; deinde, ea impetrata, prodendo, quæ occulte inter se et Eumenem acta fuerant animos Romanorum ab eo alienaturum fuisse, si intellexissent, eum non studio ac benevolentia erga hanc aut illam partem, ductum de reconcilianda inter eos amicitia laborasse, sed aviditate pecuniæ incensum suam solius utilitatem in ea re spectasse.*

Idem. *Gallorum.* Ces Gaulois étaient ceux dont on a déjà parlé sous le nom de Bastarnes, colonie gauloise établie sur les bords du Borysthène, aujourd'hui le Dniéper. Cette nation n'était accoutumée ni à labourer la terre, ni à nourrir des troupeaux, ni à faire le commerce; elle vivait de guerre, et vendait ses services aux peuples qui voulaient l'employer. (Rollin.)

Chap. XXVIII. *Hippagogos.* C'était une espèce de bâtiment destiné spécialement au transport des chevaux. *Rac.* ἵππος, cheval; ἄγειν, conduire.

Chap. XXX. *Caviorum gentem.* Les Caviens habitaient un canton de la Dalmatie.

Chap. XXXI. *Ex ea regione in quam missus erat.* Ce voyage de Caravantius ne doit pas s'entendre de son expédition contre les Caviens, dont il a été question plus haut. C'est probablement quelque pays ami, où Gentius avait envoyé son frère, pour en ramener des secours. Ces faits étaient peut-être plus clairement développés dans les passages de Tite-Live qui sont perdus.
(Crévier.)

Chap. XXXII. *Etlevam.* Tite-Live la nomme plus haut (ch. xxx) *Etuta.* Peut-être est-ce la même; peut-être aussi la première était-elle morte ou avait-elle été répudiée.

Chap. XXXIII. *Occultos continere latices.* Il est probable qu'il faut lire *contineri.*

Chap. XXXIV. *Bucculasque.* C'étaient des lames flexibles qui rattachaient le casque devant la bouche, *ob buccam.*
(Crévier.)

Chap. XXXV. *Q. Fabium Maximum.* Il s'appelait ainsi depuis qu'il avait été adopté dans la famille des Fabiens.

Idem. Haud paucis utrinque interfectis. S'il périt ce premier jour beaucoup de monde, comme le lendemain il en périt davantage, il résulte de là que le consul perdit un très-grand nombre de soldats. Or, il n'est pas probable que Paul-Émile se fût résigné à sacrifier tant d'hommes uniquement pour faire prendre le change à l'ennemi; d'ailleurs les engagemens qui avaient lieu entre des troupes légères n'étaient jamais très-meurtriers. Il est donc fort probable qu'en cet endroit le texte n'est pas pur, et qu'il faudrait supprimer *haud.*

Chap. XXXVII. *Ad id, quod.* Mots employés ici pour *præterquam quod.*

Chap. XXXIX. *Sine ulla sede vagi dimicassemus, etc.* Cette

phrase est obscure. Un commentateur propose de lire : *Si sine ulla sede vagi dimicassemus, ut quo victores nos reciperemus;* ce qui n'est guère plus clair. Pour que cette variante pût donner un sens raisonnable, il faudrait en retrancher *ut*.

Chap. XL. *Ac ne illo ipso quidem die, aut consule, aut rege, (rege, quod nec fessos, etc.* Il est facile de voir qu'il y a ici une lacune. Nul doute, d'après les mots *neutro imperatore volente*, qui se trouvent plus loin, qu'on ne doive rétablir la phrase de cette manière : *Ac ne illo ipso quidem die aut consule aut rege optante pugnatum est, rege quod fessos, etc.;* ou de quelque autre à peu près semblable.

Chap. XLII. *Ad viginti millia hominum.* Suivant Plutarque, la perte de l'infanterie macédonienne fut de vingt-cinq mille hommes.

Chap. XLIII. *Quia recta expedita via ierant.* Cette phrase n'est pas correcte. Peut-être faudrait-il lire *expediti;* mais il paraît plus simple de placer la conjonction *et* entre les mots *recta expedita*.

Chap. XLIV. *Naturalis consulis Paulli.* Après *Paulli* devrait se trouver le mot *filius*. Selon toute apparence, la leçon primitive était *naturalis consulis Paulli F.*, et la lettre F aura été omise par les copistes.

Chap. XLV. *De templo.* Tite-Live emploie ici une expression plus appropriée aux usages romains qu'aux usages étrangers. Les Romains appelaient *templum* un certain endroit du ciel déterminé par les augures, et par conséquent l'endroit de la terre correspondant. Il en était ainsi à Rome de la tribune aux harangues, dont le local avait été consacré par les augures.   (Crévier.)

Chap. XLVI. *Sinticen.* La Sintice, ou la Sintique, était une petite contrée de la Macédoine.

EPITOME LIBRI XLV.

Perseus ab Æmilio Paullo in Samothrace captus est. Quum Antiochus, Syriæ rex, Ptolemæum et Cleopatram, Ægypti reges, obsideret, et missis ad eum a senatu legatis, qui juberent, ab obsidione socii regis absisteret, editisque mandatis consideraturum se ille, quid faciendum esset, respondisset; unus ex legatis Popillius virga regem circumscripsit; jussitque, antequam circulo excederet, responsum daret: qua asperitate effecit, ut Antiochus bellum omitteret. Legationes gratulantium populorum ac regum in senatum admissæ. Rhodiorum, quia eo bello contra populum romanum faverant, exclusa; postero die, quum de eo quæreretur, ut iis bellum indiceretur, caussam in senatu patriæ suæ legati egerunt, nec tamquam hostes, nec tamquam socii dimissi. Macedonia in provinciæ formam redacta est. Æmilius Paullus, repugnantibus militibus ejus propter minorem prædam, et contradicente Ser. Sulpicio Galba, triumphavit; et Persen cum tribus filiis ante currum duxit: cujus triumphi lætitia ne solida ei contingeret, duorum filiorum funeribus insignita est: quorum alterius mors patris triumphum præcessit, alterius secuta est. Lustrum conditum est a censoribus. Censa sunt civium capita trecenta duodecim millia, octingenta quinque. Prusias, Bithyniæ rex, Romam, ut senatui gratularetur ob victoriam ex Macedonia partam, venit; et Nicomedem filium senatui commendavit. Rex, plenus adulationis, libertum se populi romani dicebat.

SOMMAIRE DU LIVRE XLV.

Persée est fait prisonnier par Émilius Paullus, dans l'île de Samothrace. Antiochus, souverain de Syrie, assiège Ptolémée et Cléopâtre, souverains d'Égypte. Des envoyés romains viennent lui signifier, de la part du sénat, qu'il ait à s'abstenir d'assiéger un roi allié de Rome. Antiochus répond qu'il examinera quel parti il doit prendre. Alors Popillius, l'un des envoyés, trace avec une baguette un cercle autour du roi, et lui enjoint de donner une réponse avant d'en sortir. Par ce ton impérieux il effraie Antiochus, qui renonce aux hostilités. Le sénat donne audience aux députations des peuples et des rois qui viennent le féliciter ; mais il ne veut pas recevoir celle des Rhodiens, qui, dans cette guerre, avaient pris parti contre le peuple romain. Le jour suivant, comme on met en délibération si l'on déclarera la guerre à ce peuple, ses envoyés sont admis à plaider dans le sénat la cause de leur patrie, et ne sont congédiés ni comme des ennemis, ni comme des alliés. La Macédoine est réduite en province romaine. Émilius Paullus obtient le triomphe, malgré la répugnance de ses soldats, mécontens de n'avoir eu que peu de part au butin, et l'opposition de Ser. Sulpicius Galba. Persée et ses trois fils précèdent le char. La joie du triomphateur est mêlée d'amertume par la perte de ses deux fils, dont l'un meurt avant et l'autre après le triomphe de son père. Clôture du lustre par les censeurs. Le dénombrement donne pour résultat trois cent douze mille quatre-vingt-cinq citoyens. Prusias, roi de Bithynie, vient à Rome féliciter le sénat de la victoire remportée en Macédoine, et lui recommande son fils Nicomède. Excessive adulation de ce roi, qui se dit l'affranchi du peuple romain.

T. LIVII PATAVINI
HISTORIARUM
AB URBE CONDITA
LIBER XLV.

I. Victoriæ nuncii*, Q. Fabius et L. Lentulus et Q. Metellus, quanta potuit adhiberi festinatio, celeriter Romam quum venissent, præceptam tamen ejus rei lætitiam invenerunt. Quarto post die, quam cum rege est pugnatum, quum in Circo ludi fierent, murmur repente populi tota spectacula pervasit; « pugnatum in Macedonia, et devictum regem esse. » Dein fremitus increvit: postremo clamor plaususque, velut certo nuncio victoriæ adlato, est exortus. Mirari magistratus, et quærere auctorem repentinæ lætitiæ: qui postquam nullus erat, evanuit quidem tamquam incertæ rei gaudium; omen tamen lætum insidebat animis. Quod postquam veris nunciis Fabii Lentulique et Metelli adventu firmatum est, quum victoria ipsa, tum augurio animo-

* U. C. 584. A. C. 168.

TITE-LIVE.
HISTOIRE DE ROME
DEPUIS SA FONDATION.

LIVRE XLV.

I. Chargés de porter à Rome la nouvelle de la victoire, Q. Fabius, L. Lentulus et Q. Metellus se hâtèrent autant qu'il était possible; mais, malgré la promptitude avec laquelle ils s'y rendirent, cette nouvelle y était déjà connue et y avait fait naître l'allégresse lorsqu'ils arrivèrent. Le quatrième jour après la bataille contre le roi, pendant les jeux du Cirque, tout à coup s'élève parmi le peuple et se répand de tous côtés dans l'enceinte occupée par les spectateurs le bruit, « que l'on a combattu en Macédoine, et que le roi a été vaincu. » Bientôt ce bruit s'accroît; enfin retentissent des cris et des applaudissemens, comme s'il fût arrivé des dépêches annonçant positivement la victoire. Les magistrats, étonnés, cherchent à découvrir l'auteur de la nouvelle qui a causé cette joie subite; il ne se trouve point, et la joie se dissipe, lorsqu'on voit qu'il y a lieu de douter de l'évènement : mais il en resta dans les cœurs une impression qu'on regarda comme un présage. Quand il eut été confirmé, à l'arrivée de Fabius, de Lentulus

rum suorum, lætabantur. Et aliter editur circensis turbæ non minus similis veri lætitia. Ante diem quintum decimum calendas octobres, ludorum romanorum secundo die, C. Licinio consuli, ad quadrigas mittendas escendenti, tabellarius, qui se ex Macedonia venire diceret, [reddidisse] laureatas litteras dicitur: quadrigis missis, consul currum conscendit; et, quum per Circum reveheretur ad foros publicos, laureatas tabellas populo ostendit. Quibus conspectis, repente inmemor spectaculi populus in medium decurrit; eo senatum consul vocavit, recitatisque tabellis, ex auctoritate patrum pro foris publicis denunciavit populo : « L. Æmilium collegam signis conlatis cum rege Perseo pugnasse. Macedonum exercitum cæsum fusumque. Regem cum paucis fugisse; civitates omnes Macedoniæ in ditionem populi romani venisse. » His auditis, clamor cum ingenti plausu ortus: ludis relictis, domus magna pars hominum ad conjuges liberosque lætum nuncium portabant. Tertius decimus dies erat ab eo, quo in Macedonia pugnatum est.

II. Postero die senatus in Curia habitus, supplicationesque decretæ, et senatusconsultum factum est, ut consul, quos, præter milites sociosque navales, conjuratos haberet, dimitteret; de militibus sociisque navalibus di-

et de Metellus, par les nouvelles certaines qu'ils apportaient, on se réjouit et de la victoire même, et de l'heureux pressentiment qu'on en avait eu. D'autres assignent à la joie qui éclata dans le Cirque une cause non moins vraisemblable. Selon eux, le quinze des calendes d'octobre, le second jour des jeux romains, au moment où le consul Licinius montait sur son char pour aller donner le signal de la course des quadriges, un courrier qui arrivait, disait-il, de la Macédoine, lui remit des dépêches enlacées de lauriers. Les quadriges lancés dans l'arène, le consul remonte sur son char, et dans sa course à travers le Cirque, pour regagner sa place, il montre au peuple ces dépêches, avec les lauriers qui les entourent. A cette vue, le peuple, oubliant tout à coup le spectacle, se précipite au milieu du Cirque. Le consul y convoque le sénat, lit les dépêches, et, avec l'autorisation des sénateurs, annonce au peuple du haut de la tribune : « Que L. Émilius, son collègue, a livré bataille au roi Persée; que l'armée des Macédoniens a été dispersée et taillée en pièces; que le roi s'est enfui avec un petit nombre d'hommes, et que toutes les villes de la Macédoine ont passé sous la domination du peuple romain. » Ces paroles furent accueillies par des cris de joie et de vifs applaudissemens. On abandonna les jeux, et la plupart des spectateurs allèrent chez eux porter cette heureuse nouvelle à leurs femmes et à leurs enfans. C'était le treizième jour après la bataille livrée en Macédoine.

II. Le jour suivant, le sénat, assemblé dans le lieu de ses séances, ordonna des prières publiques, et rendit un sénatus-consulte prescrivant au consul de licencier les troupes qui avaient prêté serment, à l'exception de

mittendis referretur, quum legati ab L. Æmilio consule, a quibus præmissus tabellarius esset [venissent]. Ante diem sextum calendas octobres, hora fere secunda, legati Urbem ingressi sunt, et ingentem secum obcurrentium, quacumque ibant, prosequentiumque trahentes turbam, in Forum ad tribunal perrexerunt. Senatus forte in Curia erat: eo legatos consul introduxit. Ibi tantum temporis retenti dum exponerent, « quantæ regiæ copiæ peditum equitumque fuissent, quot millia ex his cæsa, quot capta forent; quam paucorum militum jactura tanta hostium strages facta; quam cum paucis rex fugisset: existimari Samothracam petiturum, paratam classem ad persequendum esse: neque terra, neque mari elabi posse: » eadem hæc paullo post in concionem traducti exposuerunt; renovataque lætitia, quum consul edixisset, « ut omnes ædes sacræ aperirentur, » pro se quisque ex concione ad gratias agendas iere diis; ingentique turba, non virorum modo, sed etiam feminarum, conferta tota urbe deorum inmortalium templa. Senatus, revocatus in Curiam, supplicationes, ob rem egregie gestam ab L. Æmilio consule, in quinque dies circa omnia pulvinaria decrevit, hostiisque majoribus sacrificari jussit. Naves, quæ in Tiberi paratæ instructæque stabant, ut, si rex posset resistere, in Macedoniam mitterentur, subduci, et in navalibus conlocari: socios na-

celles qui servaient sur mer. Quant aux soldats de marine et aux équipages des vaisseaux, il fut décidé qu'on attendrait, pour délibérer à leur égard, l'arrivée des envoyés du consul L. Émilius, qui s'étaient fait précéder par un courrier. Le 6 des calendes d'octobre, vers la seconde heure, ces envoyés entrèrent dans Rome; et, entraînant avec eux la foule immense qui accourait partout sur leur passage et les suivait, ils allèrent au Forum et pénétrèrent jusqu'au tribunal. Le sénat se trouvait pour lors dans le lieu de ses assemblées; le consul y introduisit les envoyés. On ne les y retint que le temps qui leur fut nécessaire pour exposer «de combien de fantassins et de cavaliers se composait l'armée royale au moment du combat; combien de milliers de Macédoniens avaient été tués, combien avaient été faits prisonniers; combien un si grand carnage des ennemis avait coûté peu de soldats; enfin avec quel petit nombre d'hommes le roi s'était enfui; que l'on pensait qu'il chercherait à gagner l'île de Samothrace, mais que la flotte était prête à le poursuivre, de sorte qu'il ne pourrait échapper ni par terre ni par mer.» Conduits ensuite en présence du peuple assemblé, ils répétèrent devant lui ces mêmes choses. Alors éclatèrent de nouveaux transports de joie ; et le consul ayant ordonné «que l'on ouvrît tous les temples,» chacun quitta l'assemblée pour aller rendre grâces aux dieux, et, dans toute la ville, les temples des dieux immortels se trouvèrent remplis d'une multitude considérable d'hommes et même de femmes. Le sénat, convoqué de nouveau, décréta, en reconnaissance des brillans succès du consul L. Émilius, cinq jours de prières publiques de pulvinar en pulvinar, et des sacrifices de grandes victimes.

vales, dato annuo stipendio, dimitti, et cum his omnes, qui in consulis verba juraverant; et quod militum Corcyræ, Brundisii, ad mare Superum, aut in agro larinati esset (omnibus his locis dispositus exercitus fuerat, cum quo, si res posceret, C. Licinius collegæ ferret opem), hos omnes milites dimitti placuit. Supplicatio pro concione populo indicta est, ex ante diem quintum idus octobres cum eo die in quinque dies.

III. Ex Illyrico duo legati, C. Licinius Nerva et P. Decius, nunciarunt, « exercitum Illyriorum cæsum: Gentium regem captum, in ditione populi romani et Illyricum esse. » Ob eas res, gestas ductu auspicioque L. Anicii prætoris, senatus in triduum supplicationes decrevit; et statim edictæ a consule sunt in ante quartum et tertium et pridie idus novembres. Tradidere quidam, legatos rhodios, nondum admissos, post victoriam nunciatam, velut ad ludibrium stolidæ superbiæ, in senatum vocatos esse. Ibi Agepolim principem eorum ita locutum: « Missos esse legatos ab Rhodiis ad pacem inter Romanos et Persea faciendam; quod id bellum grave atque incommodum Græciæ omni, sumtuosum ac damnosum ipsis Romanis esset. Fortunam perbene fecisse,

L'ordre fut donné de retirer de l'eau et de replacer dans les chantiers les bâtimens stationnant dans le Tibre tout équipés, pour être envoyés en Macédoine, si le roi trouvait les moyens de résister; et de licencier, non-seulement les troupes navales, en leur payant la solde d'une année, et celles qui avaient prêté serment au consul, mais encore tout ce qu'il y avait de soldats à Corcyre, à Brindes, sur les bords de la mer Supérieure, ou dans le territoire de Larinum (on avait cantonné, dans tous ces endroits, une armée avec laquelle C. Licinius devait aller, si le besoin l'exigeait, porter secours à son collègue). Le peuple fut averti, par une proclamation, que les prières publiques dureraient cinq jours, à partir du quatrième des ides d'octobre inclusivement.

III. Sur ces entrefaites, arrivèrent d'Illyrie les deux lieutenans C. Licinius Nerva et P. Decius. Ils annoncèrent « que l'armée des Illyriens avait été détruite, que le roi Gentius avait été pris, et que l'Illyrie était au pouvoir du peuple romain. » En reconnaissance de ces avantages, remportés sous la conduite et les auspices du préteur Anicius, le sénat décréta trois jours de prières publiques, qu'un édit du consul indiqua sur-le-champ pour le quatrième, le troisième et le second jour des ides d'octobre. Selon quelques historiens, ce ne fut qu'après la victoire, et en quelque sorte pour se moquer de leur sotte arrogance, que le sénat fit appeler les ambassadeurs rhodiens, auxquels jusque-là il n'avait pas voulu donner audience. Lorsqu'ils furent entrés, Agépolis, leur chef, dit : « Que les Rhodiens les avaient envoyés en qualité d'ambassadeurs pour ménager un accommodement entre les Romains et Persée, et mettre fin à une guerre aussi onéreuse et préjudiciable à toute

quando, finito aliter bello, gratulandi sibi de victoria egregia Romanis opportunitatem dedisset. » Hæc ab Rhodio dicta. Responsum ab senatu esse : « Rhodios nec utilitatium Græciæ, neque cura inpensarum populi romani, sed pro Perseo legationem eam misisse. Nam, si ea fuisset cura, quæ simularetur, tum mittendos legatos fuisse, quum Perseus, in Thessaliam exercitu inducto, per biennium græcas urbes, alias obsideret, alias denunciatione armorum terreret. Tum nullam pacis ab Rhodiis mentionem factam. Postquam superatos saltus transgressosque in Macedoniam Romanos audierint, et inclusum teneri Persea, tunc Rhodios legationem misisse, non ad ullam aliam rem, quam ad Persea ex inminenti periculo eripiendum. » Cum hoc responso legatos dimissos.

IV. Per eosdem dies et M. Marcellus, ex provincia Hispania decedens, Marcolica nobili urbe capta, decem pondo auri, et argenti ad summam sestertii decies in ærarium retulit. Paullus Æmilius consul, quum castra, ut supra dictum est, ad Siras terræ Odomanticæ haberet, quum litteras ab rege Perseo per ignobiles tres legatos cerneret, et ipse inlacrymasse dicitur sorti humanæ : quod, qui paullo ante, non contentus regno

la Grèce, que dispendieuse et dommageable aux Romains eux-mêmes; mais que, la fortune l'ayant terminée autrement, ils n'avaient qu'à se louer de ce qu'elle avait fait, puisqu'elle leur avait fourni l'occasion de féliciter les Romains d'une victoire fort éclatante. » Telles furent les paroles du Rhodien. Le sénat fit répondre : « Que, si les Rhodiens avaient envoyé cette ambassade, ce n'était ni en vue des intérêts de la Grèce, ni par le désir d'épargner des dépenses au peuple romain, mais dans le but de servir Persée. Car, si ce qu'ils prenaient pour prétexte eût été réellement leur motif, c'était à l'époque où Persée venait de faire entrer une armée en Thessalie, pendant les deux années où il réduisait les villes grecques, les unes par la force, les autres par la terreur, qu'il leur eût fallu envoyer des ambassadeurs. Durant tout ce temps, les Rhodiens n'avaient nullement parlé de paix. Quand ils avaient su que les Romains avaient franchi les défilés et étaient entrés en Macédoine, et que Persée se trouvait cerné, alors ils avaient envoyé une ambassade, mais uniquement pour tâcher d'arracher Persée au danger qui le menaçait de si près. » Ce fut avec cette réponse que l'on congédia les ambassadeurs.

IV. Durant ces mêmes jours, M. Marcellus, à son retour de la province d'Espagne, où il avait pris une ville importante, nommée Marcolica, alla déposer dans le trésor public dix livres d'or pesant, et en argent la valeur de dix millions de sesterces. Le consul Paullus Émilius avait, comme il a été dit précédemment, son camp dans l'Odomantice, aux environs de Sires, lorsqu'il reçut une lettre du roi Persée. A la vue des trois envoyés obscurs qui l'apportaient, il ne put, dit-on, retenir ses larmes, en réfléchissant à l'instabilité de la

Macedoniæ, Dardanos Illyriosque obpugnasset, Bastarnarum excivisset auxilia, is tum, amisso exercitu, extorris regno, in parvam insulam compulsus, supplex, fani religione, non viribus suis, tutus esset. Sed postquam, « Regem Persea consuli Paullo salutem, » legit; miserationem omnem stultitia ignorantis fortunam suam exemit. Itaque quamquam in reliqua parte litterarum minime regiæ preces erant, tamen sine responso ac sine litteris ea legatio dimissa est. Sensit Perseus, cujus nominis obliviscendum victo esset: itaque alteræ litteræ cum privati nominis titulo missæ, et petiere, et inpetravere, ut aliqui ad eum mitterentur, cum quibus loqui de statu et conditione suæ fortunæ posset. Missi sunt tres legati, P. Lentulus, A. Postumius Albinus, A. Antonius. Nihil ea legatione perfectum est, Perseo regium nomen omni vi amplectente, Paullo, ut se suaque omnia in fidem et clementiam populi romani permitteret, tendente.

V. Dum hæc aguntur, classis Cn. Octavii Samothracam est adpulsa. Is quoque, præsenti admoto terrore, modo minis, modo spe perlicere, ut se traderet, quum conaretur; adjuvit in hoc eum res, seu casu contracta, seu consilio. L. Atilius inlustris adolescens, quum in

fortune des hommes, dont offrait un si triste exemple ce prince qui, peu auparavant, non content du royaume de Macédoine, avait combattu les Dardaniens et les Illyriens, appelé les Bastarnes pour s'en faire des auxiliaires, et qui alors, privé de son armée, chassé de ses états, jeté dans une petite île, se trouvait réduit au rôle de suppliant, et ne devait qu'à la sainteté du lieu une sûreté qu'il ne pouvait plus attendre de ses propres forces. Mais lorsqu'il vint à lire : « Le roi Persée au consul Paullus, salut, » ce fol orgueil, qui faisait méconnaître à Persée sa situation présente, bannit de son âme toute commisération. Ainsi, quoique le reste de la lettre contînt des prières faites d'un ton qui n'était nullement digne de la majesté royale, la députation néanmoins fut renvoyée sans réponse verbale ni écrite. Persée comprit enfin quel titre un vaincu devait oublier, et adressa au consul une autre lettre, dans laquelle, sans prendre aucune qualité, il le priait de lui envoyer quelques personnes avec lesquelles il pût conférer sur sa situation présente. Il lui en fut envoyé trois, P. Lentulus, A. Postumius Albinus et A. Antonius; mais cette conférence n'amena aucun résultat, Persée mettant une extrême obstination à garder le nom de roi, et Paullus exigeant qu'il abandonnât sa personne et tout ce qui lui appartenait à la discrétion et à la clémence du peuple romain.

V. Pendant ce temps, Cn. Octavius abordait à Samothrace avec sa flotte. Celui-ci, de son côté, tâchait de décider Persée à se rendre, et employait à cet effet tantôt des démonstrations effrayantes, tantôt les menaces, tantôt les promesses, lorsqu'il fut aidé en cela par un incident que fit naître ou le hasard ou son

concione esse populum samothracum animum advertisset, a magistratibus petiit, ut sibi paucis adloquendi populi potestatem facerent. Permisso: « Utrum nos, hospites samothraces, vere accepimus, an falso, sacram hanc insulam, et augusti totam atque inviolati soli esse? » Quum creditæ sanctitati adsentirentur omnes: « Cur igitur, inquit, pollutus homicida, sanguine regis Eumenis violavit, et, quum omnis præfatio sacrorum eos, quibus non sint puræ manus, sacris arceat, vos penetralia vestra contaminari cruento latronis corpore sinetis? » Nobilis fama erat apud omnes Græciæ civitates, Eumenis regis per Evandrum Delphis prope perpetrata cædes. Itaque, præterquam quod in potestate Romanorum sese insulamque totam et templum cernebant esse, ne inmerito quidem ea sibi exprobrari rati, theondam, qui summus magistratus apud eos erat (regem ipsi adpellant), ad Persea mittunt, qui nunciaret: « Argui cædis Evandrum Cretensem; esse autem judicia apud sese more majorum comparata de iis, qui incestas manus intulisse intra terminos sacratos templi dicantur. Si confideret Evander, innoxium se rei capitalis argui, veniret ad caussam dicendam: si committere se judicio non auderet, liberaret religione templum, ac sibimet ipse consuleret. » Perseus, evocato Evandro, judicium subeundi nullo pacto auctor esse: nec caussa,

adresse. L. Atilius, jeune romain de distinction, trouvant les habitans de Samothrace rassemblés sur la place publique, demanda aux magistrats la permission d'adresser au peuple quelques mots, ce qui lui fut accordé. Alors il dit : « Samothraces, nos hôtes, que devons-nous croire de ce que nous avons entendu raconter? Est-il vrai ou faux que cette île soit sacrée, et que toutes les parties de son sol soient augustes et inviolables? » Comme tous déclarèrent qu'ils croyaient, selon l'opinion générale, à la sainteté de l'île : « Pourquoi donc, ajouta-t-il, a-t-elle été violée par la présence d'un homicide souillé du sang du roi Eumène, et, quand toute formule des sacrifices en écarte ceux qui n'ont pas les mains pures, souffrez-vous que vos sanctuaires soient profanés par le corps ensanglanté d'un brigand? » La renommée avait proclamé dans toutes les villes de la Grèce l'assassinat tenté et presque consommé à Delphes par Évandre sur la personne du roi Eumène. Les Samothraces donc, outre qu'ils se voyaient eux, leur île et leur temple au pouvoir des Romains, persuadés que le reproche qu'on leur faisait n'était pas sans fondement, envoient leur premier magistrat, appelé chez eux théondas (ils lui donnent aussi le titre de roi), déclarer à Persée « que le Crétois Évandre est accusé de meurtre; et qu'un tribunal, établi par leurs ancêtres, juge ceux qui sont désignés comme coupables d'avoir porté des mains impures dans l'enceinte sacrée du temple. Si Évandre était certain de pouvoir détruire l'accusation capitale qui pesait sur lui, ayant à offrir la preuve de son innocence, il était libre de venir présenter sa justification; s'il avait des raisons pour craindre un jugement, il devait s'éloigner du temple, profané par sa pré-

nec gratia parem fore. » Suberat et ille metus, ne damnatus auctorem se nefandi facinoris protraheret; « reliqui quid esse, nisi ut fortiter moriatur? » Nihil palam abnuere Evander : sed quum, veneno se malle mori, quam ferro, dixisset; occulte fugam parabat: quod quum renunciatum regi esset, metuens, ne, tamquam a se subtracto poenae reo, iram Samothracum in se converteret, interfici Evandrum jussit. Qua perpetrata temere caede, subiit extemplo animum, in se nimirum receptam labem, quae Evandri fuisset; ab illo Delphis vulneratum Eumenem, ab se Samothracae Evandrum occisum : ita duo sanctissima in terris templa, se uno auctore, sanguine humano violata. Hujus rei crimen, conrupto pecunia theonda, avertitur, ut renunciaret populo, Evandrum sibi ipsum mortem conscisse.

VI. Ceterum tanto facinore in unicum relictum amicum, ab ipso per tot casus expertum, proditumque, quia non prodiderat, omnium ab se abalienavit animos. Pro se quisque transire ad Romanos; fugaeque consilium capere solum prope relictum coegerunt; Oroandemque Cretensem, cui nota Thraciae ora erat, quia

sence, et pourvoir à sa sûreté. » Persée fait appeler Évandre, et l'engage « à bien se garder de courir les risques d'un jugement, dont ni la bonté de sa cause, ni son crédit, ne pourraient le garantir. » Il craignait que la condamnation d'Évandre ne le fît connaître lui-même pour l'auteur de l'attentat. Il cherche donc à lui faire entendre « que le seul parti qui lui reste, est de se donner courageusement la mort. » Évandre feignit de ne point sentir la moindre répugnance à suivre ce conseil; mais il dit qu'il aimait mieux périr par le poison que par le fer, et se prépara secrètement à prendre la fuite. Le roi, qui fut averti de son projet, craignant de passer pour avoir soustrait le coupable au châtiment qui l'attendait, et de faire retomber sur sa personne la colère des Samothraces, lui fit donner la mort. A peine ce meurtre eût-il été commis, qu'il sentit toute son imprudence, et vit que l'horreur qu'avait inspirée Évandre allait infailliblement se reporter sur lui. En effet, si Évandre avait blessé Eumène à Delphes, il venait, lui, de tuer Évandre à Samothrace. Ainsi, les deux temples le plus en vénération sur toute la terre avaient été profanés par l'effusion du sang humain, que lui seul avait fait répandre. Il écarte l'odieux de ce dernier crime, en gagnant à force d'argent le théondas, qui déclare au peuple qu'Évandre s'est lui-même donné la mort.

VI. Au surplus, un tel acte de cruauté envers le seul ami qui lui restait, ami qu'il avait lui-même éprouvé dans tant de circonstances, et qu'il venait de trahir parce que celui-ci ne l'avait pas trahi, lui aliéna tous les esprits. Chacun s'empressa de passer du côté des Romains; et cette désertion, par suite de laquelle il demeura presque seul, le força de songer à prendre la fuite. Il

mercaturas in ea regione fecerat, adpellat, ut se sublatum in lembum ad Cotym deveheret. Demetrium est portus in promontorio quodam Samothracae: ibi lembus stabat. Sub occasum solis deferuntur, quae ad usum necessaria erant: defertur et pecunia, quanta clam deferri poterat. Rex ipse nocte media, cum tribus consciis fugae, per posticum aedium in propinquum cubiculo hortum, atque inde, maceriam aegre transgressus, ad mare pervenit. Oroandes jam tum, quum pecunia deferretur, primis tenebris solverat navem, ac per altum Cretam petebat. Postquam in portu navis non inventa est, vagatus Perseus aliquamdiu in litore, postremo timens lucem jam adpropinquantem, in hospitium redire non ausus, in latere templi prope angulum obscurum delituit. Pueri regii apud Macedonas vocabantur principum liberi, ad ministerium electi regis: ea cohors, persecuta regem fugientem, ne tum quidem abscedebat, donec jussu Cn. Octavii pronunciatum est per praeconem: « Regios pueros Macedonasque alios, qui Samothracae essent, si transirent ad Romanos, incolumitatem, libertatemque et sua omnia servaturos, quae aut secum haberent, aut in Macedonia reliquissent. » Ad hanc vocem transitio omnium facta est, nominaque dabant ad C. Postumium tribunum militum. Liberos quoque parvos regios Ion Thessalonicensis Octavio tradidit: nec

mande donc un Crétois nommé Oroande, qui connaissait la côte de Thrace pour avoir fait le commerce dans cette contrée, l'engage à le prendre sur un bâtiment léger, et à le conduire chez Cotys. Le bâtiment était pour lors dans un port de Samothrace, nommé Démétrie, et dominé par un promontoire. Au coucher du soleil, on y transporte toutes les choses nécessaires, et autant d'argent qu'il était possible d'en enlever furtivement. Au milieu de la nuit, le roi, avec trois compagnons de sa fuite, sort par une porte de derrière, descend dans un jardin voisin de la chambre où il couchait, en franchit le mur non sans difficulté, et arrive enfin au bord de la mer. A peine l'argent avait-il été embarqué, qu'Oroande avait gagné le large à l'entrée de la nuit; et il faisait voile vers la Crète. Persée, ne trouvant point de navire dans le port, erra quelque temps sur le rivage; mais craignant d'y être surpris par le jour qui approchait, et n'osant retourner dans son premier asile, il se cacha dans un coin obscur du temple. En Macédoine, on appelait enfans royaux les enfans des familles les plus illustres, choisis pour le service du roi. Ces jeunes gens avaient suivi Persée dans sa fuite, et ne le quittaient même pas en ce moment. Cn. Octavius fait proclamer par un héraut : « Que les enfans royaux et les autres Macédoniens alors à Samothrace, qui passeraient du côté des Romains, conserveraient la vie, la liberté et tout ce qui leur appartenait, tant ce qu'ils avaient laissé en Macédoine, que ce qu'ils avaient avec eux. » Cette proclamation occasiona une désertion générale, et chacun donna son nom au tribun des soldats C. Postumius. Ion de Thessalonique remit à Octavius les enfans de Persée, encore en bas âge, et il ne resta auprès du roi

quisquam, præter Philippum, maximum natu e filiis, cum rege relictus. Tum sese filiumque Octavio tradidit; fortunam deosque, quorum templum erat, nulla ope supplicem juvantes, accusans. In prætoriam navem inponi jussus; eodem et pecunia, quæ superfuit, delata est: extemplo classis Amphipolim repetit. Inde Octavius regem in castra ad consulem misit, præmissis litteris, ut in potestate eum esse et adduci sciret.

VII. Secundam eam Paullus, sicut erat, victoriam ratus, victimas cecidit eo nuncio; et, consilio advocato, litteras prætoris quum recitasset, Q. Ælium Tuberonem obviam regi misit: ceteros manere in prætorio frequentes jussit. Non alias ad ullum spectaculum tanta multitudo obcurrit. Patrum ætate Syphax rex captus in castra romana adductus erat: præterquam quod nec sua, nec gentis fama comparandus, tunc accessio punici belli fuerat, sicut Gentius macedonici. Perseus caput belli erat: nec ipsius tantum patris avique [et ceterorum regum], quos sanguine ac genere contingebat, fama conspectum eum efficiebat, sed effulgebant Philippus ac Magnus Alexander, qui summum imperium in orbe terrarum Macedonum fecerant. Pullo amictu [simul filio] Perseus ingressus est castra, nullo suorum alio comite, qui socius calamitatis miserabiliorem eum faceret; progredi præ turba obcurrentium ad spectacu-

que Philippe, l'aîné de ses fils. Alors il se rendit à Octavius avec ce fils, accusant la fortune et les dieux du temple, qui avaient été entièrement sourds à ses prières. On le fit monter à bord du vaisseau prétorien, sur lequel on transporta ce qui lui restait d'argent, et la flotte reprit sur-le-champ la route d'Amphipolis. De là, Octavius le fit conduire au camp des Romains, après avoir averti le consul par des dépêches, qu'il était maître de sa personne, et qu'il le lui envoyait.

VII. Paullus, regardant la prise du roi comme une seconde victoire, ce qui était vrai, offrit un sacrifice lorsqu'il en reçut la nouvelle. Ensuite il assembla son conseil, lui lut les dépêches du préteur, envoya Q. Élius Tubéron au devant du roi, et fit rester tous les autres chefs dans sa tente. Jamais spectacle n'avait attiré une si grande multitude. Du temps de nos pères, le roi Syphax avait été amené prisonnier dans le camp romain; mais, outre qu'il n'était à comparer à Persée ni pour sa célébrité, ni pour celle de sa nation, sa défaite n'était qu'un accessoire de la guerre punique, comme celle de Gentius l'était de la guerre de Macédoine. Cette dernière, Persée en était l'âme et le moteur. Non-seulement la gloire de son père, de son aïeul, et de tous les rois dont il était le descendant, attiraient sur lui les regards; mais l'éclat de ce Philippe, de cet Alexandre-le-Grand, qui avaient rendu les Macédoniens les maîtres du monde, rejaillissait sur sa personne. Persée entra dans le camp en habit de deuil, accompagné de son fils, sans autre suite qui, en partageant son infortune, redoublât la compassion qu'elle inspirait. La foule de ceux que ce spectacle avait attirés l'empêcha d'avancer,

lum non poterat, donec a consule lictores missi essent, qui submoto iter ad prætorium facerent. Consurrexit consul, et, jussis sedere aliis, progressusque paullum, introeunti regi dextram porrexit; submittentemque se ad pedes sustulit: nec adtingere genua passus, introductum in tabernaculum adversus advocatos in consilium considere jussit.

VIII. Prima percontatio fuit, « qua subactus injuria contra populum romanum bellum tam infesto animo suscepisset, quo se regnumque suum ad ultimum discrimen adduceret? » Quum, responsum exspectantibus cunctis, terram intuens, diu tacitus fleret, rursum consul: « Si juvenis regnum accepisses, minus equidem mirarer, ignorasse te, quam gravis aut amicus, aut inimicus esset populus romanus; nunc vero, quum et bello patris tui, quod nobiscum gessit, interfuisses, et pacis postea, quam cum summa fide adversus eum coluimus, meminisses, quod consilium, quorum et vim bello, et fidem in pace expertus esses, cum iis tibi bellum esse, quam pacem, malle? » Nec interrogatus, nec accusatus quum responderet: « Utcumque tamen hæc, sive errore humano, seu casu, seu necessitate inciderunt, bonum animum habe: multorum regum, populorum casibus cognita populi romani clementia non modo spem tibi, sed prope certam fiduciam salutis, præbet. » Hæc

jusqu'à ce que le consul eût envoyé ses licteurs lui ouvrir un passage pour arriver à sa tente. Quand le consul l'aperçut, il se leva, et, ordonnant aux autres de rester assis, il fit quelques pas au devant de lui, et lui présenta la main. Le roi voulut se prosterner à ses pieds; mais il le releva avant qu'il eût pu embrasser ses genoux, le fit entrer dans sa tente, et l'invita à s'asseoir vis-à-vis des membres du conseil.

VIII. Émilius commença par lui demander « quel grief l'avait porté à faire la guerre au peuple romain, avec cet inconcevable acharnement qui ne pouvait manquer d'attirer les derniers malheurs sur lui et sur son royaume? » Chacun attendait sa réponse; mais, les yeux baissés vers la terre, il garda long-temps le silence en versant des larmes. Alors le consul ajouta : « Si vous étiez monté jeune sur le trône, j'aurais moins de peine à concevoir que vous eussiez ignoré de quel poids est l'amitié ou l'inimitié du peuple romain; mais, après avoir pris part à la guerre que nous fit votre père, lorsque vous avez dû vous souvenir du traité de paix dont elle fut suivie, et de la scrupuleuse exactitude avec laquelle nous avons observé les conditions de ce traité, comment avez-vous pu préférer la guerre à la paix avec ceux dont vous aviez éprouvé et la force dans l'une, et la fidélité dans l'autre? » Comme Persée ne répondait pas plus à ce reproche qu'à la question qui lui avait été précédemment adressée, Émilius lui dit : « Quoi qu'il en soit; que ce qui est arrivé soit l'effet d'une erreur de l'humanité, ou du hasard, ou de l'ordre immuable des destins, prenez courage. La clémence du peuple romain, que tant de peuples ont éprouvée dans

græco sermone Perseo; latine deinde suis: « Exemplum insigne cernitis, inquit, mutationis rerum humanarum. Vobis hoc præcipue dico, juvenes; ideo in secundis rebus nihil in quemquam superbe ac violenter consulere decet, nec præsenti credere fortunæ; quum, quid vesper ferat, incertum sit. Is demum vir erit, cujus animum neque prospera flatu suo efferet, nec adversa infringet. » Consilio dimisso, tuendi cura regis Q. Ælio mandatur. Eo die et invitatus ad consulem Perseus, et alius omnis ei honos habitus est, qui haberi in tali fortuna poterat.

IX. Exercitus deinde in hiberna dimissus est; maximam partem copiarum Amphipolis, reliquas propinquæ urbes acceperunt. Hic finis belli, quum quadriennium continuum bellatum esset, inter Romanos ac Persea fuit; idemque finis incliti per Europæ plerumque atque Asiam omnem regni. Vicesimum ab Carano, qui primus regnavit, Persea numerabant. Perseus, Q. Fulvio, L. Manlio consulibus, regnum accepit: a senatu rex est adpellatus, M. Junio, A. Manlio consulibus: regnavit undecim annos. Macedonum obscura admodum fama usque ad Philippum Amyntæ filium fuit: inde ac per eum crescere quum cœpisset, Europæ se tamen finibus continuit, Græciam omnem et partem Thraciæ atque Illyrici am-

leurs infortunes, non-seulement vous offre l'espoir, mais vous est presque un gage certain d'un sort plus doux. » Ce fut en grec qu'il adressa ces paroles à Persée; il dit ensuite en latin aux siens : « Vous voyez un exemple frappant de la vicissitude des choses humaines. Je dis cela surtout à vous, jeunes gens. On doit donc se garder avec soin, dans la prospérité, d'user de hauteur et de violence envers qui que ce soit, et de trop se fier à sa fortune présente, puisqu'on ne sait pas le matin ce que peut amener le soir. Celui-là seul est véritablement homme, qui ne se laisse point énorgueillir par le succès, et que l'adversité ne saurait abattre. » Après avoir congédié son conseil, il confia à Q. Élius le soin de garder le roi. Ce jour-là, le consul invita Persée à sa table, et lui rendit tous les honneurs que comportait sa situation.

IX. Ensuite l'armée fut envoyée en quartiers d'hiver, la plus grande partie dans Amphipolis, et le reste dans les villes voisines. Telle fut la fin de la guerre entre les Romains et Persée, guerre qui dura quatre ans sans interruption, et entraîna la destruction d'un royaume dont la renommée avait rempli la plus grande partie de l'Europe et l'Asie entière. Persée en était le vingtième roi, à partir de Caranus, qui régna le premier en Macédoine. Arrivé au trône sous le consulat de Q. Fulvius et de L. Manlius, ce fut sous celui de M. Junius et d'A. Manlius qu'il reçut du sénat le titre de roi; son règne dura onze ans. Les Macédoniens avaient été peu connus jusqu'à celui de Philippe, fils d'Amyntas. Ils dûrent à ce prince les commencemens de leur célébrité, qui toutefois ne franchit pas encore les bornes de l'Europe, et se concentra dans la Grèce et dans une partie de la

plexa. Superfudit deinde se in Asiam; et tredecim annis, quibus Alexander regnavit, primum omnia, qua Persarum prope inmenso spatio imperium fuerat, suæ ditionis fecit. Arabas hinc Indiamque, qua terrarum ultimos fines Rubrum mare amplectitur, peragravit; tum maximum in terris Macedonum regnum nomenque; inde morte Alexandri distractum in multa regna, dum ad se quisque opes rapiunt, lacerantes suis viribus: a summo culmine fortunæ ad ultimum finem centum quinquaginta annos stetit.

X. Victoriæ romanæ fama quum pervasisset in Asiam, Antenor, qui cum classe lemborum ad Phanas stabat, Cassandream inde trajecit. C. Popillius, qui ad Delum præsidio navibus Macedoniam petentibus erat, postquam debellatum in Macedonia, et statione submotos hostium lembos audivit, dimissis et ipse atticis navibus, ad susceptam legationem peragendam navigare Ægyptum pergit: ut prius obcurrere Antiocho posset, quam ad Alexandreæ mœnia accederet. Quum prætervcherentur Asiam legati, et Loryma venissent, qui portus viginti paullo amplius millia ab Rhodo abest, ex adverso urbi ipsi positus; principes Rhodiorum obcurrunt (jam enim eo quoque victoriæ fama perlata erat) orantes, « ut Rhodum deveherentur; pertinere id ad famam salutemque civitatis, noscere ipsos omnia, quæ acta essent, ageren-

Thrace et de l'Illyrie. Ensuite, elle déborda en Asie ; et, durant les treize années qu'il régna, Alexandre soumit d'abord l'immense étendue de pays qui formait auparavant l'empire des Perses, puis il parcourut en conquérant l'Arabie, l'Inde, et les contrées les plus reculées de la terre qu'embrasse la mer Rouge. Alors les Macédoniens furent le peuple le plus célèbre, et leur royaume le plus grand de l'univers. Mais, à la mort d'Alexandre, ce royaume fut divisé en plusieurs autres par ses généraux, qui se disputèrent ses dépouilles à main armée ; et ce déchirement amena enfin sa ruine totale, cent cinquante ans après l'époque de sa plus grande splendeur.

X. Lorsque le bruit de la victoire des Romains se fut répandu en Asie, Anténor, qui stationnait vis-à-vis de Phanes avec sa flotte composée de bâtimens légers, abandonna ce lieu et passa à Cassandrée. De son côté, C. Popillius, qui se tenait à Délos pour protéger les navires allant en Macédoine, à la nouvelle que la guerre était terminée dans ce pays, et que les bâtimens légers de l'ennemi avaient quitté leur station, congédia les vaisseaux athéniens ; et, comme il était chargé de se rendre en Égypte à la tête d'une ambassade, il se dirigea vers cette contrée pour accomplir sa mission. Il voulait joindre Antiochus, avant que celui-ci n'arrivât sous les murs d'Alexandrie. En longeant les côtes de l'Asie, les ambassadeurs arrivèrent à Loryme, port situé en face de la ville de Rhodes, à la distance d'un peu plus de vingt milles. Là, les principaux d'entre les Rhodiens (car déjà la nouvelle de la victoire était aussi parvenue chez eux) viennent les trouver, et les prient « de venir à Rhodes ; il y allait de l'honneur et du sa-

turque Rhodi, et comperta per se, non vulgata fama, Romam referre. » Diu negantes perpulerunt, ut moram navigationis brevem pro salute sociæ urbis paterentur. Postquam Rhodum ventum est, in concionem quoque eos iidem precibus pertraxerunt. Adventus legatorum auxit potius timorem civitati, quam minuit : omnia enim Popillius, quæ singuli universique eo bello hostiliter dixerant, fecerantque, retulit; et, vir asper ingenio, augebat atrocitatem eorum, quæ dicerentur, vultu truci et accusatoria voce : ut, quum propriæ simultatis nulla caussa cum civitate esset, ex unius senatoris romani acerbitate, qualis in se universi senatus animus esset, conjectarent. C. Decimii moderatior oratio fuit, qui, « in plerisque eorum, quæ commemorata a Popillio essent, culpam non penes populum, sed penes paucos concitores vulgi esse, dixit; eos, venalem linguam habentes, decreta plena regiæ adsentationis fecisse ; et eas legationes misisse, quarum Rhodios semper non minus puderet, quam pœniteret. Quæ omnia, si ea mens populo foret, in capita noxiorum versura. » Cum magno adsensu auditus est, non magis eo, quod multitudinem noxa levabat, quam quod culpam in auctores verterat. Itaque quum principes eorum Romanis responderent, nequaquam tam grata oratio eorum fuit, qui, quæ Popillius objecerat, diluere utcumque conati sunt; quam

lut de leur cité à ce que les ambassadeurs prissent connaissance par eux-mêmes de tout ce qui s'y était passé, et de tout ce qui s'y passait encore, afin de ne rapporter à Rome que des faits dont ils se seraient personnellement assurés, et dont ils n'auraient pas été instruits seulement par le bruit public. » Les ambassadeurs, après s'en être défendus long-temps, consentirent enfin à suspendre un moment leur voyage pour le salut d'une ville alliée. Lorsqu'ils furent arrivés, on leur fit les mêmes instances pour paraître dans l'assemblée du peuple. Leur présence augmenta la crainte des habitans, plutôt que de la diminuer : car Popillius entra dans le détail de tout ce que le public et les particuliers avaient dit ou fait durant cette guerre ; et comme il était d'un caractère âpre, son air farouche et son ton menaçant ajoutaient encore à la dureté de ses reproches. Aussi, de cette animosité d'un sénateur romain, qui n'avait aucun sujet personnel de haine contre leur cité, conclurent-ils que les dispositions du sénat entier ne leur étaient pas plus favorables. C. Decimius parla avec plus de modération. « Le blâme, dit-il, de la plupart des torts que venait de mentionner Popillius ne s'adressait point au peuple, mais seulement à quelques agitateurs. C'étaient ces hommes à éloquence vénale qui avaient rédigé des décrets pleins d'adulation pour le roi ; c'étaient eux qui avaient envoyé ces ambassades, dont le souvenir causerait sans cesse aux Rhodiens autant de honte que de repentir. Mais tous ces torts, si le peuple persistait dans les mêmes sentimens, la peine en retomberait sur la tête de ceux qui en étaient coupables. » Ces paroles de Decimius furent entendues avec une grande faveur, et parce qu'elles atténuaient la faute de la multitude, et

eorum, qui Decimio in auctoribus ad piaculum noxæ objiciendis adsensi sunt. Decretum igitur extemplo, « ut, qui pro Perseo adversus Romanos dixisse quid, aut fecisse, convincerentur, capitis condemnarentur. » Excesserunt urbe sub adventu Romanorum quidam, alii mortem sibi consciverunt. Legati, non ultra quam quinque dies Rhodi morati, Alexandream proficiscuntur. Nec eo segnius judicia ex decreto coram his facto Rhodi exercebantur : quam perseverantiam in exsequenda re Decimii lenitas [ultro accenderat].

XI. Quum hæc gererentur, Antiochus frustra tentatis mœnibus Alexandreæ abscesserat ; ceteraque Ægypto potitus, relicto Memphi majore Ptolemæo, cui regnum quæri suis viribus simulabat, ut victorem mox adgrederetur, in Syriam exercitum abduxit. Nec hujus voluntatis ejus ignarus Ptolemæus dum conterritum obsidionis metu minorem fratrem haberet, posse se recipi Alexandreæ, et sorore adjuvante, et non repugnantibus fratris amicis, ratus; primum ad sororem, deinde ad fratrem amicosque ejus, non prius destitit mittere,

plus encore parce qu'elles l'imputaient à ceux qui en étaient les auteurs. Aussi, dans la réponse des premiers de la nation aux Romains, goûta-t-on moins les efforts de ceux qui firent tout ce qu'ils purent pour justifier les Rhodiens des imputations de Popillius, que la franchise de ceux qui reconnurent, avec Decimius, la nécessité de punir les coupables. Il fut donc rendu, sur-le-champ, un décret portant, que « tous ceux qui seraient convaincus de quelques propos ou démarches favorables à Persée et contraires aux intérêts des Romains, seraient condamnés à la peine capitale. » Quelques-uns de ceux que ce décret atteignait avaient quitté la ville dès l'arrivée des ambassadeurs romains; les autres s'étaient donné la mort. Les ambassadeurs, après être restés cinq jours à Rhodes, se remirent en route pour Alexandrie. Leur départ de Rhodes ne ralentit point dans cette ville les poursuites exercées en vertu du décret rendu, eux présens, et la douceur qu'avait montrée Decimius fut un motif de plus de les continuer avec persévérance.

XI. Pendant que ces choses se passaient, Antiochus, après une tentative inutile pour emporter d'assaut Alexandrie, avait renoncé au siège de cette ville; et, maître du reste de l'Égypte, laissant à Memphis l'aîné des Ptolémées, qu'il ne s'efforçait en apparence de rétablir sur le trône, qu'avec le dessein de tourner bientôt ses armes contre lui quand celui-ci serait vainqueur, il ramena son armée en Syrie. Ptolémée, qui avait pénétré ses intentions, pensant qu'il pouvait, tandis que son jeune frère était consterné par la crainte d'un siège, se faire recevoir lui-même dans Alexandrie, à l'aide de sa sœur et du consentement des amis de son frère, ne cessa

quam pacem cum iis confirmaret. Suspectum Antiochum effecerat, quod, cetera Ægypto sibi tradita, Pelusii validum relictum erat præsidium; adparebat, claustra Ægypti teneri, ut, quum vellet, rursus exercitum induceret: bello intestino cum fratre eum exitum fore, ut victor, fessus certamine, nequaquam par Antiocho futurus esset. Hæc, prudenter animadversa a majore, cum adsensu minor frater, quique cum eo erant, acceperunt : soror plurimum adjuvit, non consilio modo, sed etiam precibus. Itaque, consentientibus cunctis pace facta, Alexandream recipitur, ne multitudine quidem adversante : quæ in bello, non per obsidionem modo, sed etiam postquam a mœnibus abscessum est, quia nihil ex Ægypto subvehebatur, omnium rerum adtenuata inopia erat. His quum lætari Antiochum conveniens esset, si reducendi ejus caussa exercitum Ægyptum induxisset, quo specioso titulo ad omnes Asiæ et Græciæ civitates, legationibus recipiendis litterisque dimittendis, usus erat, adeo est obfensus, ut multo acrius infestiusque adversus duos, quam ante adversus unum, pararet bellum. Cyprum extemplo classem misit : ipse, primo vere cum exercitu Ægyptum petens, in Cœlen Syriam processit. Circa Rhinocolura Ptolemæi legatis agentibus gratias, quod per eum regnum patrium recepisset, petentibusque, ut suum munus tueretur, et di-

de solliciter sa sœur d'abord, ensuite son frère et ses conseillers, qu'une réconciliation n'eût rétabli la paix. Ce qui lui avait rendu Antiochus suspect, c'est que celui-ci, en lui abandonnant le reste de l'Égypte, avait laissé dans Péluse une forte garnison, semblant se réserver cette clef de l'Égypte pour y rentrer, quand il le voudrait, avec une armée. D'ailleurs, une guerre intestine avec son frère ne pouvait avoir d'autre résultat que d'offrir à Antiochus une proie facile dans le vainqueur affaibli par cette lutte. Ces sages réflexions de l'aîné des Ptolémées furent goûtées par son jeune frère et ceux qui l'entouraient, et la sœur contribua beaucoup, tant par ses prières que par ses conseils, au succès de la négociation. Ainsi la paix fut conclue, et l'aîné des Ptolémées reçu dans Alexandrie, sans la moindre opposition, même de la part de la multitude, qui, dans le cours de cette guerre, avait eu à supporter la disette de toutes choses, non-seulement durant le siège, mais encore après que l'ennemi se fut éloigné des murailles, parce qu'il n'arrivait de l'Égypte aucune espèce de provisions. Antiochus, qui aurait dû se réjouir de cette réconciliation, s'il n'eût fait entrer une armée en Égypte que pour rétablir sur le trône Ptolémée, prétexte spécieux dont il avait masqué ses vues ambitieuses, soit dans ses lettres à toutes les cités de l'Asie et de la Grèce, soit dans ses réponses à leurs ambassadeurs, en fut au contraire tellement irrité, qu'il se prépara à faire la guerre aux deux frères avec plus de violence et d'acharnement qu'il n'en avait montré contre un seul. Il fit partir sur-le-champ sa flotte pour Chypre, se mit lui-même en route pour l'Égypte avec une armée dès le commencement du printemps, et s'avança jusque dans la Célésy-

ceret potius, quid fieri vellet, quam, hostis ex socio factus, vi atque armis ageret, respondit : « Non aliter neque classem revocaturum, neque exercitum reducturum, nisi sibi et tota Cypro, et Pelusio, agroque, qui circa pelusiacum ostium Nili esset, cederet; » diemque præstituit, intra quam de conditionibus peractis responsum acciperet.

XII. Postquam dies data induciis præteriit, [præfectis maritimarum virium, quæ terrestrem exercitum comitabantur,] navigantibus ostio Nili ad Pelusium, [ipse] per deserta Arabiæ [ingressus Ægyptum, receptusque ab iis qui] ad Memphim incolebant, et ab ceteris Ægyptiis, partim voluntate, partim metu, ad Alexandream modicis itineribus descendit. Ad Eleusinem transgresso flumen, qui locus quatuor millia ab Alexandrea abest, legati romani obcurrerunt; quos quum advenientes salutasset, dextramque Popillio porrigeret; tabellas ei Popillius senatusconsultum habentes tradit, atque omnium primum id legere jubet : quibus perlectis, quum « se consideraturum, adhibitis amicis, quid faciendum sibi esset, » dixisset; Popillius, pro cetera asperitate animi, virga, quam in manu gerebat, circumscripsit regem, ac : « Priusquam hoc circulo exce-

rie. Les ambassadeurs de Ptolémée le vinrent trouver aux environs de Rhinocolure, le remercièrent d'avoir rétabli ce roi sur le trône de ses ancêtres, le prièrent de maintenir son ouvrage, et de déclarer ce qu'il exigeait, plutôt que de changer sa conduite d'allié en celle d'un ennemi, et d'employer la force des armes. Il répondit « qu'il ne rappellerait sa flotte et ne retirerait son armée qu'après que Ptolémée lui aurait cédé Chypre entière, et Péluse avec son territoire, jusqu'à celle des embouchures du Nil qui portait le nom de Pélusiaque. » Ensuite il fixa le jour où l'on devait lui donner réponse au sujet de ces conditions.

XII. Quand le jour désigné comme le dernier de la trève fut expiré, il donna ordre aux commandans de ses forces navales, qui accompagnaient l'armée de terre, de conduire la flotte à Péluse par l'embouchure du Nil, et lui-même il entra en Égypte par les déserts de l'Arabie. Les habitans de Memphis lui ouvrirent leurs portes; les autres villes de l'Égypte en firent autant, les unes volontairement, les autres par crainte, et il descendit à petites journées vers Alexandrie. Il avait passé le fleuve à Éleusis, bourg distant d'Alexandrie de quatre mille pas, lorsque les ambassadeurs romains vinrent à sa rencontre. A leur arrivée, il les salua et présenta la main à Popillius; mais celui-ci lui remit les tablettes sur lesquelles était écrit le sénatus-consulte, et lui prescrivit, avant tout, d'en prendre lecture. Antiochus, après les avoir lues, répondit « qu'il assemblerait son conseil, pour délibérer sur le parti qu'il avait à prendre. » Alors Popillius enferma le roi dans un cercle qu'il traça avec une baguette qu'il tenait à la main, et, d'un ton qui répondait d'ailleurs à l'âpreté de son caractère, lui dit : « Avant de sortir de ce cercle,

das, inquit, redde responsum, senatui quod referam. » Obstupefactus tam violento imperio parumper quum haesitasset: « Faciam, inquit, quod censet senatus. » Tum demum Popillius dextram regi, tamquam socio atque amico, porrexit. Die deinde finita quum excessisset Ægypto Antiochus, legati, concordia etiam auctoritate sua inter fratres firmata, inter quos vixdum convenerat pax, Cyprum navigant; et inde, quae jam vicerat proelio aegyptias naves, classem Antiochi dimittunt. Clara ea per gentes legatio fuit, quod haud dubie ademta Antiocho Ægyptus habenti jam, redditumque patrium regnum stirpi Ptolemaei fuerat. Consulum ejus anni, sicut alterius clarus consulatus insigni victoria, ita alterius obscura fama, quia materiam res gerendi non habuit. Jam primum quum legionibus ad conveniendum diem dixit, non auspicato templum intravit; vitio diem dictam esse augures, quum ad eos relatum est, decreverunt. Profectus in Galliam circa Macros campos ad montes Siciminam et Papinum stativa habuit: deinde circa eadem loca cum sociis nominis latini hibernabat: legiones romanae, quod vitio dies exercitui ad conveniendum dicta erat, Romae manserant. Et praetores, praeter C. Papirium Carbonem, cui Sardinia evenerat, in provincias iere : eum tum jus dicere Romae (nam eam quoque sortem habebat) inter cives et peregrinos patres censuerant.

rendez-moi la réponse que je dois rapporter au sénat. »
Étourdi d'un ordre si impérieux, Antiochus, après un
moment d'hésitation, répondit : « Je ferai ce que veut le
sénat. » Alors Popillius tendit enfin la main au roi,
comme à un allié et à un ami. Antiochus quitta l'Égypte
au jour convenu; et les ambassadeurs, après avoir, par
le poids de leur autorité, cimenté la paix entre les deux
frères, se rendirent en Chypre, d'où ils renvoyèrent la
flotte du roi de Syrie, qui avait déjà vaincu dans un combat les navires égyptiens. Il fut beaucoup parlé de cette
ambassade dans tous les pays; car il demeurait évident
qu'elle avait arraché l'Égypte à Antiochus, qui en était
déjà maître, et replacé la dynastie des Ptolémées sur le
trône de ses pères. Des deux consuls de cette année, si
l'un illustra son consulat par une brillante victoire,
l'autre resta dans l'obscurité faute d'occasion d'en sortir.
Le jour fixé par lui aux légions pour se rassembler, il
entra dans l'enceinte sacrée sans avoir pris les auspices;
et les augures, consultés à ce sujet, déclarèrent qu'il y
avait vice dans la convocation. Lorsqu'il fut arrivé en
Gaule, il campa dans les plaines Maigres, au pied des
monts Sicimina et Papinus, et prit ensuite ses quartiers
d'hiver aux environs, avec les alliés du nom latin. Les
légions romaines, à cause de la manière irrégulière dont
l'armée avait été convoquée, étaient restées à Rome. Les
préteurs, à l'exception de C. Papirius Carbon, à qui était
échue la Sardaigne, se rendirent aussi dans leur province. Les sénateurs avaient jugé à propos de retenir
Carbon à Rome, pour connaître des contestations entre
les citoyens et les étrangers (car, outre sa province, le
sort lui avait encore assigné cette juridiction).

XIII. Et Popillius et ea legatio, quæ missa ad Antiochum erat, Romam rediit; retulit, controversias inter reges sublatas esse, exercitumque ex Ægypto in Syriam reductum. Post ipsorum regum legati venerunt; Antiochi legati, referentes: « Omni victoria potiorem pacem regi, quæ senatui placuisset, visam; eumque haud secus, quam deorum imperio, legatorum romanorum jussis paruisse. » Gratulati deinde victoriam sunt, « quam summa ope, si quid imperatum foret, adjuturum regem fuisse. » Ptolemæi legati, communi nomine regis et Cleopatræ, gratias egerunt: « Plus eos senatui populoque romano, quam parentibus suis, plus, quam diis inmortalibus, debere; per quos obsidione miserrima liberati essent, regnum patrium prope amissum recepissent. » Responsum ab senatu est : « Antiochum recte atque ordine fecisse, quod legatis paruisset, gratumque id esse senatui populoque romano. » Regibus Ægypti, Ptolemæo Cleopatræque : « Si quid per se boni commodique evenisset, id magnopere senatum lætari; daturumque operam, ut regni sui maximum semper præsidium positum esse in fide populi romani ducant. » Munera legatis ut ex instituto mittenda curaret, C. Papirio prætori mandatum. Litteræ deinde e Macedonia adlatæ, quæ victoriæ lætitiam geminarent : « Persea regem in potestatem consulis venisse. » Dimissis legatis

XIII. Cependant Popillius revint à Rome, avec l'ambassade qui avait été envoyée à Antiochus, rapportant la nouvelle que les querelles des rois étaient terminées; qu'Antiochus avait retiré son armée de l'Égypte et l'avait ramenée en Syrie. Arrivèrent après les ambassadeurs des rois eux-mêmes. Ceux d'Antiochus protestèrent « que le roi avait trouvé préférable à la plus brillante victoire une paix agréable au sénat, et qu'il avait obéi aux injonctions des ambassadeurs romains, comme à un ordre des dieux. » Ensuite ils félicitèrent le peuple romain sur sa victoire, « à laquelle le roi eût été disposé à contribuer de tout son pouvoir, si l'on eût requis tant soit peu sa coopération. » Les ambassadeurs de Ptolémée remercièrent le sénat au nom de leur roi et de Cléopâtre. « Ce prince et cette princesse devaient plus au sénat et au peuple romain qu'à leurs parens, même qu'aux dieux immortels, puisque c'étaient les Romains qui les avaient délivrés d'un siège des plus calamiteux, et rétablis sur le trône de leurs pères, qu'ils perdaient quelques momens plus tard. » Le sénat fit répondre aux premiers : « Qu'Antiochus avait fait preuve de sagesse et d'équité en cédant aux paroles des ambassadeurs, et que le sénat et le peuple romain lui savaient gré de cette déférence; » à ceux des rois d'Égypte, Ptolémée et Cléopâtre, « que le sénat éprouvait une grande joie d'avoir pu contribuer à quelque chose de favorable à leurs intérêts, et qu'il aurait soin qu'ils pussent toujours regarder la protection du peuple romain comme le plus ferme appui de leur trône. » Le préteur C. Papirius fut chargé de faire remettre aux ambassadeurs les présens d'usage. Ensuite il arriva de la Macédoine des dépêches qui redoublèrent la joie qu'avait causée la victoire. Elles annonçaient

disceptatum inter pisanos lunensesque legatos : Pisanis querentibus, agro se a colonis romanis pelli; Lunensibus adfirmantibus, eum, de quo agatur, ab triumviris agrum sibi adsignatum esse. Senatus, qui de finibus cognoscerent statuerentque, quinqueviros misit, Q. Fabium Buteonem, P. Cornelium Blasionem, T. Sempronium Muscam, L. Naevium Balbum, C. Appuleium Saturninum. Et ab Eumene et ab Attalo et ab Athenaeo fratribus, communis legatio de victoria gratulatum venit. Et Masgabae, regis Masinissae filio, Puteolis nave egresso, praesto fuit, obviam missus cum pecunia, L. Manlius quaestor, qui Romam eum publico sumtu perduceret. Advenienti extemplo senatus datus est. Is adolescens ita locutus est, ut, quae rebus grata erant, gratiora verbis faceret. Commemoravit, « quot pedites equitesque, quot elephantos, quantum frumenti eo quadriennio pater suus in Macedoniam misisset. Sed duas res ei rubori fuisse : unam, quod rogasset eum per legatos senatus, quae ad bellum opus essent, et non imperasset: alteram, quod pecuniam ei pro frumento misisset. Masinissam meminisse, regnum a populo romano partum auctumque et multiplicatum habere : usu regni contentum scire, dominium et jus eorum, qui dederint, esse. Sumere itaque eosdem, non se rogare, aequum esse, neque emere ea ex fructibus agri ab se dati, quae ibi

« que le roi Persée était au pouvoir du consul. » Les ambassadeurs congédiés, on entendit les envoyés des Pisans et des habitans de Luna. Les Pisans se plaignaient de ce que leur territoire était envahi par les colons romains ; ceux de Luna affirmaient que le territoire en question leur avait été assigné par les triumvirs. Le sénat envoya, pour reconnaître et fixer les limites, cinq commissaires, qui furent Q. Fabius Butéon, P. Cornelius Blasion, T. Sempronius Musca, L. Névius Balbus et C. Appuleius Saturninus. Arriva ensuite une ambassade qui venait au nom d'Eumène et de ses frères, Attale et Athénée, féliciter les Romains de leur victoire. Masgaba, fils du roi Masinissa, trouva, en débarquant à Pouzzoles, le questeur L. Manlius, qui était chargé de le conduire à Rome aux frais de la république. Lorsqu'il y arriva, le sénat lui donna audience sur-le-champ. Ce jeune homme, qui n'avait que des choses agréables à dire, sut les rendre plus agréables encore par le tour délicat de ses expressions. Il rappela d'abord « le nombre de fantassins, de cavaliers, d'éléphans, de mesures de blé que son père avait envoyés en Macédoine, durant les quatre années qu'avait duré la guerre. Mais, ajouta-t-il, deux choses lui avaient causé quelque confusion ; l'une, que le sénat lui eût fait demander, par des ambassadeurs, les secours dont il avait besoin pour cette guerre, au lieu de les exiger ; l'autre, qu'il eût envoyé le prix du blé fourni. Masinissa n'avait pas oublié que c'était au peuple romain qu'il devait et la possession de son royaume, et les accroissemens considérables que ce royaume avait reçus ; content de l'usufruit, il savait que la propriété demeurait aux donateurs. Il était donc juste que les Romains prissent sans demander et sans

proveniant. Id Masinissæ satis esse, et fore, quod populo romano superesset. Cum iis mandatis a patre profectum postea consecutos equites, qui devictam Macedoniam nunciarent, gratulatumque senatui juberent indicare, tantæ eam rem lætitiæ patri suo esse, ut Romam venire velit, Jovique optimo maximo in Capitolio sacrificare, et grates agere : id, nisi molestum sit, ut ei permittatur, ab senatu petere. »

XIV. Responsum regulo est : « Facere patrem ejus Masinissam, quod virum gratum bonumque facere deceat, ut pretium honoremque debito beneficio addat. Et populum romanum ab eo, bello punico, forti fidelique opera adjutum, et illum, favente populo romano, regnum adeptum, ac virtute sua. Postea trium regum bellis deinceps omnibus eum functum officiis. Victoria vero populi romani lætari eum regem mirum non esse, qui sortem omnem fortunæ regnique sui cum rebus romanis inmiscuisset. Grates diis pro populi romani victoria apud suos penates ageret; Romæ filium pro eo acturum. Gratulatum quoque satis suo ac patris nomine esse. Ipsum relinquere regnum, et Africa excedere, præterquam quod illi inutile esset, non esse e re populi romani, senatum censere. » Petenti Masgabæ, ut Hanno Amilcaris filius obses in locum.... exigeret. Munera ex

rien payer des productions d'un territoire donné par eux. Masinissa avait et aurait toujours assez du superflu du peuple romain. Telles étaient les instructions qu'à son départ il avait reçues de son père, qui, ensuite, lui avait envoyé des courriers pour lui annoncer que la Macédoine était conquise, le charger de féliciter à ce sujet le sénat, et de lui exprimer toute la joie que son père avait ressentie de cet évènement, joie si vive, qu'il désirait venir luimême à Rome, pour offrir dans le Capitole un sacrifice en action de grâces à Jupiter très-bon, très-grand, et qu'il priait le sénat de lui accorder, si cela ne lui déplaisait en rien, la permission d'entreprendre ce voyage. »

XIV. Il fut répondu au jeune prince : « Que Masinissa, son père, montrait qu'il était un homme reconnaissant et plein de franchise, en rehaussant ainsi le prix d'un bienfait qui lui était dû. Pendant la guerre punique, il avait servi le peuple romain avec courage et fidélité; et si les Romains l'avaient aidé à reconquérir son royaume, ils n'avaient fait que seconder sa valeur. Plus tard, dans les guerres soutenues successivement contre trois rois, son zèle ne s'était pas démenti un seul instant. Il n'était pas étonnant que ce roi se réjouît de la victoire du peuple romain, lui qui avait entièrement lié son sort et celui de son royaume à la fortune de Rome. Quant au sacrifice d'action de grâces pour la victoire du peuple romain, il devait se borner à l'offrir au milieu de ses pénates; son fils en offrirait un en sa place à Rome. De même, à l'égard des félicitations, il suffisait que le fils s'en fût acquitté au nom de son père et au sien. Le sénat pensait qu'il n'avait nulle raison d'abandonner son royaume et de sortir de l'Afrique, et que d'ailleurs cette absence pourrait nuire aux intérêts du

senatusconsulto emere regulo quæstor jussus ex centum pondo argenti, et prosequi eum Puteolos, omnemque sumtum, quoad in Italia esset, præbere, et duas naves conducere, quibus ipse comitesque regis in Africam deveherentur; et comitibus omnibus, liberis servisque, vestimenta data. Haud ita multo post de altero Masinissæ filio Misagene litteræ adlatæ sunt, « missum eum ab L. Paullo post devictum Persea in Africam cum equitibus suis; navigantem, dispersa classe in Adriatico mari, Brundisium tribus navibus ægrum delatum. » Ad eum cum iisdem muneribus, quæ data Romæ fratri ejus erant, L. Stertinius quæstor Brundisium missus; jussusque curare, ut ædes hospi[tio reguli, simul omnia, quæ ad valetudinem opus essent, præberentur; impensæque liberaliter quum ipsi, tum toti comitatui præstarentur; naves etiam ut prospicerentur, quibus se bene ac tuto in Africam trajiceret. Equitibus singulæ libræ argenti, et quingeni sestertii dari jussi. Comitia creandis in sequentem annum consulibus habita sunt a C. Licinio consule. Creati Q. Ælius Pætus, M. Junius Pennus. Inde prætores facti Q. Cassius Longinus, M. Juventius Thalna, Ti. Claudius Nero, A. Manlius Torquatus, Cn. Fulvius Gillo, C. Licinius Nerva. Eodem anno censores Ti. Sempronius Gracchus et C. Claudius Pulcher rem diu inter se variis altercationibus agitatam tandem

peuple romain. » Masgaba demandait qu'on exigeât des Carthaginois Hannon, fils d'Amilcar, à la place d'un autre ôtage; mais on ne crut pas devoir abandonner ce choix à la discrétion de Masinissa. Le questeur fut chargé, en vertu d'un sénatus-consulte, de consacrer cent livres d'argent pesant à l'achat des présens que l'on destinait au jeune prince, de le reconduire à Pouzzoles, de fournir à toutes ses dépenses tant qu'il serait en Italie, et de fréter deux bâtimens pour le transporter en Afrique lui et sa suite. Hommes libres et esclaves, tous ceux qui l'accompagnaient eurent en présent des vêtemens. Peu de temps après, on reçut de Misagène, autre fils de Masinissa, une lettre annonçant « que, renvoyé en Afrique avec ses cavaliers par L. Paullus après la victoire des Romains sur Persée, il avait été assailli, durant la traversée, par une tempête qui avait dispersé sa flotte dans la mer Adriatique, et l'avait jeté, avec trois de ses vaisseaux, à Brindes, où il était malade. » Le questeur L. Stertinius fut chargé de se rendre près de lui dans cette ville, avec les mêmes présens qui avaient été faits à son frère, de mettre à la disposition du jeune prince un logement convenable, de fournir tout ce qui pouvait être nécessaire au rétablissement de sa santé, enfin de tenir prêts des bâtimens au moyen desquels il pût faire commodément et sans danger le trajet pour se rendre en Afrique. Chacun de ses cavaliers reçut, à titre de gratification, une livre d'argent, plus, cinq cents sesterces. Les comices consulaires, pour l'année suivante, furent tenus par le consul C. Licinius. On y créa consuls Q. Élius Pétus et M. Junus Pennus. Furent ensuite nommés préteurs Q. Cassius Longinus, M. Juventius Thalna, Ti. Claudius Néron, A. Manlius Torquatus, Cn. Fulvius

concordi animo decreverunt. Gracchus, quum libertini iterum iterumque in quatuor tribus urbanas redacti sese rursus per omnes effudissent, repullulans semper malum radicitus exstirpare voluerat, omnesque, qui servitutem servissent, censu excludere. Nitebatur contra Claudius, et majorum instituta commemorabat, qui libertinos coercere sæpius, numquam prohibere omnino civitate tentassent. Quin etiam ab censoribus C. Flaminio, L. Æmilio aliquid ex pristina severitate laxatum esse referebat. Sane quum tunc quoque fæx illa populi per omnes tribus sese divisisset, eamque redigere rursus in antiquam velut sedem necessarium videretur, nonnullis tamen ejus ordinis aliquid præcipuum concessum erat.

XV. Nam ab illis censoribus] in quatuor urbanas tribus descripti erant libertini, præter eos, quibus filius quinquenni major ex se natus esset. Eos, ubi proximo lustro censi essent, censeri jusserunt; et eos, qui prædium prædiave rustica pluris sestertium triginta millium haberent, censendi jus factum est. Hoc quum ita servatum esset, negabat Claudius, « suffragii lationem injussu populi censorem cuiquam homini, nedum ordini universo, adimere posse. Neque enim, si tribu movere

Gillon et C. Licinius Nerva. La même année, les censeurs Ti. Sempronius Gracchus et C. Claudius Pulcher s'accordèrent enfin sur un point qui avait long-temps fait entre eux le sujet de vives discussions. Il s'agissait des affranchis, qui, classés à deux reprises dans les quatre tribus de la ville, avaient trouvé moyen de se répandre de nouveau dans toutes les autres. Gracchus, pour détruire jusqu'à la racine cet abus sans cesse renaissant, voulait exclure du dénombrement tous ceux qui avaient été esclaves. Claudius s'y opposait fortement, et rappelait les lois anciennes qui avaient tenté souvent de réprimer les affranchis, jamais de les priver entièrement des droits des citoyens ; il s'autorisait même de l'exemple des censeurs C. Flaminius et L. Émilius, qui avaient cru devoir se relâcher en quelque chose de l'antique sévérité. Sans doute comme, alors aussi, cette lie de la population romaine s'était répandue dans toutes les tribus, on avait senti la nécessité de la faire rentrer dans son ancien état, mais pourtant on n'avait pas laissé d'accorder quelques prérogatives à un certain nombre d'individus appartenant à cette classe.

XV. Ainsi ces censeurs, en répartissant les fils d'affranchis dans les quatre tribus urbaines, avaient maintenu dans la tribu où les avait laissés le dénombrement précédent, ceux qui avaient un fils au dessus de cinq ans, et avaient accordé l'entrée dans les tribus de la campagne à ceux qui possédaient des biens ruraux, dont la valeur dépassait trente mille sesterces. Or, comme il n'avait pas été dérogé depuis à ces dispositions, Claudius soutenait « qu'un censeur ne pouvait, sans l'ordre du peuple, priver du droit de suffrage aucun individu, bien moins encore une classe entière. S'il avait le pou-

posset, quod sit nihil aliud, quam mutare jubere tribum, ideo omnibus quinque et triginta tribubus emovere posse; id est, civitatem libertatemque eripere; non, ubi censeatur, finire, sed censu excludere. » Hæc inter ipsos disceptata : postremo eo descensum est, ut ex quatuor urbanis tribubus unam palam in atrio Libertatis sortirentur, in quam omnes, qui servitutem servissent, conjicerent. Esquilinæ sors exiit : in ea Ti. Gracchus pronunciavit, libertinos omnes censeri placere. Magno ea res honori censoribus apud senatum fuit; gratiæ actæ et Sempronio, qui in bene cœpto perseverasset, et Claudio, qui non impedisset. Plures, quam ab superioribus, et senatu emoti sunt, et equos vendere jussi : omnes iidem ab utroque et tribu remoti, et ærarii facti : neque ullius, quem alter notaret, ab altero levata ignominia. Petentibus, ut ex instituto ad sarta tecta exigenda, et ad opera, quæ locassent, probanda, anni et sex mensium tempus prorogaretur, Cn. Tremellius tribunus, quia lectus non erat in senatum, intercessit. Eodem anno C. Cicereius ædem Monetæ in monte Albano dedicavit quinquennio post, quam vovit. Flamen Martialis inauguratus est eo anno L. Postumius Albinus.

voir de faire sortir de sa tribu un particulier, ce qui n'était autre chose que lui enjoindre de changer de tribu, il ne s'ensuivait pas qu'il eût celui de le repousser hors des trente-cinq tribus, c'est-à-dire, de le dépouiller du titre de citoyen et des avantages de la liberté; car ce n'était point là déterminer la classe dont il devait faire partie, mais l'exclure de tout dénombrement. » Après ces débats, Sempronius et Claudius finirent par convenir qu'ils tireraient publiquement au sort, dans le temple de la Liberté, une des quatre tribus de la ville, et qu'ils y feraient entrer tous ceux qui avaient été esclaves. Le sort désigna l'Esquiline; et Ti. Gracchus déclara qu'elle recevrait tous les fils d'affranchis. Cet accord des censeurs leur fit beaucoup d'honneur dans le sénat, qui adressa des remercîmens à Sempronius, pour avoir persévéré dans son utile projet, et à Claudius, pour ne l'avoir pas empêché de le mettre à exécution. Ils dégradèrent plus de sénateurs et de chevaliers que leurs prédécesseurs, les exclurent tous de leur tribu, et les rejetèrent dans la classe des contribuables, et aucun de ceux que l'un des deux avait flétris ne trouva d'appui dans l'autre. Ils demandèrent, selon l'usage, une prorogation de pouvoirs durant dix-huit mois, pour exiger l'achèvement des constructions de bâtimens publics, et vérifier l'état des autres travaux dont ils avaient chargé des entrepreneurs; mais le tribun Cn. Tremellius, mécontent de n'avoir pas été admis dans le sénat, forma opposition à cette demande. La même année, C. Cicereius fit sur le mont Albain la dédicace du temple de Junon Moneta, qu'il avait voué cinq ans auparavant; et, cette année encore, L. Postumius Albinus fut inauguré flamine de Mars.

XVI. Q. Ælio, M. Junio consulibus* de provinciis referentibus, censuere patres, duas provincias Hispaniam rursus fieri, quæ una per bellum macedonicum fuerat; et Macedoniam Illyricumque eosdem, L. Paullum et L. Anicium, obtinere, donec de sententia legatorum res et bello turbatas, et in statum alium ex regno formandas composuissent. Consulibus Pisæ et Gallia decretæ cum binis legionibus quinum millium peditum, et equitum quadringenorum. Prætorum sortes fuere, Q. Cassii urbana, M. Juventii Thalnæ inter peregrinos, Ti. Claudii Neronis Sicilia, Cn. Fulvii Hispania Citerior, C. Licinii Nervæ Ulterior. A. Manlio Torquato Sardinia obvenerat; nequiit ire in provinciam, ad res capitales quærendas ex senatusconsulto retentus. De prodigiis deinde nunciatis senatus est consultus. Ædes deum penatium in Velia de cœlo tacta erat; et in oppido Minervio duæ portæ et muri aliquantum. Anagniæ terra pluerat; et Lanuvii fax in cœlo visa erat; et Calatiæ, in publico agro, M. Valerius civis romanus nunciabat ex foco suo sanguinem per triduum et duas noctes manasse. Ob id maxime decemviri libros adire jussi, supplicationem in diem unum populo edixerunt, et quinquaginta capris in Foro sacrificaverunt; et aliorum prodigiorum caussa diem alterum supplicatio circa omnia pulvinaria

* U. C. 585. A. C. 167.

XVI. Les nouveaux consuls, Q. Élius et M. Junius, mirent en délibération la répartition des provinces. Les sénateurs furent d'avis de diviser de nouveau en deux provinces l'Espagne, qui n'en avait fait qu'une durant la guerre de Macédoine, et prorogèrent dans le commandement de la Macédoine et de l'Illyrie L. Paullus et L. Anicius, jusqu'à ce que l'un et l'autre eussent pu, de concert avec les commissaires, réparer les désordres de la guerre, et donner à ces royaumes une nouvelle forme de gouvernement. Ils assignèrent aux consuls Pise et la Gaule, avec deux légions, fortes chacune de cinq mille fantassins et de quatre cents cavaliers. Le sort désigna aux préteurs leurs provinces de la manière suivante : Q. Cassius eut la juridiction urbaine ; M. Juventius Thalna, la juridiction sur les étrangers : à Ti. Claudius Néron échut la Sicile ; à Cn. Fulvius, l'Espagne Citérieure ; à C. Licinius Nerva, l'Ultérieure. La Sardaigne était échue à A. Manlius Torquatus ; mais ce préteur ne put se rendre dans sa province, parce qu'il fut retenu en vertu d'un sénatus-consulte, pour informer de plusieurs crimes entraînant la peine de mort. Ensuite, le sénat eut à donner son avis sur les prodiges qu'on venait d'annoncer. Au mont Vélie, la foudre avait frappé le petit temple des dieux pénates, et, dans la ville de Minervium, deux portes et une partie du mur. A Anagnie, il avait plu de la terre ; à Lanuvium, on avait vu dans le ciel une torche ardente ; et M. Valerius, citoyen romain, faisait parvenir la nouvelle que, près de Calatie, dans une terre qu'il tenait à ferme du domaine public, du sang avait coulé de son foyer pendant trois jours et deux nuits. Les décemvirs, après avoir, sur la recommandation expresse du sénat, alarmé

fuit, et hostiis majoribus sacrificatum est, et urbs lustrata. Inde, quod ad honorem deum inmortalium pertineret, decrevit senatus: « Ut, quoniam perduelles superati, Perseus et Gentius reges cum Macedonia atque Illyrico in potestate populi romani essent, ut, quanta dona, Ap. Claudio, M. Sempronio consulibus, ob devictum Antiochum regem data ad omnia pulvinaria essent, tanta Q. Cassius et M. Juventius prætores curarent danda. »

XVII. Legatos deinde, quorum de sententia imperatores L. Paullus, L. Anicius componerent res, decreverunt decem in Macedoniam, quinque in Illyricum. In Macedoniam sunt hi nominati, A. Postumius Luscus, C. Claudius, ambo censorii, C. Licinius Crassus, collega in consulatu Paulli; tum prorogato imperio provinciam Galliam habebat. His consularibus addidere Cn. Domitium Ahenobarbum, Ser. Cornelium Sullam, L. Junium, C. Antistium Labeonem, T. Numisium Tarquiniensem, A. Terentium Varronem. In Illyricum autem hi nominati, P. Ælius Ligus consularis, C. Cicereius, et Cn. Bæbius Tamphilus (hic priore anno, Cicereius

surtout de ce dernier prodige, consulté les livres sibyllins, ordonnèrent des prières publiques durant un jour, et immolèrent dans le Forum cinquante chèvres. A l'occasion de quelques prodiges nouveaux, il y eut un second jour de prières publiques dans tous les temples; on immola de grandes victimes, et l'on purifia la ville par une lustration. Ensuite le sénat, pour qu'il fût rendu aux dieux immortels des honneurs proportionnés à la grandeur de leurs bienfaits, décréta : « Qu'en reconnaissance des victoires remportées sur les rois Persée et Gentius, victoires qui avaient rendu le peuple romain maître de leurs personnes, et l'avaient mis en possession de la Macédoine et de l'Illyrie, les préteurs Q. Cassius et M. Juventius auraient soin de faire déposer sur tous les pulvinars les mêmes offrandes qu'après la défaite du roi Antiochus, sous le consulat d'Ap. Claudius et de M. Sempronius. »

XVII. Le sénat s'occupa ensuite du choix des commissaires d'après l'avis desquels les généraux L. Paullus et L. Anicius devaient régler les affaires des pays conquis. Il en désigna dix pour la Macédoine, et cinq pour l'Illyrie. Ceux qui eurent mission de se rendre en Macédoine furent d'abord A. Postumius Luscus et C. Claudius, qui tous deux avaient été censeurs; puis C. Licinius Crassus, collègue de Paullus dans le consulat, et qui, en vertu d'une prorogation de ses pouvoirs, commandait alors dans la province de Gaule. A ces trois personnages consulaires furent ajoutés Cn. Domitius Ahenobarbus, Ser. Cornelius Sulla, L. Junius, C. Antistius Labéon, T. Numisius Tarquiniensis et A. Terentius Varron. On nomma pour l'Illyrie les suivans: P. Élius Ligus, personnage consulaire, C. Cicereius et

multis ante annis prætor fuerat), P. Terentius Tuscivicanus, P. Manilius. Moniti deinde consules a patribus, ut, quoniam alterum ex his succedere C. Licinio, qui legatus nominatus erat, in Galliam oporteret, primo quoque tempore provincias aut compararent inter se, aut sortirentur, sortiti sunt. M. Junio Pisæ obvenerunt (quem prius, quam in provinciam iret, legationes, quæ undique Romam gratulatum convenerunt, introducere in senatum placuit), Q. Ælio Gallia. Ceterum quamquam tales viri mitterentur, quorum de consilio sperari posset imperatores nihil indignum nec clementia nec gravitate populi romani decreturos esse, tamen in senatu quoque agitata est summa consiliorum, ut inchoata omnia legati ab domo ferre ad imperatores possent.

XVIII. « Omnium primum liberos esse » placebat « Macedonas atque Illyrios, ut omnibus gentibus adpareret, arma populi romani non liberis servitutem, sed contra servientibus libertatem adferre; ut et in libertate gentes quæ essent, tutam eam sibi perpetuamque sub tutela populi romani esse, et quæ sub regibus viverent, et in præsens tempus mitiores eos justioresque respectu populi romani habere se, et, si quando bellum cum populo romano regibus fuisset suis, exitum ejus victoriam Romanis, sibi libertatem adlaturum crederent. Metalli quoque macedonici, quod ingens vectigal erat,

Cn. Bébius Tamphilus (tous deux avaient été préteurs, celui-ci, l'année précédente, Cicereius, plusieurs années auparavant), P. Terentius Tuscivicanus et P. Manilius. Ce choix terminé, les sénateurs invitèrent les consuls, comme il fallait que l'un d'eux succédât en Gaule à C. Licinius, nommé l'un des commissaires, à se partager au plus tôt eurs provinces, soit de gré à gré, soit en les tirant au sort. Ils se décidèrent pour la voie du sort. Pise échut à M. Junius (qui, avant de partir pour sa province, dut introduire dans le sénat les ambassades qui arrivaient de tous côtés à Rome pour adresser des félicitations), et la Gaule à Q. Élius. Au reste, quoiqu'on envoyât des hommes dont il y avait lieu d'espérer que les conseils empêcheraient les généraux de se laisser aller à aucune mesure indigne de la clémence et de la majesté du peuple romain, le sénat ne laissa pas toutefois de discuter l'ensemble de leurs instructions, afin que les commissaires pussent leur porter de Rome un plan entièrement ébauché.

XVIII. Il voulait « qu'avant tout les Macédoniens et les Illyriens jouissent de la liberté, afin que toutes les nations pussent voir clairement que les armes du peuple romain, loin d'asservir les peuples libres, apportaient la liberté à ceux qui étaient sous le joug; que les nations déjà libres eussent la certitude de pouvoir, à l'abri de la protection du peuple romain, conserver tranquillement et toujours leur indépendance; que celles qui vivaient sous des rois trouvassent en eux, pour le présent, des maîtres devenus, par égard pour le peuple romain, à la fois plus doux et plus justes, et fussent persuadées que, s'il survenait une guerre entre le peuple romain et leurs rois, il résulterait de cette guerre, pour les Romains, la victoire, et pour elles, la liberté. »

locationesque prædiorum rusticorum tolli » placebat;
« nam neque sine publicano exerceri posse; et, ubi publicanus esset, ibi aut jus publicum vanum, aut libertatem sociis nullam esse. Ne ipsos quidem Macedonas idem exercere posse; ubi in medio præda administrantibus esset, ibi numquam caussas seditionum et certaminis defore. Commune concilium gentis esset, ne inprobum vulgus ab senatu aliquando libertatem salubri moderatione datam ad licentiam pestilentem traheret. In quatuor regiones describi Macedoniam, ut suum quæque concilium haberet, » placuit; « et dimidium tributi, quam quod regibus ferre soliti erant, populo romano pendere. » Similia his et in Illyricum mandata; cetera ipsis imperatoribus legatisque relicta, in quibus præsens tractatio rerum certiora subjectura erat consilia.

XIX. Inter multas regum gentiumque et populorum legationes Attalus, frater regis Eumenis, maxime convertit in se omnium oculos animosque; exceptus enim est ab his, qui simul eo bello militaverunt, haud paullo benignius, quam si ipse rex Eumenes venisset. Adduxerant eum duæ in speciem honestæ res: una, gratulatio, conveniens in ea victoria, quam ipse adjuvisset: altera,

Il voulait en outre « l'abolition des taxes assises sur les mines de la Macédoine, quelque considérable qu'en fût le produit, et l'annulation des locations des terres du domaine : car cette régie ne pouvait s'exercer que par des publicains; et, avoir recours aux publicains, c'était compromettre gravement les intérêts du trésor public, ou enlever aux alliés toute espèce de liberté. On ne pouvait pas confier avec plus de sûreté cette perception aux Macédoniens eux-mêmes, eux dont l'administration intéressée deviendrait une source intarissable d'agitations et de troubles. Il ne fallait point donner à la Macédoine une assemblée nationale, de peur que l'insolence de la multitude ne fît dégénérer en une licence funeste la liberté qu'elle tiendrait de son sénat pour en user avec une sage modération. » D'après ces considérations, il arrêtait « que la Macédoine serait partagée en quatre provinces, dont chacune aurait son assemblée à part, et paierait au peuple romain la moitié des impôts que les rois en avaient habituellement tirés. » Pareilles instructions furent données pour l'Illyrie. Le reste fut laissé à la sagesse des généraux et des commissaires, qui, sur les lieux, jugeraient avec plus de certitude des mesures qu'il était à propos de prendre.

XIX. Au milieu de la foule d'ambassades envoyées par les souverains et les peuples, Attale, frère du roi Eumène, attira particulièrement tous les regards et fixa principalement l'attention générale. L'accueil que lui firent ceux qui avaient été ses compagnons d'armes durant cette guerre fut tel, que le roi Eumène lui-même, s'il fût venu à Rome, n'eût pu en désirer un plus flatteur. Deux motifs honorables l'avaient amené : le premier était de féliciter les Romains sur une victoire à

querimonia gallici tumultus, acceptæque cladis, qua regnum in dubium adductum esset. Suberat et secreta spes honorum præmiorumque ab senatu, quæ vix salva pietate ejus contingere poterant ; erant enim quidam Romanorum quoque non boni auctores, qui spe cupiditatem ejus elicerent : « Eam opinionem de Attalo et Eumene Romæ esse, tamquam de altero Romanis certo amico, altero nec Romanis, nec Persi fido socio. Itaque vix statui posse, utrum, quæ pro se, an, quæ contra fratrem petiturus esset, ab senatu magis inpetrabilia forent : adeo universos omnia et huic tribuere, et illi vero negare. » Eorum hominum (ut res docuit) Attalus erat, qui, quantum spes spopondisset, cuperent, ni unius amici prudens monitio veluti frenos animo ejus, gestienti secundis rebus, inposuisset. Stratius cum eo fuit medicus, ad id ipsum a non securo Eumene Romam missus, speculator rerum, quæ a fratre agerentur, monitorque fidus, si decedi fide vidisset. Is, ad occupatas jam aures sollicitatumque jam animum quum venisset, adgressus tempestivis temporibus rem prope prolapsam restituit, « aliis alia regna crevisse rebus, » dicendo : « regnum eorum novum, nullis vetustis fundatum opibus, fraterna stare concordia : quod unus nomen regium et præcipuum capitis insigne gerat, omnes fratres regnent. Attalum vero, quia ætate proximus sit,

laquelle il avait personnellement contribué; le second, de se plaindre des attaques des Gaulois, qui venaient de faire essuyer aux troupes de son frère une défaite qui mettait son royaume en danger. A ces motifs avoués se joignait l'espoir secret de se voir décerner par le sénat des honneurs et des récompenses qu'il ne pouvait guère obtenir qu'au détriment de l'amitié fraternelle; et il rencontrait parmi les Romains des conseillers dangereux qui, en lui faisant envisager le succès comme facile, irritaient sa cupidité. « A Rome, on mettait une grande différence entre Attale et Eumène; on voyait dans le premier un ami sur lequel les Romains pouvaient compter, et dans le second un allié aussi peu fidèle aux Romains qu'à Persée. Il pouvait donc se promettre d'obtenir du sénat, avec une égale facilité, ce qu'il demanderait pour lui-même ou contre son frère, puisque les sénateurs étaient généralement disposés à tout accorder à l'un, et à tout refuser à l'autre. » Attale était (comme le prouva l'évènement) un de ces hommes avides d'obtenir tout ce que leur promettent leurs espérances. Toutefois les sages avis d'un ami vinrent modérer cette convoitise de récompenses et d'honneurs à laquelle s'abandonnait son âme. Avec lui était un médecin nommé Stratius, qu'Eumène, qui craignait pour son frère ce qui justement arriva, avait chargé de l'accompagner à Rome, afin de veiller sur sa conduite et de le rappeler à son devoir, s'il le voyait s'en écarter. Attale, promptement séduit par de perfides conseils, avait déjà ouvert son âme à l'ambition, lorsque Stratius, saisissant le moment favorable, raffermit son esprit fortement ébranlé. Il lui représenta « que les autres royaumes avaient dû leurs accroissemens à différentes causes; au

quis non pro rege habeat? neque eo solum, quia tantas praesentes ejus opes cernat, sed quod haud ambiguum prope diem regnaturum eum infirmitate aetateque Eumenis esset, nullam stirpem liberum habentis (necdum enim agnoverat eum, qui postea regnavit). Quid adtinere vim adferre rei, sua sponte ad eum mox venturae? Accessisse etiam novam tempestatem regno tumultus gallici, cui vix consensu et concordia regum resisti queat. Si vero ad externum bellum domestica seditio adjiciatur, sisti non posse; nec aliud eum, quam, ne frater in regno moriatur : sibi ipsi spem propinquam regni erepturum. Si utraque gloriosa res esset, et servasse fratri regnum, et eripuisse; servati tamen regni, quae juncta pietati sit, potiorem laudem fuisse. Sed enimvero quum detestabilis altera res et proxima parricidio sit, quid ad deliberationem dubii superesse? Utrum enim partem regni petiturum esse, an totum erepturum? si partem; ambo infirmos, distractis viribus, et omnibus injuriis probrisque obnoxios fore: si totum; privatumne ergo majorem fratrem, an exsulem illa aetate, illa corporis infirmitate, ad ultimum mori jussurum? Egregium enim (ut fabulis traditus inpiorum fratrum eventus taceatur) Persei exitum videri, qui ex fraterna caede raptum diadema in templo Samothracum, velut praesentibus diis exigentibus poenas, ad pedes victoris hostis

lieu que le leur, encore naissant, et dont les fondemens n'étaient encore aucunement consolidés par le temps, ne pouvait subsister qu'à l'aide de la concorde fraternelle : car si l'un des trois frères avait le titre de roi et portait le diadème, tous régnaient en réalité. Attale, comme le plus âgé après Eumène, n'était-il pas roi aux yeux de tous? si on le considérait comme tel, ce n'était pas seulement à cause de l'éclat de sa fortune présente, mais parce qu'on le voyait sur le point d'occuper le trône à la place d'Eumène, qu'avaient beaucoup affaibli l'âge et les infirmités, et qui n'avait point de fils légitime (car il n'avait pas encore reconnu celui qui régna dans la suite). A quoi bon alors recourir à des moyens violens, pour parvenir à une dignité qui bientôt allait lui arriver d'elle-même? D'ailleurs, le royaume de Pergame, menacé d'être envahi par les Gaulois, ne pouvait déjà faire tête qu'avec peine à ce nouvel orage, en supposant le maintien de l'union et de la concorde entre ceux qui le gouvernaient. Or, si aux ennemis du dehors venaient se joindre des dissensions domestiques, il était impossible qu'il résistât; et lui, ses tentatives n'aboutiraient qu'à empêcher son frère de mourir sur le trône, et à lui ôter à lui-même l'espérance de régner dans peu. Quand il serait également glorieux pour lui de conserver le sceptre à son frère ou de le lui arracher, l'honneur ne lui en ferait pas moins une loi de préférer le premier parti, que dictait la voix de la nature. Mais l'autre étant réellement un abominable attentat et presque un parricide, pouvait-il balancer un seul instant? En effet, se bornerait-il à demander une partie du royaume, ou voudrait-il l'enlever tout entier à son frère? Dans le premier cas, tous deux, affaiblis par ce

prostratus posuerit. Eos ipsos, qui, non illi amici, sed Eumeni infesti, stimulent eum, pietatem constantiamque laudaturos, si fidem ad ultimum fratri praestitisset. »

XX. Haec plus valuere in Attali animo. Itaque introductus in senatum, gratulatus victoriam est, et sua merita eo bello fratrisque, si qua erant, et Gallorum defectionem, quae nuper ingenti motu facta erat, exposuit. Petiit, ut legatos mitteret ad eos, quorum auctoritate ab armis avocarentur. His pro regni utilitate editis mandatis, Ænum sibi et Maroneam petiit. Ita destituta eorum spe, qui, fratre accusato, partitionem regni petiturum crediderant, Curiam excessit. Ut raro alias quisquam, rex aut privatus, tanto favore tantoque omnium adsensu est auditus; omnibus honoribus muneribusque, et praesens est cultus, et proficiscentem prosecuti

partage, auraient à essuyer de la part de leurs voisins des vexations et des humiliations de toute espèce. S'il s'emparait de tout le royaume, réduirait-il donc son frère aîné à la condition de simple particulier, ou l'enverrait-il en exil, ainsi accablé par l'âge et les infirmités, ou bien enfin lui ferait-il ôter la vie? Il y avait lieu en effet (sans parler de la fin tragique des frères dénaturés, racontée dans la fable) d'admirer le sort de Persée, qui, dans le temple de Samothrace, comme pour subir en présence des dieux vengeurs la peine due à son forfait, venait de déposer humblement, aux pieds d'un ennemi vainqueur, un diadème qu'il avait usurpé en répandant le sang d'un frère. Ces mêmes hommes qui, non par affection pour lui, mais par haine contre Eumène, le poussaient à une tentative criminelle, il les verrait applaudir à sa piété constante, s'il gardait jusqu'au bout la fidélité qu'il devait à son frère. »

XX. Ces représentations firent rentrer Attale en lui-même. Introduit dans le sénat, il félicita cette assemblée de la victoire remportée en Macédoine, exposa en termes pleins de modestie les services rendus par son frère et par lui durant cette guerre, et fit le récit des hostilités auxquelles les Gaulois venaient de se porter avec une extrême violence. Il pria le sénat de leur envoyer des députés dont l'autorité les contraignît à déposer les armes. À ces requêtes, qui avaient pour objet l'intérêt du royaume, il joignit pour lui-même la demande d'Énos et de Maronée. Après avoir ainsi trompé l'espérance de ceux qui s'étaient figuré qu'il se porterait accusateur contre son frère, et solliciterait le démembrement de son royaume, il sortit du sénat. Rarement jusque-là roi ou particulier avait été écouté avec

sunt. Inter multas Asiæ Græciæque legationes Rhodiorum maxime legati civitatem converterunt; nam quum primo in veste candida visi essent, quod et gratulantes decebat, et, si sordidam vestem habuissent, lugentium Persei casum præbere speciem poterant; postquam consulti ab M. Junio consule patres, stantibus in comitio legatis, an locum, lautia, senatumque darent, nullum hospitale jus in iis servandum censuerunt; egressus e Curia consul, quum Rhodii, gratulatum se de victoria purgatumque civitatis crimina dicentes venisse, petissent, ut senatus sibi daretur, pronunciat: « Sociis et amicis et alia comiter atque hospitaliter præstare Romanos, et senatum dare consuesse: Rhodios non ita meritos eo bello, ut amicorum sociorumque numero habendi sint. » His auditis, prostraverunt se omnes humi, consulemque et cunctos, qui aderant, orantes, ne nova falsaque crimina plus obesse Rhodiis æquum censerent, quam antiqua merita, quorum ipsi testes essent. Extemplo, veste sordida sumta, domos principum cum precibus ac lacrymis circumibant, orantes, ut prius cognoscerent caussam, quam condemnarent.

autant de faveur, et un intérêt si généralement partagé. Il fut comblé d'honneurs et de présens, et pendant son séjour à Rome, et même à son départ. De toutes les ambassades venues de la Grèce et de l'Asie, aucune ne fixa plus l'attention de Rome que celle des Rhodiens. D'abord, les ambassadeurs de Rhodes s'étaient présentés vêtus de blanc, costume en rapport avec les félicitations qu'ils venaient adresser; d'ailleurs, s'ils eussent paru en habits de deuil, ils auraient pu faire croire que leur affliction n'avait d'autre cause que la chute de Persée. Le consul M. Junius ayant demandé aux sénateurs s'ils donneraient à ces ambassadeurs, qui attendaient qu'on les fît entrer, le logement, les présens et l'audience d'usage, leur avis fut de ne leur rendre aucun des devoirs de l'hospitalité. Le consul sortit du sénat; et comme les Rhodiens demandaient à y être introduits, en représentant qu'ils étaient venus pour féliciter les Romains de leur victoire, et justifier leur cité des crimes qu'on leur imputait, il leur déclara: « Que les Romains étaient dans l'usage de traiter leurs alliés et leurs amis avec tous les égards que l'on doit à des hôtes, et de les admettre à l'audience du sénat; mais que, dans la guerre qui venait de finir, les Rhodiens ne s'étaient pas conduits de manière à ce qu'on pût les considérer comme des amis et des alliés. » En entendant ces mots, ils se prosternèrent tous jusqu'à terre, et supplièrent le consul, ainsi que tous ceux qui étaient présens, d'avoir moins égard aux accusations nouvelles et calomnieuses dirigées contre les Rhodiens, qu'à leurs anciens services, en faveur desquels pouvait être invoqué le témoignage de ceux-là mêmes qu'imploraient leurs envoyés. Aussitôt ils se vêtirent en supplians, et allèrent

XXI. M. Juventius Thalua prætor, cujus inter cives et peregrinos jurisdictio erat, populum adversus Rhodios incitabat; rogationemque promulgaverat: « Ut Rhodiis bellum indiceretur; et ex magistratibus ejus anni deligerent, qui ad id bellum cum classe mitteretur, » se eum sperans futurum esse. Huic actioni M. Antonius et M. Pomponius tribuni plebis adversabantur. Sed et prætor novo maloque exemplo rem ingressus erat, quod, ante non consulto senatu, non consulibus certioribus factis, de sua unius sententia rogationem ferret: « Vellent, juberentne, Rhodiis bellum indici? » quum antea semper prius senatus de bello consultus esset, deinde ex auctoritate patrum ad populum latum; et tribuni plebis, quum ita traditum esset, ne quis prius intercederet legi, quam privatis suadendi dissuadendique legem potestas facta esset; eoque persæpe evenisset, ut et, qui non professi essent se intercessuros, animadversis vitiis legis ex oratione dissuadentium, intercederent; et, qui ad intercedendum venissent, desisterent, victi auctoritatibus suadentium legem. Tum inter prætorem tribunosque omnia intempestive agendi certamen erat. Tribuni festinationem prætoris ante tempus intercedendo, [quum damnarent, imitabantur. Hoc tamen interces-

de maison en maison solliciter, les larmes aux yeux, les principaux sénateurs, et les conjurer de les entendre avant de les condamner.

XXI. Le préteur M. Juventius Thalna, qui avait la juridiction consistant à connaître des contestations entre les citoyens et les étrangers, excitait le peuple contre les Rhodiens. Il lui avait même proposé dans une assemblée « de déclarer la guerre à Rhodes, et de choisir, parmi les magistrats de l'année, le commandant de la flotte qui serait armée pour cette guerre. » Il espérait que le choix tomberait sur lui. Les tribuns du peuple M. Antonius et M. Pomponius s'opposaient à ce projet de loi. Mais le préteur débuta dans ce cas par donner un exemple dangereux pour l'avenir, en proposant de son chef au peuple, sans avoir consulté le sénat, sans avoir prévenu les consuls, cette question : « S'il voulait, s'il ordonnait que la guerre fût déclarée aux Rhodiens? » tandis que l'usage avait été constamment jusque-là de prendre l'avis du sénat au sujet des déclarations de guerre, et de ne s'adresser au peuple qu'après avoir obtenu l'assentiment des sénateurs. Les tribuns, de leur côté, eurent le tort, non moins dangereux et d'un non moins funeste exemple, de former opposition au projet de loi, sans laisser aux particuliers le temps de l'appuyer ou de le combattre, ce qui s'était toujours pratiqué jusqu'alors, et avec raison ; car il arrivait fort souvent que ceux qui n'avaient point l'intention de s'opposer à la loi, éclairés, par les discours de ceux qui la combattaient, sur les vices qu'elle renfermait, changeaient d'avis, et, au contraire, que ceux qui étaient venus avec le projet de la combattre, y renonçaient, vaincus par les puissantes raisons de ceux qui avaient parlé en sa faveur. Alors

sioni suæ prætendebant,] in adventum im[peratoris et decem legatorum ex Macedonia, qui, re diligentissime ex litteris tabulisque perpensa, certo indicaturi essent, quo quæque civitas in Persea Romanosve animo fuisset, totam de Rhodiis consultationem rejici opus esse. Sed quum nihilominus prætor propositum urgeret, eo res processit, ut Antonius tribunus, productis ad populum legatis, procedentem contra Thalnam et dicere incipientem de rostris detraheret, Rhodiisque concionem præberet. Ceterum, etsi præcipitem ac fervidum prætoris conatum par tribuni pervicacia discusserat, nondum tamen cura discesserat Rhodiorum animis. Patres enim erant infensissimi: ut inminenti malo levati magis in præsens Rhodii, quam omnino liberati essent. Igitur quum diu multumque precantibus tandem senatus datus esset, introducti a consule, primo prostratis humi corporibus diu flentes jacuerunt. Deinde, quum excitatos consul dicere jussisset, Astymedes, quam maxime composito ad commovendam miserationem habitu, in hunc modum verba fecit.

XXII. « Hic luctus et squalor paullo ante florentium amicitia vestra sociorum, patres conscripti, non potest

donc le préteur et les tribuns agissaient à l'envi contre toutes les règles. Les tribuns, par leur opposition prématurée, imitaient la précipitation qu'ils condamnaient dans le préteur. Toutefois ils couvraient leur opposition d'un prétexte assez plausible, savoir, la nécessité d'ajourner dans son entier la délibération concernant les Rhodiens, jusqu'au retour du général et des dix commissaires, qui, d'après un très-soigneux examen des pièces et des registres, feraient connaître avec certitude quelles avaient été les dispositions de chaque république et à l'égard de Persée, et à l'égard des Romains. Mais comme le préteur n'en persistait pas moins dans ce qu'il avait entrepris, la chose en vint au point que le tribun Antonius amena les ambassadeurs devant le peuple, et arracha Thalna de la tribune, au moment où il commençait à parler contre eux. Au reste, quoique le tribun eût, par un semblable emportement, triomphé des véhémens et fougueux efforts du préteur, les Rhodiens n'étaient pas encore bien rassurés; car les sénateurs étaient toujours très-irrités contre eux, et s'ils voyaient le danger écarté pour l'instant, ils ne s'en croyaient pas délivrés entièrement. Aussi, lorsqu'à force de prières et de supplications ils eurent enfin obtenu une audience du sénat, quand le consul les eut introduits, ils commencèrent par se prosterner la face contre terre, et demeurèrent long-temps dans cette attitude en répandant des larmes. Ensuite, le consul leur ayant ordonné de se lever, Astymède, avec l'extérieur le plus propre à exciter la compassion, s'exprima à peu près en ces termes.

XXII. « Pères conscrits, cet état de deuil et de misère où vous voyez des alliés, grâce à votre amitié,

non esse etiam iratis miserabilis. At quanto justior vestras mentes subibit miseratio, si cogitare volueritis, quam dura conditione caussam hic apud vos prope jam damnatæ civitatis agamus? Ceteri rei fiunt, antequam damnentur, nec prius luunt supplicia, quam de culpa constet. Rhodii] peccaverimusne, adhuc dubium est: pœnas, ignominias omnes jam patimur. Antea, Carthaginiensibus victis, Philippo, Antiocho superatis, quum Romam venissemus, ex publico hospitio in Curiam gratulatum vobis, patres conscripti, ex Curia in Capitolium ad deos vestros dona ferentes [deducebamur]; nunc ex sordido deversorio, vix mercede recepti, ac prope hostium more extra Urbem manere jussi, in hoc squalore venimus in Curiam romanam Rhodii, quos provinciis nuper Lycia atque Caria, quos præmiis atque honoribus amplissimis donastis. Et Macedonas Illyriosque liberos esse (ut audimus) jubetis, quum servierint, antequam vobiscum bellarent (nec cujusquam fortunæ invidemus, immo agnoscimus clementiam populi romani): Rhodios, qui nihil aliud quam quieverunt hoc bello, hostes ex sociis facturi estis? Certe quidem vos estis Romani, qui ideo felicia bella vestra esse, quia justa sint, præ vobis fertis; nec tam exitu eorum, quod vincatis, quam principiis, quod non sine caussa suscipiatis, gloriamini. Messana in Sicilia

naguère florissans, ne saurait trouver fermés à la compassion, même des cœurs irrités. Mais combien vos âmes ne s'ouvriront-elles pas encore plus à la pitié, si vous voulez réfléchir à tout ce que notre situation a de cruel, étant obligés de défendre devant vous la cause d'une cité que la plupart d'entre vous ont déjà condamnée? Tous les autres inculpés, ce n'est qu'à la suite d'une accusation qu'ils sont déclarés coupables, et ils ne subissent la peine due à leur crime qu'après qu'il est bien constaté. Nous Rhodiens, notre culpabilité est encore révoquée en doute, et déjà nous éprouvons toute la rigueur, toute la honte du châtiment. Antérieurement, lorsqu'à l'occasion des victoires remportées sur les Carthaginois, sur Philippe et sur Antiochus, nous vînmes à Rome, du logement que la république nous avait destiné, on nous conduisit dans le sénat, pour vous féliciter, pères conscrits, et du sénat au Capitole, où nous portâmes nos offrandes à vos dieux : aujourd'hui, c'est d'une chétive hôtellerie, où ils n'ont obtenu qu'avec peine un asile à prix d'argent, c'est d'en dehors de vos murs, où ils se sont vus contraints de demeurer en quelque sorte comme des ennemis, c'est dans ce lugubre appareil enfin, que les envoyés des Rhodiens viennent devant le sénat romain, quand récemment encore vous avez donné à ce peuple les provinces de Lycie et de Carie, et l'avez comblé de récompenses et d'honneurs. Les Macédoniens et les Illyriens, qui, avant d'être en guerre avec vous, obéissaient à des tyrans, vous venez (à ce que nous apprenons) de les déclarer libres (nous sommes loin toutefois d'être envieux du sort de qui que ce soit; au contraire, nous rendons hommage dans le cas présent à la clémence du peuple romain); mais

obpugnata Carthaginienses, Athenæ obpugnatæ et Græcia in servitutem petita, et adjutus Annibal pecunia, auxiliis, Philippum hostem fecerunt. Antiochus ipse, ultro ab Ætolis hostibus vestris arcessitus, ex Asia classe in Græciam trajecit; Demetriade, et Chalcide, et saltu Thermopylarum occupato, de possessione imperii vos dejicere conatus. Cum Perseo socii vestri obpugnati, alii interfecti reguli principesque gentium aut populorum, caussa belli vobis fuere. Quem tandem titulum nostra calamitas habitura est, si perituri sumus? Nondum segrego civitatis caussam a Polyarato et Dinone, civibus nostris, et iis, quos, ut traderemus vobis, adduximus. Si omnes Rhodii æque noxii essemus, quod nostrum in hoc bello crimen esset? Persei partibus favimus; et, quemadmodum Antiochi Philippique bello pro vobis adversus reges, sic nunc pro rege adversus vos stetimus. Quemadmodum soleamus socios juvare, et quam inpigre capessere bella, C. Livium, L. Æmilium Regillum interrogate, qui classibus vestris in Asia præfuerunt. Numquam vestræ naves pugnavere sine nobis; nostra classe pugnavimus semel ad Samum, iterum in Pamphylia adversus Annibalem imperatorem, quæ victoria nobis eo gloriosior est, quod, quum ad Samum magnam partem navium adversa pugna et egregiam juventutem amisissemus, ne tanta quidem clade territi,

les Rhodiens, dont le seul tort est d'avoir gardé pendant cette guerre une sorte de neutralité, ne les regarderez-vous plus comme vos alliés, et verrez-vous en eux des ennemis? Certes, vous êtes toujours ces mêmes Romains qui comptez sur le succès de vos guerres parce qu'elles sont justes, et qui vous glorifiez moins des victoires par lesquelles vous les terminez, que des motifs qui vous les ont fait entreprendre. Messine, attaquée en Sicile, vous a fait prendre les armes contre les Carthaginois. Athènes assiégée, la Grèce menacée d'une prochaine servitude, et Annibal secouru d'argent et de troupes, sont les causes qui vous ont fait traiter Philippe en ennemi. Antiochus aussi, appelé par les Étoliens vos ennemis, passa d'Asie en Grèce avec une flotte, et, maître de Démétriade, de Chalcis et du défilé des Thermopyles, fit ce qu'il put pour vous enlever votre empire. A l'égard de Persée, sa conduite hostile envers vos alliés, le meurtre de plusieurs princes ou chefs de nations et de peuples, vous ont portés à lui faire la guerre. Mais nous, quel motif donnerez-vous de notre ruine, si vous nous destinez à périr? Je ne sépare point encore la cause de notre cité de celle de nos concitoyens Polyarate et Dinon, et de plusieurs autres Rhodiens, que nous avons amenés pour vous les livrer. En supposant que nous fussions tous également coupables, quel aurait été notre crime dans cette guerre? ce serait d'avoir pris les intérêts de Persée, et d'avoir défendu un roi contre vous, comme nous vous avons défendus vous-mêmes contre des rois dans les guerres d'Antiochus et de Philippe. Quant à la manière dont nous avons coutume de secourir nos alliés, à l'énergie que nous savons déployer dans une guerre,

iterum ausi sumus regiæ classi ex Syria venienti obviam ire. Hæc non gloriandi caussa retuli (neque enim ea nunc nostra est fortuna), sed ut admonerem, quemadmodum adjuvare socios solerent Rhodii.

XXIII. « Præmia, Philippo et Antiocho devictis, amplissima accepimus a vobis. Si, quæ vestra nunc est fortuna deum benignitate et virtute vestra, ea Persei fuisset, et præmia petitum ad victorem regem venissemus in Macedoniam, quid tandem diceremus? Pecuniane a nobis adjutum, an frumento? auxiliis terrestribus, an navalibus? quod præsidium tenuisse nos? ubi pugnasse aut sub illius ducibus, aut per nos ipsos? Si quæreret, ubi miles noster, ubi navis intra præsidia sua fuisset; quid responderemus? Caussam fortasse diceremus apud victorem, quemadmodum apud vos dicimus. Hoc enim legatos utroque de pace mittendo consecuti sumus, ut ne ab utraque parte gratiam iniremus; ab

interrogez C. Livius et L. Émilius Regillus, qui ont commandé vos flottes en Asie. Vos vaisseaux n'ont jamais combattu sans nous : notre flotte a combattu seule deux fois, la première à Samos, la seconde en Pamphylie, contre le fameux chef Annibal ; et cette victoire est pour nous d'autant plus glorieuse, que, bien que la défaite de Samos nous eût coûté une grande partie de nos vaisseaux et l'élite de notre jeunesse, nous n'en eûmes pas moins la hardiesse d'aller de nouveau à la rencontre de la flotte royale qui venait de Syrie. Ce n'est point par jactance que je viens de rappeler ces faits (car la jactance, notre fortune présente ne nous la permet point), mais seulement pour faire connaître de quelle manière les Rhodiens ont coutume de servir leurs alliés.

XXIII. « Philippe et Antiochus vaincus, nous reçûmes de vous les plus brillantes récompenses. Si les avantages que vous devez à la protection des dieux et à votre courage, la fortune les eût accordés à Persée, et si nous allions en Macédoine réclamer du roi vainqueur le prix de nos services, que lui dirions-nous enfin ? que nous l'avons aidé de notre argent, de nos blés ? que nous l'avons secouru de nos troupes, de nos vaisseaux ? Pourrions-nous citer un seul poste que nous eussions occupé, un seul combat soutenu par nous sous les ordres de ses généraux, ou sous ceux des nôtres ? S'il nous demandait où nos soldats, où nos vaisseaux se sont joints aux siens, que pourrions-nous lui répondre ? Nous serions peut-être réduits à défendre notre cause devant Persée vainqueur, comme nous la défendons en ce moment devant vous. Car voici ce que nous avons gagné à envoyer une double ambassade pour engager les deux partis à la paix : c'est

altera etiam crimen et periculum esset. Quamquam Perseus vere objiceret, id quod vos non potestis, patres conscripti, nos principio belli misisse ad vos legatos, qui pollicerentur vobis, quæ ad bellum opus essent; navalibus, armis, juventute nostra, sicut prioribus bellis, ad omnia paratos fore. Ne præstaremus, per vos stetit, qui de quacumque caussa tum adspernati nostra auxilia estis. Neque fecimus igitur quidquam tamquam hostes, neque bonorum sociorum defuimus officio; sed a vobis prohibiti præstare fuimus. Quid igitur? nihilne factum neque dictum est in civitate vestra, Rhodii, quod nolletis, quo merito offenderetur populus romanus? Hic jam non, quod factum est, defensurus sum (non adeo insanio), sed publicam caussam a privatorum culpa segregaturus. Nulla enim est civitas, quæ non et inprobos cives aliquando, et inperitam multitudinem semper habeat. Etiam apud vos fuise audivi, qui adsentando multitudini grassarentur; et secessisse aliquando a vobis plebem, nec in potestate vestra rempublicam fuisse. Si hoc in hac tam bene morata civitate accidere potuit, mirari quisquam potest, aliquos fuisse apud nos, qui, regis amicitiam petentes, plebem nostram consiliis depravarent? qui tamen nihil ultra valuerunt, quam ut in officio cessaremus. Non utique præteribo id, quod gravissimum est in hoc bello crimen civitatis nostræ. Le-

de ne pouvoir nous faire de cet essai un mérite auprès de l'un d'eux, et de nous être même attiré par là les menaces et le ressentiment de l'autre. Encore Persée pourrait-il nous adresser avec raison un reproche que vous, pères conscrits, vous ne sauriez nous faire, celui de vous avoir envoyé, au commencement de la guerre, des ambassadeurs vous offrir tous les secours qui vous seraient utiles pour la faire, et vous déclarer que nos vaisseaux, nos armes, notre jeunesse, étaient, comme dans les guerres précédentes, entièrement à votre disposition. Tout cela, si nous ne l'avons pas fourni, c'est par suite de votre refus à vous, qui avez dédaigné nos secours par des motifs que nous n'avons pas dessein d'approfondir. En ce cas, nous ne nous sommes nullement comportés en ennemis, et nous n'avons point manqué aux devoirs de fidèles alliés; mais c'est vous qui avez repoussé nos services. Quoi donc? ne s'est-il fait, ne s'est-il dit rien dans votre cité, Rhodiens, que vous ne voulussiez être à même de couvrir d'un voile, et dont le peuple romain ne pût à bon droit se trouver offensé? Quant à ce qui s'est passé, je ne m'en constitue pas ici le défenseur (je n'ai pas à ce point perdu le sens); mais c'est ici que je dois séparer la cause de la république de celle des particuliers. Car il n'est point de cité qui ne compte parfois dans son sein de mauvais citoyens, et qui ne renferme toujours une multitude inconsidérée. J'ai entendu raconter que, même chez vous, des ambitieux faisaient leur chemin en flattant cette multitude; et j'ai appris également que le peuple s'est quelquefois séparé de vous, et que vous n'avez pas toujours été bien maîtres de la république. Si pareilles choses ont pu arriver dans cette cité gouvernée avec tant de sagesse, peut-on s'étonner

gatos eodem tempore et ad vos, et ad Persea de pace misimus : quod infelix consilium furiosus (ut postea audivimus) orator stultissimum fecit : quem sic locutum constat, tamquam C. Popillius legatus romanus, quem ad submovendos a bello Antiochum et Ptolemæum reges misistis, loqueretur. Sed tamen ea, sive superbia sive stultitia adpellanda est, eadem, quæ apud vos, et apud Persea fuit. Tam civitatium, quam singulorum hominum mores sunt : gentes quoque aliæ iracundæ, aliæ audaces, quædam timidæ : in vinum, in Venerem proniores aliæ sunt. Atheniensium populum fama est celerem et supra vires audacem esse ad conandum : Lacædemoniorum cunctatorem, et vix in ea, quibus fidit, ingredientem. Non negaverim, et totam Asiæ regionem inaniora parere ingenia, et nostrorum tumidiorem sermonem esse, quod excellere inter finitimas civitates videamur; et id ipsum non tam viribus nostris, quam vestris honoribus ac judiciis. Satis quidem et tunc in præsentia castigata illa legatio erat, cum tam tristi responso vestro dimissa; si tum parum ignominiæ pensum est, hæc certe tam miserabilis ac supplex legatio etiam insolentioris, quam illa fuit, legationis satis magnum piaculum esset. Superbiam, verborum præsertim, iracundi oderunt, prudentes inrident; utique si inferioris adversus superiorem est : capitali pœna nemo umquam

qu'il se soit trouvé chez nous des hommes qui, pour gagner les bonnes grâces du roi, aient, par leurs conseils, égaré notre bas-peuple? Encore toutes leurs intrigues n'ont-elles eu d'autre effet que de nous retenir dans l'inaction. Certes, je ne dissimulerai point le tort le plus grave de notre république durant cette guerre. Nous avons envoyé en même temps des ambassadeurs et vers vous, et vers Persée, pour engager à la paix et vous, et lui, démarche tout-à-fait inopportune, dont (comme nous l'avons appris ensuite) l'emportement d'un de nos ambassadeurs a fait un acte des plus insensés; car il est avéré qu'il vous a parlé d'un ton semblable à celui que prit, envers Antiochus et Ptolémée, l'ambassadeur romain C. Popillius, lorsque vous l'envoyâtes signifier à ces rois de déposer les armes. Mais toutefois, que l'on qualifie une telle imprudence d'orgueil ou de folie, ce langage hautain a été tenu à Persée comme à vous. Les nations ont, ainsi que les individus, un caractère distinctif : les unes sont emportées, les autres audacieuses; celles-ci sont timides, celles-là enclines aux femmes et au vin. Les Athéniens sont connus pour un peuple ardent et rempli de présomption; les Lacédémoniens, pour un peuple temporiseur et circonspect à l'excès. Je ne disconviendrai pas que tous les peuples de l'Asie sont naturellement vains; et, pour nous en particulier, j'avoue, qu'énorgueillis de la supériorité qu'on nous reconnaît sur nos voisins, notre langage n'est pas exempt d'une enflure qui, elle-même, est l'effet, moins de notre puissance, que des distinctions et des témoignages flatteurs que nous avons reçus de vous. Assurément notre ambassade trouva pour lors une rigoureuse punition dans la réponse si sévère avec laquelle vous la congédiâtes; et

dignam judicavit. Id enimvero periculum erat, ne Romanos Rhodii contemnerent. Etiam deos aliqui verbis ferocioribus increpant, nec ob id quemquam fulmine ictum audimus.

XXIV. «Quid igitur superat, quod purgemus, si nec factum hostile ullum nostrum est, et verba tumidiora legati obfensione aurium non perniciem civitatis meruerunt? Voluntatis nostræ tacitæ velut litem æstimari vestris inter vos sermonibus audio, patres conscripti: favisse nos regi, et illum vincere maluisse; ideo bello persequendos esse credunt. Alii vestrum, voluisse quidem nos hoc, non tamen ob id bello persequendos esse: neque moribus, neque legibus ullius civitatis ita comparatum esse, ut, si qui vellet inimicum perire, si nihil fecerit, quo id fiat, capitis damnetur. His, qui nos pœna, non crimine, liberant, gratiam quidem habemus; ipsi nobis hanc dicimus legem: si omnes voluimus,

quand cet affront ne nous eût pas couverts d'assez de honte, certes, l'extérieur si lugubre et l'attitude si humble de l'ambassade présente, est une bien suffisante expiation de la première, son langage eût-il été encore moins mesuré. Les propos arrogans, qui sont principalement ce qui attire aux orgueilleux le ressentiment des âmes violentes, le sage les écoute avec un sourire de pitié, surtout si c'est un inférieur qui se les permet envers son supérieur; mais jamais personne ne les a regardés comme un crime que la mort seule peut expier. Sans doute, ce qu'il y avait lieu de craindre, c'est que les Romains ne fussent pour les Rhodiens un objet de mépris. Les dieux mêmes sont outragés par des blasphèmes; il ne nous arrive cependant jamais d'apprendre que pour cela les dieux aient lancé la foudre sur qui que ce soit.

XXIV. « Que reste-t-il donc enfin, dont nous ayons à nous justifier, si l'on ne peut nous reprocher aucun acte hostile, et si le langage altier de notre ambassadeur, bien qu'il ait choqué vos oreilles, n'a pas mérité cependant la ruine de notre cité? J'apprends que, dans vos entretiens, pères conscrits, on fait en quelque sorte le procès à nos intentions; supposant que nous nous sommes intéressés au roi, et que nous avons souhaité qu'il fût vainqueur, on est d'avis qu'il faut, en conséquence, nous traiter en ennemis. D'autres, également d'entre vous, sans douter que tels aient été nos vœux, ne croient cependant pas qu'il y ait pour cela motif de nous faire la guerre : à leur avis, chez quelque nation que ce soit, il n'y a aucune coutume, aucune loi d'après laquelle un individu doive être condamné à mort, pour avoir désiré la perte de son ennemi, s'il n'a rien fait pour l'occasio-

quod arguimur, non distinguimus voluntatem a facto: omnes plectamur. Si alii principum nostrorum vobis, alii regi faverunt: non postulo, ut propter nos, qui partium vestrarum fuimus, regis fautores salvi sint: illud deprecor, ne nos propter illos pereamus. Non estis vos illis infestiores, quam civitas ipsa; et hoc qui sciebant, plerique eorum aut profugerunt, aut mortem sibi consciverunt; alii, damnati a nobis, in potestate vestra erunt, patres conscripti. Ceteri Rhodii, sicut gratiam nullam meriti hoc bello, ita ne pœnam quidem sumus. Priorum nostrorum benefactorum cumulus hoc, quod nunc cessatum in officio est, expleat. Cum tribus regibus gessistis bella per hos annos; ne plus obsit nobis, quod uno bello cessavimus, quam quod duobus bellis pro vobis pugnavimus; Philippum, Antiochum, Persea, tamquam tres sententias, ponite; duæ nos absolvunt: una autem dubia est, ut gravior sit. Illi de nobis si judicarent, damnati essemus; vos judicate, patres conscripti, sit Rhodus in terris, an funditus deleatur. Non enim de bello deliberatis, patres conscripti, quod inferre potestis, gerere non potestis; quum nemo Rhodiorum arma adversus vos laturus sit. Si perseverabitis in ira, tempus a vobis petemus, quo hanc funestam legationem domum referamus: omnia libera capita, quidquid Rhodiorum virorum, feminarum est,

ner. Assurément nous rendons grâces à ceux qui, tout en nous regardant comme coupables, nous exemptent de la punition ; mais, pour nous-mêmes, nous appelons sur nous cette loi plus sévère. Si nous avons eu tous les intentions qui font le sujet d'une accusation contre nous, que la volonté soit réputée pour le fait, et que la punition soit générale ; si, au contraire, une partie de nos principaux citoyens s'est déclarée pour vous, et l'autre pour le roi, nous vous demandons, non de pardonner aux partisans du roi par égard pour nous, qui vous sommes demeurés fidèles, mais de ne pas nous faire périr à cause d'eux. Vous n'êtes pas plus irrités contre eux que ne l'est elle-même notre cité ; et c'est parce qu'ils connaissaient bien nos sentimens, que la plupart ont pris la fuite, ou se sont donné la mort : les autres, déjà condamnés par nous, vont être remis en votre pouvoir, pères conscrits. Quant au reste des Rhodiens, leur conduite, durant cette guerre, n'a pas été plus digne de châtiment, qu'elle ne l'a été de récompense. Que la somme de nos services passés compense cet oubli momentané de nos devoirs ! Vous avez été en guerre contre trois rois, durant les années qui viennent de s'écouler. Qu'il ne nous soit pas plus funeste d'être restés inactifs durant une de ces guerres, qu'il ne nous a été avantageux d'avoir combattu pour vous pendant les deux autres. Comptez, dans notre cause, Antiochus, Philippe et Persée pour trois suffrages : deux de ces suffrages nous absolvent, et l'on ne voit pas trop jusqu'à quel point l'autre est plus rigoureux. Si ces rois étaient nos juges, il y a long-temps que nous serions condamnés. Vous, pères conscrits, décidez si Rhodes continuera d'exister, ou si elle disparaîtra de la surface de la terre.

cum omni pecunia nostra naves conscendemus ; ac, relictis penatibus publicis privatisque, Romam veniemus ; et, omni auro et argento, quidquid publici, quidquid privati est, in Comitio, in vestibulo Curiæ vestræ, cumulata, corpora nostra conjugumque ac liberorum vestræ potestati permittemus, hic passuri, quodcumque patiendum erit : procul ab oculis nostris urbs nostra diripiatur, incendatur. Hostes Rhodios esse, Romani judicare possunt : est tamen et nostrum aliquod de nobis judicium, quo numquam judicabimus nos vestros hostes : nec quidquam hostile, etiam si omnia patiemur, faciemus. »

XXV. Secundum talem orationem universi rursus prociderunt, ramosque oleæ supplices jactantes, tandem excitati, Curia excesserunt. Tunc sententiæ interrogari cœptæ. Infestissimi Rhodiis erant, qui consules prætoresve aut legati gesserant in Macedonia bellum. Plurimum caussam eorum adjuvit M. Porcius Cato ; qui, asper ingenio, tum lenem mitemque senatorem egit. Non

Car il vous est inutile, pères conscrits, de délibérer sur la guerre; vous pouvez la déclarer, mais non la faire, puisqu'aucun Rhodien ne prendra les armes contre vous. Si vous persévérez dans votre courroux, nous vous demanderons seulement le temps d'aller rendre compte à nos concitoyens de cette funeste ambassade; puis, tout ce que nous sommes à Rhodes de personnes de condition libre, hommes et femmes, nous nous embarquerons avec tous nos trésors, nous quitterons nos dieux et nos pénates pour venir à Rome, et là, jetant en monceaux, soit dans le lieu où s'assemblent les comices, soit dans le vestibule du sénat, tout notre or, tout notre argent, toutes nos richesses publiques, tous nos effets particuliers, nous abandonnerons à votre discrétion nos personnes, celles de nos femmes et de nos enfans, pour nous soumettre à tous les châtimens que vous voudrez nous infliger. Que notre ville soit pillée et incendiée loin de nos yeux! Les Romains peuvent décider que les Rhodiens sont leurs ennemis; mais nous, si nous interrogeons notre conscience, jamais nous ne jugerons que nous ayons été les ennemis des Romains. Dussiez-vous enfin nous faire souffrir tous les maux imaginables, nous ne nous permettrons aucun acte d'hostilité. »

XXV. Lorsqu'Astymède eut fini ce discours, tous les envoyés se prosternèrent de nouveau, en agitant leurs branches d'olivier dans cette attitude suppliante. Enfin, on leur ordonna de se relever, et ils sortirent du sénat. Alors on alla aux voix. Les plus irrités contre les Rhodiens étaient ceux qui avaient pris part à la guerre de Macédoine en qualité de consuls, de préteurs ou de lieutenans. Mais les Rhodiens eurent un puissant défenseur dans M. Porcius Caton, qui, malgré l'âpreté de son ca-

inseram simulacrum viri copiosi, quæ dixerit, referendo: ipsius oratio scripta exstat, Originum quinto libro inclusa. Rhodiis responsum ita redditum est, ut nec hostes fierent, nec socii permanerent. Philocrates et Astymedes principes legationis erant. Partem cum Philocrate renunciare Rhodum legationem placuit, partem cum Astymede Romæ subsistere, quæ, quæ agerentur, sciret, certioresque suos faceret. In præsentia deducere ante certam diem ex Lycia Cariaque jusserunt præfectos. Hæc Rhodum nunciata, quæ per se tristia fuissent, quia majoris mali levatus erat timor, quum bellum timuissent, in gaudium renunciata verterunt. Itaque extemplo coronam viginti millium aureorum decreverunt: Theætetum, præfectum classis, in eam legationem miserunt. Societatem ab Romanis ita volebant peti, ut nullum de ea re scitum populi fieret, aut litteris mandaretur: quod, nisi inpetrarent, major a repulsa ignominia esset. Præfecti classis id unius erat jus, ut agere de ea re sine rogatione ulla perlata posset; nam ita per tot annos in amicitia fuerant, ut sociali fœdere se cum Romanis non inligarent ob nullam aliam caussam, quam ne spem regibus abscinderent auxilii sui, si quid opus esset, neu sibi ipsis fructus ex benignitate et fortuna eorum percipiendi. Tunc utique petenda societas videbatur; non quæ tutiores eos ab aliis faceret (nec enim

ractère, se comporta dans cette circonstance en sénateur indulgent et doux. Je n'affaiblirai point, en la rapportant sommairement, l'éloquente harangue qu'il prononça en leur faveur, puisqu'elle se trouve dans le cinquième livre de ses *Origines*. On fit aux Rhodiens une réponse d'après laquelle ils ne purent juger si on prenait le parti de les regarder comme ennemis, ou si l'on continuait à les considérer comme alliés. Philocrate et Astymède étaient les chefs de l'ambassade. Il fut convenu entre eux que Philocrate retournerait à Rhodes avec une partie des ambassadeurs pour y rendre compte de leur mission, et qu'Astymède resterait à Rome avec les autres, pour savoir ce qui s'y déciderait, et en informer ses concitoyens. Quant au présent, les Rhodiens eurent ordre de rappeler, avant un jour indiqué, les corps de troupes qu'ils avaient en Lycie et en Carie. Cette nouvelle, toute fâcheuse qu'elle était, causa de la joie à Rhodes lorsqu'elle y parvint, parce qu'on s'y trouvait soulagé de la crainte d'un plus grand mal. Aussi les Rhodiens s'empressèrent-ils de voter une couronne du poids de vingt mille pièces d'or, et d'envoyer Théétète, commandant de la flotte, la porter à Rome. Ils le chargèrent de solliciter l'alliance des Romains; mais ils ne l'y autorisèrent ni par un décret émané du peuple, ni par des instructions écrites, afin d'éviter à la république, si cette demande ne réussissait pas, l'humiliation directe d'un refus. Le commandant de la flotte seul eut les pouvoirs suffisans pour conduire cette négociation, sans qu'ils lui fussent conférés par aucun acte public : car les Rhodiens avaient été amis des Romains pendant nombre d'années, sans être liés à eux par aucun traité; et leurs motifs, pour ne pas contracter un pareil engagement, avaient été

timebant quemquam, præter Romanos), sed quæ ipsis Romanis minus suspectos. Sub idem fere tempus et Caunii descivere ab his, et Mylasenses Euromensium oppida occuparunt. Non ita fracti animi civitatis erant, ut non sentirent, si Lycia et Caria ademtæ ab Romanis forent, cetera aut se ipsa per defectionem liberarent, aut a finitimis occuparentur, includi se insulæ parvæ et sterilis agri litoribus, quæ nequaquam alere tantæ urbis populum posset : missa igitur juventute, propere et Caunios, quamquam Cibyratarum adsciverant auxilia, coegerunt imperio parere; et Mylasenses Alabandenosque, qui, Euromensium provincia ademta, ad ipsos conjuncto exercitu venerunt, circa Orthosiam acie vicerunt.

XXVI. Dum hæc ibi, alia in Macedonia, alia Romæ geruntur; interim in Illyrico L. Anicius rege Gentio, sicut ante dictum est, in potestatem redacto, Scodræ, quæ regia fuerat, præsidio inposito Gabinium præfecit,

uniquement de ne pas ôter aux rois l'espoir d'en être au besoin secourus, et de ne point se priver des fruits de la générosité de ceux-ci, quand ils venaient à être favorisés de la fortune. Maintenant ils sentaient qu'il leur était indispensable de rechercher l'alliance des Romains, non pas pour être plus à l'abri des insultes des autres peuples (car, à l'exception des Romains, ils ne craignaient personne au monde), mais pour devenir moins suspects aux Romains eux-mêmes. Vers le même temps, les Cauniens se révoltèrent contre la république de Rhodes, et les Mylasiens s'emparèrent des villes des Euromes. Mais, à Rhodes, les esprits n'étaient pas abattus au point de ne pas comprendre, qu'une fois la Lycie et la Carie soustraites à la domination de cette cité par les Romains, les autres pays qu'elle tenait sous sa dépendance, ou s'en affranchiraient eux-mêmes en se révoltant, ou seraient envahis par les peuples voisins, et qu'alors elle se trouverait enfermée dans le cercle étroit de son île, dont le sol stérile ne pourrait jamais alimenter la population d'une ville si considérable. Les Rhodiens mirent donc sur pied leur jeunesse, qui força promptement les Cauniens à rentrer dans l'obéissance, malgré l'aide des Cibyrates qu'ils avaient appelés à leur secours. Les Mylasiens et les Alabandènes, après s'être emparés du territoire des Euromes, vinrent, avec leurs forces réunies, contre les Rhodiens; mais ceux-ci les vainquirent dans un combat aux environs d'Orthosie.

XXVI. Tandis que ces évènemens se passaient, les uns en Macédoine, les autres à Rome, L. Anicius, qui, comme il a été dit précédemment, s'était rendu maître de la personne du roi Gentius, mit garnison dans Scodra, auparavant capitale de son royaume, en nomma

Rhizoni et Olcinio urbibus opportunis C. Licinium. Præpositis his Illyrico, cum reliquo exercitu in Epirum est profectus; ubi prima Phanota ei dedita, tota multitudine cum infulis obviam effusa; hinc, præsidio inposito, in Molossidem transgressus: cujus omnibus oppidis, præter Passaronem, et Tecmonem, et Phylacen, et Horreum, receptis, primum ad Passaronem ducit. Antinous et Theodotus principes ejus civitatis erant, insignes et favore Persei, et odio adversus Romanos: iidem universæ genti auctores desciscendi ab Romanis. Hi conscientia privatæ noxæ, quia ipsis nulla spes veniæ erat, ut communi ruina patriæ obprimerentur, clauserunt portas, multitudinem, ut mortem servituti præponerent, hortantes. Nemo adversus præpotentes viros hiscere audebat. Tandem Theodotus quidam, nobilis et ipse adolescens, quum major a Romanis metus timorem a principibus suis vicisset: « Quæ vos rabies, inquit, agitat, qui duorum hominum noxæ civitatem accessionem facitis? Equidem pro patria qui letum obpetissent, sæpe fando audivi: qui patriam pro se perire æquum censerent, hi primi inventi sunt. Quin aperimus portas, et imperium accipimus, quod orbis terrarum accepit? » Hæc dicentem quum multitudo sequeretur, Antinous et Theodotus in primam stationem hostium inruperunt, atque ibi, obferentes se ipsi vulneribus, interfecti; urbs

gouverneur Gabinius, et confia à C. Licinius le commandement de Rhizon et d'Olcinie, villes importantes de ce pays. L'Illyrie placée sous l'autorité de ces chefs, il prit avec le reste de son armée le chemin de l'Épire, où la première ville qui se soumit à lui fut Phanote, dont les habitans vinrent en masse au devant de lui avec les marques des supplians. Après y avoir mis garnison, il passa dans la Molosside, dont il réduisit toutes les villes, excepté Passaron, Tecmon, Phylacé et Horreum. Il marcha d'abord contre Passaron. Les deux citoyens les plus puissans de cette ville étaient Antinoüs et Théodote, qui s'étaient signalés par leur attachement à Persée et leur haine contre les Romains, et qui avaient porté la nation entière à lever contre ceux-ci l'étendard de la révolte. Avertis par le sentiment de la faute dont ils s'étaient rendus personnellement coupables, qu'il n'y avait pour eux aucun espoir de pardon, ces deux chefs des Passaroniens résolurent de s'ensevelir sous les ruines de leur patrie, et fermèrent les portes de la ville, exhortant la multitude à préférer la mort à l'esclavage. Personne n'osait ouvrir la bouche pour s'opposer à la volonté de ces hommes puissans. Enfin un jeune citoyen, nommé aussi Théodote, et pareillement d'un rang élevé, cédant à la frayeur plus grande encore qu'il avait des Romains, vainquit la crainte que lui inspiraient ses chefs, et dit à ses compatriotes : « Quelle rage vous tourmente au point de vouloir que notre cité partage la punition de deux coupables? Certes, j'ai souvent entendu dire que de généreux citoyens sont morts volontairement pour leur patrie; mais ces hommes-ci sont les premiers qui aient regardé comme une chose juste que leur patrie se sacrifiât pour eux. Que n'ou-

dedita est Romanis. Simili pertinacia Cephali principis clausum Tecmonem, ipso interfecto, per deditionem recepit. Nec Phylace, nec Horreum, obpugnationem tulerunt. Pacata Epiro, divisisque in hiberna copiis per opportunas urbes, regressus ipse in Illyricum, Scodræ, quo quinque legati ab Roma venerant, evocatis ex tota provincia principibus, conventum habuit. Ibi pro tribunali pronunciavit de sententia consilii : « Senatum populumque romanum Illyrios esse liberos jubere; præsidia ex omnibus oppidis, arcibus, et castellis sese deducturum. Non solum liberos, sed etiam inmunes fore Issenses, et Taulantios, Dassaretiorum Pirustas, Rhizonitas, Olciniatas, quod, incolumi Gentio, ad Romanos defecissent. Daorseis quoque inmunitatem dare, quod, relicto Caravantio, cum armis ad Romanos transissent. Scodrensibus, et Dassarensibus, et Selepitanis, ceterisque Illyriis, vectigal dimidium ejus inpositum, quod regi pependissent. » Inde in tres partes Illyricum divisit : unam eam fecit, quæ supra dicta est; alteram Labeatas omnes; tertiam Agravonitas, et Rhizonitas, et Olciniatas, adcolasque eorum : hac formula dicta in Illyrico, ipse in Epiri Passaronem in hiberna rediit.

vrons-nous nos portes, et ne nous soumettons-nous à une domination à laquelle s'est soumis l'univers? » Ces paroles ayant déterminé la multitude à le suivre, Antinoüs et Théodote fondirent sur le poste le plus avancé des ennemis, et là, s'offrant d'eux-mêmes à leurs coups, trouvèrent la mort. La ville se rendit aux Romains. Une semblable opiniâtreté de Céphale, qui y exerçait la principale autorité, obligea Tecmon de tenir ses portes fermées; mais, ce chef ayant été tué, elle capitula. Quant à Phylacé et à Horreum, elles se soumirent sans attendre qu'on les assiégeât. L'Épire ainsi pacifiée, et les troupes réparties en quartiers d'hiver dans les villes les plus propres à cet effet, le préteur Anicius retourna en Illyrie, et convoqua à Scodra, où il trouva les cinq commissaires venus de Rome, une assemblée générale des principaux habitans de la province. Là, du haut de son tribunal, et de l'avis de son conseil, il déclara « que la volonté du sénat et du peuple romain était que les Illyriens fussent libres; qu'il allait, en conséquence, retirer de toutes les villes, forteresses et châteaux, les troupes romaines qui y tenaient garnison; que les habitans d'Issa, de Taulantie, de Piruste en Dassarétie, de Rhizon et d'Olcinium, qui n'avaient pas attendu la chute de Gentius pour passer sous la domination romaine, seraient non-seulement libres, mais encore exempts de tout tribut; que pareille immunité serait accordée aux Daorses, qui avaient abandonné Caravantius, pour passer en armes du côté des Romains; qu'à l'égard des Scodriens, des Dassariens, des Sélépitans et des autres Illyriens, ils seraient tenus de fournir la moitié des contributions qu'ils payaient précédemment au roi. » Ensuite il divisa l'Illyrie en trois

XXVII. Dum haec in Illyrico geruntur, Paullus ante adventum decem legatorum Q. Maximum filium, jam ab Roma regressum, ad Æginium et Agassas diripiendas mittit: Agassas, quod, quum Marcio consuli tradidissent urbem, petita ultro societate romana, defecerant rursus ad Persea: Æginiensium novum crimen erat; famæ de victoria Romanorum fidem non habentes, in quosdam militum, urbem ingressos, hostiliter sævierant. Ad Æniorum quoque urbem diripiendam L. Postumium misit, quod pertinacius, quam finitimæ civitates, in armis fuerant. Autumni fere tempus erat; cujus temporis initio circumeundam Græciam, visendaque, quæ nobilitata fama majora auribus accepta sunt, quam oculis noscuntur, ut statuit, præposito castris C. Sulpicio Gallo, profectus cum haud magno comitatu, tegentibus latera Scipione filio et Athenæo Eumenis regis fratre, per Thessaliam Delphos petit, inclitum oraculum: ubi, sacrificio Apollini facto, inchoatas in vestibulo columnas, quibus inposituri statuas regis Persei fuerant, suis statuis victor destinavit. Lebadiæ quoque templum Jovis Trophonii adiit; ubi quum vidisset os specus, per quod

parties : la première fut celle dont il a déjà été fait mention ; la seconde embrassa tout le pays des Labéates ; la troisième comprit les Agravonites, les Rhizonites, les Olciniates et les pays limitrophes. Après avoir établi en Illyrie cette nouvelle forme d'administration, Anicius revint passer l'hiver à Passaron en Épire.

XXVII. Tandis que ces choses se passent en Illyrie, Paullus, en attendant l'arrivée des dix commissaires, envoie son fils Q. Maximus, déjà revenu de Rome, livrer au pillage Éginium et Agassa. Cette dernière ville, après avoir ouvert ses portes au consul Marcius, et sollicité d'elle-même l'alliance des Romains, avait embrassé de nouveau le parti de Persée. Les torts des Éginiens étaient plus récens. N'ajoutant pas foi à la nouvelle de la victoire des Romains, ils avaient traité en ennemis quelques soldats entrés dans leur ville. Il envoya L. Postumius livrer pareillement au pillage la ville des Éniens, parce qu'ils avaient résisté aux Romains avec plus d'opiniâtreté que les cités voisines. On entrait alors dans l'automne ; le consul voulut employer le commencement de cette saison à parcourir la Grèce, et à voir toutes ces merveilles qu'en général on admire sur la foi de la renommée plus que d'après ses propres yeux. Laissant donc l'armée sous les ordres de C. Sulpicius Gallus, il se mit en route avec une suite peu nombreuse, accompagné de son fils Scipion, et d'Athénée, frère du roi Eumène. Il traversa la Thessalie et se rendit à Delphes, pour visiter son oracle fameux. Là, après avoir offert un sacrifice à Apollon, il trouva dans le vestibule du temple des colonnes ébauchées qui devaient servir de piédestaux aux statues du roi Persée, et que, comme vainqueur, il destina à recevoir les

oraculo utentes sciscitatum deos descendunt, sacrificio Jovi Hercynæque facto, quorum ibi templum est, Chalcidem ad spectaculum Euripi Eubœæque insulæ, ponte continenti junctæ, descendit. A Chalcide Aulidem rate trajicit, trium millium spatio distantem, portum inclitum statione quondam mille navium Agamemnoniæ classis, Dianæque templo, ubi navibus cursum ad Trojam, filia victima aris admota, rex ille regum petiit. Inde Oropum Atticæ ventum est; ubi pro deo vates antiquus colitur, templumque vetustum est, fontibus rivisque circa amœnum. Athenas inde plenas quidem et ipsas vetustate famæ, multa tamen visenda habentes: arcem, portus, muros Piræeum urbi jungentes, navalia, magnorum imperatorum monumenta, simulacra deorum hominumque, omni genere et materiæ et artium insignia.

XXVIII. Sacrificio Minervæ præsidi arcis in urbe facto profectus, Corinthum altero die pervenit; urbs erat tunc præclara ante excidium, arx quoque et Isthmus præbuere spectaculum: arx intra mœnia in inmanem altitudinem edita, scatens fontibus: Isthmus duo maria, ab occasu et ortu solis finitima, artis faucibus

siennes. A Lébadie, il visita pareillement le temple de Jupiter Trophonien, examina l'ouverture par laquelle descendent dans l'antre ceux qui viennent consulter les dieux au moyen de l'oracle, et offrit un sacrifice à Jupiter et à Hercyna, qui ont aussi là leur temple; puis il descendit à Chalcis, pour y jouir du spectacle de l'Euripe, et du port qui joint l'île d'Eubée au continent. De Chalcis, il passa sur un navire à Aulis, située à une distance de trois milles, et célèbre à la fois par son port, qui contint jadis les mille vaisseaux dont se composait la flotte d'Agamemnon, et par son temple de Diane, où ce roi des rois, pour pouvoir gagner Troie avec ses vaisseaux, laissa conduire sa fille à l'autel en qualité de victime. De là, il gagna Orope en Attique, où est un antique devin honoré comme un dieu, et où se trouve un vieux temple entouré de fontaines et de ruisseaux, qui donnent à ses environs un riant aspect. Il alla ensuite à Athènes, qui l'intéressa par les souvenirs des temps héroïques qu'elle offre à chaque pas, et plus encore par les objets curieux qui s'y trouvent en grand nombre, tels que sa citadelle, ses ports, ses remparts qui joignent la ville au Pirée, ses arsenaux, les monumens de ses grands capitaines, et ses statues des dieux et des héros, aussi remarquables par la richesse et la variété des matières que par la perfection de l'art.

XXVIII. Après avoir offert dans cette ville un sacrifice à Minerve, déesse tutélaire de la citadelle, il partit, et arriva au bout de deux jours à Corinthe, ville fort belle à cette époque, où elle n'avait pas encore été détruite. Deux objets offrirent à sa vue un spectacle intéressant, la citadelle et l'Isthme : la citadelle, dans l'enceinte même des murs, élevée à une prodigieuse

dirimens. Sicyonem inde et Argos nobiles urbes adit: inde haud parem opibus Epidaurum, sed inclitam Æsculapii nobili templo; quod, quinque millibus passuum ab urbe distans, nunc vestigiis revulsorum donorum, tum donis dives erat, quæ remediorum salutarium ægri mercedem sacraverant deo. Inde Lacedæmonem adit, non operum magnificentia, sed disciplina institutisque memorabilem : unde per Megalopolim Olympiam escendit. Ubi et alia quidem spectanda visa, et, Jovem velut præsentem intuens, motus animo est. Itaque, haud secus quam si in Capitolio inmolaturus esset, sacrificium amplius solito adparari jussit. Ita peragrata Græcia, ut nihil eorum, quæ quisque Persei bello privatim aut publice sensisset, inquireret, ne cujus metu sollicitaret animos sociorum, Demetriadem quum revertitur, in itinere sordidata turba Ætolorum obcurrit; mirantique et percunctanti, quid esset, defertur, quingentos quinquaginta principes ab Lycisco et Tisippo, circumsesso senatu per milites romanos, missos a Bæbio præfecto præsidii, interfectos; alios in exsilium actos esse : bonaque eorum, qui interfecti essent, et exsulum possidere, qui arguebant. Jussis Amphipoli adesse, ipse, convento Cn. Octavio Demetriade, postquam fama accidit, trajecisse jam mare decem legatos, omnibus aliis omissis, Apolloniam ad eos pergit; quo quum

hauteur, et arrosée de sources abondantes; l'Isthme, qui, par une langue de terre fort étroite, sépare deux mers voisines, l'une à l'occident, et l'autre à l'orient. Ensuite il visita Sicyone et Argos, villes toutes deux célèbres; puis il alla à Épidaure, ville bien moins opulente, mais renommée à cause de son fameux temple d'Esculape. Ce temple, qui en est distant de cinq mille pas, était alors rempli d'offrandes consacrées au dieu par les malades, en reconnaissance de leur guérison; aujourd'hui, dépouillé de ces dons, il n'en présente plus que les vestiges. De là Émilius gagna Lacédémone, mémorable, non pour la magnificence de ses édifices, mais pour sa discipline et ses lois. Ensuite, prenant par Mégalopolis, il monta jusqu'à Olympie. Plusieurs objets y fixèrent son attention; et, lorsqu'il porta ses regards sur la statue de Jupiter, il se sentit ému, comme s'il eût vu le dieu lui-même. Aussi fit-il préparer un sacrifice plus pompeux que de coutume, et tel qu'il eût pu l'offrir dans le Capitole. Ce fut ainsi qu'il parcourut la Grèce, sans s'informer en aucun lieu des sentimens qu'on y avait manifestés, soit en particulier, soit en public, durant la guerre contre Persée, de peur qu'une pareille enquête n'inquiétât ces peuples alliés. Comme il s'en retournait à Démétriade, il rencontra sur son chemin une troupe d'Étoliens en habits de deuil. Surpris à la vue de cet appareil lugubre, il en demande le motif; il apprend que Lycisque et Tisippe ont investi le sénat avec des soldats romains envoyés par Bébius, qui avait le commandement supérieur des troupes dans le pays, et fait massacrer cinq cent cinquante des principaux citoyens; que les autres ont été envoyés en exil, et que les biens, tant de ceux qui ont été tués, que de

Perseus obviam Amphipoli nimis soluta curis custodia processisset (id diei iter est), ipsum quidem benigne adlocutus est: ceterum, postquam in castra ad Amphipolim venit, graviter increpuisse traditur C. Sulpicium: primum, quod Persea tam procul a se vagari per provinciam passus esset: deinde, quod adeo indulsisset militibus, ut nudare tegulis muros urbis ad tegenda hibernacula sua pateretur; referrique tegulas et resarciri tecta, sicut fuerant, jussit. Et Persea quidem cum majore filio Philippo, traditos A. Postumio, in custodiam misit: filiam cum minore filio, a Samothrace adcitos Amphipolim, omni liberali cultu habuit.

XXIX. Ipse, ubi dies venit, quod adesse Amphipoli denos principes civitatium jusserat, litterasque omnes, quæ ubique depositæ essent, et pecuniam regiam conferri, cum decem legatis, circumfusa omni multitudine Macedonum, in tribunali consedit. Adsuetis regio imperio tamen novum formam terribilem præbuit tribunal, submotor aditus, præco, accensus, insueta omnia oculis auribusque; quæ vel socios, nedum hostes victos, terrere possent. Silentio per præconem facto, Paullus latine, quæ senatui, quæ sibi ex consilii sententia visa

ceux qui ont été exilés, sont devenus la proie de leurs accusateurs. Il leur ordonne de se rendre à Amphipolis, rejoint Cn. Octavius à Démétriade, puis, sur la nouvelle que les dix commissaires avaient déjà traversé la mer, il quitte tout pour aller au devant d'eux à Apollonie. Persée, qui était gardé assez négligemment à Amphipolis (cette ville n'est qu'à une journée de chemin d'Apollonie), y vint à sa rencontre. Émilius le reçut avec bonté; mais on rapporte que, lorsqu'il fut de retour dans son camp à Amphipolis, il réprimanda sévèrement C. Sulpicius, d'abord pour avoir laissé Persée errer si loin de lui à travers la province, ensuite pour avoir porté l'indulgence envers les soldats, jusqu'à souffrir qu'ils enlevassent les tuiles des murs de la ville pour en couvrir leurs barraques d'hiver. Il ordonna que ces tuiles fussent reportées, et que les toits fussent rétablis dans leur premier état. Il remit à A. Postumius la garde de Persée et de Philippe, son fils aîné, fit venir de Samothrace à Amphipolis sa fille et le plus jeune de ses fils, et les traita avec toutes sortes d'égards.

XXIX. Lorsqu'arriva le jour où il avait ordonné aux dix principaux citoyens de chaque ville de se trouver à Amphipolis, et d'y apporter tous les registres, ainsi que l'argent appartenant au roi, Émilius s'assit sur son tribunal au milieu des dix commissaires, et entouré d'une immense foule de Macédoniens. Bien qu'ils fussent accoutumés à l'éclat imposant de la royauté, les Macédoniens éprouvèrent un mouvement de terreur à l'aspect de ce tribunal nouveau pour eux, de ce licteur écartant la foule, de ce héraut proclamant les ordres, de ces huissiers armés de faisceaux; tous ces objets, qui frappaient pour la première fois leurs yeux et leurs

essent, pronunciavit : ea Cn. Octavius prætor (nam et ipse aderat) interpretata sermone græco referebat. « Omnium primum liberos esse jubere Macedonas, habentes urbes easdem agrosque, utentes legibus suis, annuos creantes magistratus : tributum dimidium ejus, quod pependissent regibus, pendere populo romano. Deinde in quatuor regiones dividi Macedoniam; unam fore et primam partem, quod agri inter Strymonem et Nessum amnem sit : accessurum huic parti trans Nessum, ad orientem versum, qua Perseus tenuisset vicos, castella, oppida, præter Ænum, et Maroneam, et Abdera; trans Strymonem autem vergentia ad occasum, Bisalticam omnem cum Heraclea, quam Sinticen adpellant. Secundam fore regionem, quam ab ortu Strymo amplecteretur amnis, præter Sinticen Heracleam et Bisaltas : ab occasu qua Axius terminaret fluvius, additis Pæonibus, qui prope Axium flumen ad regionem orientis colerent. Tertia pars facta, quam Axius ab oriente, Peneus amnis ab occasu, cingunt : ad septentrionem Bora mons objicitur; adjecta huic parti regio Pæoniæ, qua ab occasu præter Axium amnem porrigitur : Edessa quoque et Beroea eodem concesserunt. Quarta regio trans Boram montem, una parte confinis Illyrico, altera Epiro. Capita regionum, ubi concilia fierent, primæ regionis Amphipolim, secundæ Thessalonicen, tertiæ Pellam, quartæ

oreilles, étaient capables d'effrayer même des alliés, à plus forte raison des ennemis vaincus. Après avoir ordonné le silence par la voix d'un héraut, Paullus exposa en latin ce qu'avait décidé le sénat; et le préteur Cn. Octavius (car il était aussi présent) répétait ses paroles en grec. Ces dispositions portaient « d'abord, que les Macédoniens seraient libres, qu'ils conserveraient leurs villes, les territoires qui en dépendaient, et l'usage de leurs lois, sous des magistrats annuels qui seraient choisis par eux; qu'ils paieraient au peuple romain la moitié des impôts qu'ils payaient auparavant à leurs rois : ensuite, que la Macédoine serait divisée en quatre contrées; que la première de ces contrées comprendrait le territoire renfermé entre le Strymon et le Nessus, territoire auquel seraient ajoutés, au delà et à l'orient de ce dernier fleuve, tous les bourgs, châteaux et villes qu'avait occupés Persée, à l'exception d'Énos, de Maronée et d'Abdère, puis, au delà du Strymon, vers l'occident, la Bisaltique entière, avec Héraclée; que la seconde se composerait du pays qu'embrasse à l'orient le fleuve Strymon, Héraclée-Sintice et les Bisaltes exceptés, et de celui que borne au couchant le fleuve Axius, avec la partie orientale de la Péonie située sur ses bords; que la troisième renfermerait, outre le territoire entouré par le fleuve Axius à l'orient et par le fleuve Pénée au couchant, la région bornée au septentrion par le mont Bora, et la partie de la Péonie qui s'étend à l'occident le long de l'Axius, avec les villes d'Édesse et de Béroé; enfin, que la quatrième contiendrait le pays situé au delà du mont Bora, et confinant d'un côté à l'Illyrie et de l'autre à l'Épire : que les chefs-lieux où se tiendraient les assemblées de chaque contrée se-

Pelagoniam fecit. Eo concilia suæ cujusque regionis indici, pecuniam conferri, ibi magistratus creari jussit. » Pronunciavit deinde, « neque connubium, neque commercium agrorum ædificiorumque inter se placere cuiquam extra fines regionis suæ esse. Metalla quoque auri atque argenti non exerceri: ferri et æris permitti; » vectigal exercentibus dimidium ejus inpositum, quod pependissent regi. Et sale invecto uti vetuit. Dardanis repetentibus Pæoniam, quod et sua fuisset, et continens esset finibus suis, « omnibus dare libertatem » pronunciavit, « qui sub regno Persei fuissent. » Post non inpetratam Pæoniam, salis commercium dedit : tertiæ regioni imperavit, ut Stobos Pæoniæ deveherent, pretiumque statuit. Navalem materiam et ipsos cædere, et alios pati vetuit. Regionibus, quæ adfines Barbaris essent (excepta autem tertia, omnes erant), permisit, ut præsidia armata in finibus extremis haberent.

XXX. Hæc, pronunciata primo die conventus, varie adfecerunt animos. Libertas præter spem data adrexit, et levatum annuum vectigal. Regionatim commerciis interruptis ita videri lacerata, tamquam animalia in artus, alterum alterius indigentes, distracta : adeo, quanta Macedonia esset, quam divisui facilis, et ut se

raient, pour la première, Amphipolis; pour la seconde, Thessalonique; pour la troisième, Pella; et pour la quatrième, Pélagonie : que ce serait dans ces villes que se réuniraient les députés de chaque contrée, que l'on apporterait l'argent des impôts, et qu'on élirait les magistrats. » Paullus déclara ensuite « que personne ne pourrait se marier, vendre ou acheter des terres hors de sa contrée; que l'exploitation des mines d'or et d'argent était défendue, mais que celle des mines de fer et de cuivre était permise. » Les concessionnaires de ces mines ne furent taxés qu'à la moitié des droits qu'ils payaient précédemment au roi. Le consul interdit aussi l'importation du sel. Il répondit aux Dardaniens, qui revendiquaient la Péonie, comme leur ayant jadis appartenu, et comme attenant à leur pays, «que les Romains accordaient la liberté à tous ceux qui avaient été sujets de Persée. » Ensuite, pour les consoler de n'avoir pu obtenir la Péonie, il leur permit d'acheter du sel aux Macédoniens, donna ordre aux habitans de la troisième contrée d'en voiturer à Stobes en Péonie, et en fixa le prix. Il défendit aux naturels de couper eux-mêmes, ou de laisser couper à d'autres les bois propres à la construction des vaisseaux. Il permit aux contrées voisines des Barbares (et toutes l'étaient, excepté la troisième) d'avoir sur leurs frontières des troupes armées.

XXX. Ces dispositions, qui furent proclamées le premier jour de l'assemblée, produisirent sur les esprits des impressions diverses. La liberté qu'on leur donnait contre leur attente, et la réduction de l'impôt annuel, flattaient beaucoup les Macédoniens : mais la défense de commercer hors de sa contrée leur faisait comparer le partage de leur pays au déchirement d'un corps en plu-

ipsa quæque contenta pars esset, Macedones quoque ignorabant. Pars prima Bisaltas habet, fortissimos viros (trans Nessum amnem incolunt et circa Strymonem), et multas frugum proprietates, et metalla, et opportunitatem Amphipolis: quæ objecta claudit omnes ab oriente sole in Macedoniam aditus. Secunda pars celeberrimas urbes, Thessalonicen et Cassandream, habet; ad hoc Pallenen, fertilem acfrugi feram terram : maritimas quoque opportunitates ei præbent portus ad Toronen ac montem Atho (Æneæ vocant hunc), alii ad insulam Eubœam, alii ad Hellespontum opportune versi. Tertia regio nobiles urbes, Edessam et Beroeam et Pellam, habet, et Vettiorum bellicosam gentem: incolas quoque permultos Gallos et Illyrios, inpigros cultores. Quartam regionem Eordæi et Lyncestæ et Pelagones incolunt; juncta his Atintania, et Stymphalis, et Elimiotis; frigida hæc omnis, duraque cultu, et aspera plaga est: cultorum quoque ingenia terræ similia habet; ferociores eos et adcolæ barbari faciunt; nunc bello exercentes, nunc in pace miscentes ritus suos. Divisæ itaque Macedoniæ, partium usibus separatis, quanta universos teneat Macedonas, formula dicta, quum leges quoque se daturum ostendisset.

sieurs membres, qui se trouvent privés par là des secours mutuels dont ils ont besoin pour subsister ; tant ils ignoraient eux-mêmes, et la grandeur de la Macédoine, et la facilité de la diviser, et les ressources propres à chaque partie, qui la mettaient à même de se passer des autres. En effet, la première de ces quatre parties comprend les Bisaltes, hommes remplis de courage (ils habitent au delà du fleuve Nessus et dans les environs du Strymon), abonde en grains et en métaux ; et Amphipolis, qui en est le chef-lieu, ferme, par sa situation, toute entrée en Macédoine du côté du levant. Dans la seconde se trouvent Thessalonique et Cassandrée, villes toutes deux très-fameuses, et la Pallène, territoire fertile et abondant en toutes sortes de productions ; elle a aussi, ce qui la rend propre au commerce maritime, plusieurs ports, un vers Toron, un vers le mont Athos (celui-ci s'appelle Énea), d'autres vers l'île d'Eubée, d'autres vers l'Hellespont, et la situation de chacun de ces ports est des plus favorables. La troisième renferme les importantes villes d'Édesse, de Béroé et de Pella, et la nation belliqueuse des Vettiens ; et il s'y trouve un grand nombre de Gaulois et d'Illyriens, tous cultivateurs laborieux. La quatrième a pour habitans les Éordéens, les Lyncestes et les Pélagons, auxquels sont joints ceux de l'Atintanie, de la Stymphalide et de l'Élimiotide ; toute cette contrée est froide, âpre et stérile, et le caractère de ceux qui l'habitent est semblable au sol. Naturellement farouches, ces peuples le deviennent encore plus par le voisinage des Barbares, qui les attaquent fréquemment, et qui, lorsqu'ils ne leur font pas la guerre, altèrent leurs mœurs en venant séjourner parmi eux. Le consul, après avoir

XXXI. Ætoli deinde citati : in qua cognitione magis, utra pars Romanis, utra regi favisset, quæsitum est, quam utri fecissent injuriam, aut accepissent. Noxa liberati interfectores : exsilium pulsis æque ratum fuit, ac mors interfectis. A. Bæbius unus est damnatus, quod milites romanos præbuisset ad ministerium cædis. Hic eventus Ætolorum caussæ in omnibus Græciæ gentibus populisque eorum, qui partis Romanorum fuerant, inflavit ad intolerabilem superbiam animos; et obnoxios pedibus eorum subjecit, quos aliqua parte suspicio favoris in regem contigerat. Tria genera principum in civitatibus erant : duo, quæ adulando aut Romanorum imperium, aut amicitiam regum, sibi privatim opes obpressis faciebant civitatibus, medium unum, utrique generi adversum, libertatem et leges tuebatur. His ut major apud suos caritas, ita minor ad externos gratia erat. Secundis rebus elati Romanorum partis ejus fautores, soli tum in magistratibus, soli in legationibus erant. Hi quum frequentes et ex Peloponneso, et ex Bœotia, et ex aliis Græciæ conciliis adessent, inplevere aures decem legatorum : « Non eos tantum, qui se propalam per vanitatem jactassent, tamquam hospites et amicos Per-

ainsi divisé la Macédoine, séparé les intérêts de chacune de ses parties, et prescrit un mode d'administration auquel seraient soumis tous les Macédoniens, promit aussi à ce peuple de lui donner des lois.

XXXI. On appela ensuite les Étoliens; mais, dans cette instruction, l'on s'appliqua bien plus à reconnaître quels avaient été les partisans des Romains, et quels avaient été ceux du roi, qu'à distinguer quels étaient les coupables. Les meurtriers furent renvoyés absous; le bannissement des exilés fut approuvé, de même que la mort de ceux qui avaient été tués. A. Bébius seul fut condamné pour avoir favorisé cette scène de carnage en prêtant le ministère des soldats romains. Ce résultat de l'affaire des Étoliens inspira, chez toutes les nations et tous les peuples de la Grèce, un intolérable orgueil à ceux qui avaient embrassé le parti des Romains, et mit entièrement dans leur dépendance tous ceux qui avaient donné la moindre prise au soupçon d'avoir favorisé le roi. Ceux qui tenaient le premier rang dans les villes formaient trois classes. Les deux premières se composaient de ceux qui, encensant la puissance des Romains ou courtisant les rois, se faisaient de l'oppression de leurs concitoyens un moyen de fortune; une troisième tenait le milieu entre ces deux, et, les combattant l'une et l'autre, défendait la liberté et les lois. Mais autant ceux qui composaient cette classe étaient chéris de leurs compatriotes, autant ils avaient peu de crédit au dehors. Les partisans des Romains, fiers des succès de leurs protecteurs, occupaient alors seuls les magistratures et les ambassades. Accourus en grand nombre du Péloponnèse, de la Béotie et des autres parties de la Grèce, ils ne cessèrent de faire retentir aux oreilles des dix commissaires,

sei, sed multo plures alios ex occulto favisse; reliquos per speciem tuendæ libertatis in conciliis adversus Romanos omnia instruxisse ; nec aliter eas mansuras in fide gentes, nisi, fractis animis partium, aleretur confirmareturque auctoritas eorum, qui nihil præter imperium Romanorum spectarent. » Ab his editis nominibus, evocati litteris imperatoris ex Ætolia, Acarnaniaque, et Epiro, et Bœotia, qui Romam ad caussam dicendam sequerentur : in Achaiam ex decem legatorum numero profecti duo, C. Claudius et Cn. Domitius, ut ipsi edicto evocarent. Id duabus de caussis factum : una, quod fiduciæ plus animorumque esse Achæis ad non parendum credebant, et forsitan etiam in periculo fore Callicratem et ceteros criminum auctores delatoresque : altera, cur præsentes evocarent, caussa erat, quod ex aliis gentibus principum litteras deprensas in commentariis regiis habebant : in Achæis cæcum erat crimen, nullis eorum litteris inventis. Ætolis dimissis, Acarnanum citata gens : in his nihil novatum, nisi quod Leucas exemta est Acarnanum concilio. Quærendo deinde latius, qui publice aut privatim partium regis fuissent, in Asiam quoque cognitionem extendere : et ad Antissam in Lesbo insula diruendam, traducendos Methymnam Antissæos, Labeonem miserunt; quod Antenorem, regium præfectum, quo tempore cum lembis circa Les-

« que les partisans de Persée n'étaient pas seulement ceux qui, par un mouvement de vanité, s'étaient proclamés publiquement ses hôtes et ses amis; qu'un bien plus grand nombre avaient été secrètement dans ses intérêts; et que les autres, sous le prétexte spécieux de défendre la liberté, n'avaient cessé, dans les assemblées, de travailler contre les Romains; enfin, que le seul moyen de s'assurer de la fidélité des nations de la Grèce était de décourager ce parti, en donnant une nouvelle force à celui qui ne reconnaissait d'autre autorité que celle des Romains. » Signalés nommément par ces délateurs, plusieurs personnages marquans de l'Étolie, de l'Acarnanie, de l'Épire et de la Béotie reçurent du général l'ordre écrit de le suivre à Rome pour s'y justifier; et deux des dix commissaires, C. Claudius et Cn. Domitius, se rendirent en Achaïe, pour y mander en personne, par un édit, ceux dont les noms leur avaient été donnés. Deux motifs dictèrent cette mesure. D'abord on craignait que la confiance des Achéens en leur force ne les rendît peu disposés à obéir, et que Callicrate ne vînt à courir des dangers, lui et les autres accusateurs. L'autre raison qu'on avait de citer sur lieux, c'est que, parmi les lettres des chefs des autres nations, saisies dans les papiers du roi, on n'en avait trouvé aucune des Achéens, ce qui faisait que leur crime n'était nullement prouvé. Les Étoliens congédiés, on appela les Acarnaniens; mais il n'y eut rien de changé à leur égard, si ce n'est qu'on retira Leucade de leur confédération. Venant à s'étendre, ces recherches, à l'égard de ceux qui, soit comme hommes publics, soit comme particuliers, s'étaient montrés partisans du roi, furent poussées jusqu'en Asie; et Labéon fut envoyé dans l'île de Lesbos pour y

bum est vagatus, portu receptum commeatibus juvissent. Duo securi percussi viri insignes : Andronicus Andronici filius Ætolus, quod, patrem secutus, arma contra populum romanum tulisset; et Neo Thebanus, quo auctore societatem cum Perseo junxerant.

XXXII. His rerum externarum cognitionibus interpositis, Macedonum rursus advocatum concilium; pronunciatum : « Quod ad statum Macedoniæ pertinebat, senatores, quos synedros vocant, legendos esse, quorum consilio respublica administraretur. » Nomina deinde sunt recitata principum macedonum, quos cum liberis, majoribus quam quindecim annos natis, præcedere in Italiam placeret. Id, prima specie sævum, mox adparuit multitudini Macedonum pro libertate sua esse factum : nominati sunt enim regis amici purpuratique, duces exercituum, præfecti navium aut præsidiorum; servire regi humiliter, aliis superbe imperare adsueti : prædivites alii, alii, quos fortuna non æquarent, his sumtibus pares : regius omnibus victus vestitusque : nulli civilis animus, neque legum neque libertatis æque patiens. Omnes igitur, qui in aliquibus ministeriis regiis, etiam qui in minimis legationibus fuerant, jussi Macedonia excedere, atque in Italiam ire : qui non paruisset impe-

détruire Antissa, et transférer les Antisséens à Méthymne, en punition de ce qu'ils avaient reçu dans leur port Antenor, un des lieutenans du roi, et lui avaient fourni des vivres, tandis qu'il croisait, avec ses bâtimens légers, dans les parages de Lesbos. De plus, deux personnages marquans furent frappés de la hache : l'Étolien Andronicus, fils d'Andronicus, pour avoir suivi son père, et avoir, comme lui, porté les armes contre le peuple romain ; et le Thébain Néon, pour avoir entraîné les Béotiens dans l'alliance de Persée.

XXXII. Ces enquêtes, sur ce qui s'était passé chez les nations étrangères, ayant fait perdre de vue un moment les affaires de la Macédoine, on convoqua une nouvelle assemblée des Macédoniens. Il y fut déclaré « que, quant à ce qui concernait le gouvernement de la Macédoine, il serait formé un conseil, composé de sénateurs appelés synèdres, qui s'occuperait de l'administration de la république. » Ensuite furent proclamés les noms des principaux Macédoniens auxquels il était enjoint de précéder en Italie les commissaires, avec ceux de leurs enfans qui étaient âgés de plus de quinze ans. Cet ordre, qui d'abord semblait rigoureux, fut bientôt reconnu, par la masse des Macédoniens, favorable à sa liberté. En effet, cette liste ne contenait d'autres noms que ceux des favoris du roi et de ses courtisans, des chefs des armées, et des commandans des vaisseaux ou des garnisons, tous accoutumés à ramper devant le roi, et à commander aux autres avec hauteur : les uns possédaient de grands biens ; les autres, quoique moins riches, égalaient ces premiers en somptuosité : tous déployaient, et sur leur personne et sur leur table, un faste pareil à celui des rois ; aucun n'eût pu se faire à la vie simple d'un citoyen, s'accoutu-

rio, mors denunciata. Leges Macedoniæ dedit cum tanta cura, ut non hostibus victis, sed sociis bene meritis, dare videretur; et quas ne usus quidem longo tempore (qui unus est legum conrector) experiendo argueret. Ab seriis rebus ludicrum, quod ex multo ante præparato, et in Asiæ civitates, et ad reges missis, qui denunciarent, et quum circumiret ipse Græciæ civitates, indixerat principibus, magno adparatu Amphipoli fecit. Nam et artificum omnis generis, qui ludicram artem faciebant, ex toto orbe terrarum multitudo, et athletarum, et nobilium equorum convenit; et legationes cum victimis, et quidquid aliud deorum hominumque caussa fieri magnis ludis in Græcia solet. Ita factum est, ut non magnificentiam tantum, sed prudentiam in dandis spectaculis, ad quæ rudes tum Romani erant, admirarentur. Epulæ quoque legationibus paratæ et opulentia et cura eadem. Vulgo dictum ipsius ferebant, « et convivium instruere, et ludos parare ejusdem esse, qui vincere bello sciret. »

mer à la soumission aux lois, et supporter un régime
de liberté. Il fut donc ordonné à tous ceux qui avaient
été revêtus de quelques charges, qui avaient rempli une
mission quelconque sous le gouvernement du roi, de
sortir de la Macédoine et de se rendre en Italie : ceux
qui n'obéiraient pas à cet ordre devaient être punis de
mort. Le consul donna à la Macédoine des lois si sages
et si justes, qu'elles semblaient avoir été faites, non
pour des ennemis vaincus, mais pour des alliés qui
avaient rendu d'importans services, et que, durant un
long espace de temps, l'usage (qui seul est le réforma-
teur des lois) n'y fit reconnaître rien de défectueux. A
ces graves objets succédèrent des choses moins sérieuses.
Depuis long-temps le consul préparait des jeux, dont il
avait fait annoncer la célébration aux magistrats des ré-
publiques et aux rois de l'Asie, et auxquels il avait personnellement invité, pendant sa tournée en Grèce, les
principaux chefs des cités. Ces jeux, il les fit célébrer à
Amphipolis, avec une pompe extraordinaire. En effet,
il avait fait venir de toutes les parties du monde une multitude d'artistes de tout genre, voués par profession aux
amusemens du public, une foule d'athlètes et un grand
nombre de chevaux ayant remporté le prix dans les
courses. Les ambassadeurs des différentes nations y parurent aussi avec des victimes, et tout l'appareil que,
dans ses grands jeux, la Grèce a coutume de déployer
pour honorer les dieux et fixer les regards des hommes.
Tout fut si habilement réglé, qu'on n'admira pas seulement la magnificence de la fête, mais encore le discer-
nement qui avait présidé à l'ordonnance des spectacles,
dont, à cette époque, les Romains n'avaient qu'une bien
faible entente. La même somptuosité et le même bon

XXXIII. Edito ludicro omnis generis, clypeisque æreis in naves inpositis, cetera omnis generis arma, cumulata in ingentem acervum, precatus Martem, Minervam, Luamque matrem, et ceteros deos, quibus spolia hostium dicare jus fasque est, ipse imperator, face subdita, succendit; deinde circumstantes tribuni militum pro se quisque ignes conjecerunt. Notata est in illo conventu Europæ Asiæque, undique partim ad gratulationem, partim ad spectaculum contracta multitudine, tantis navalibus terrestribusque exercitibus, ea copia rerum, ea vilitas annonæ; ut et privatis, et civitatibus, et gentibus, dona data pleraque ejus generis sint ab imperatore, non in usum modo præsentem, sed etiam quod domos aveherent. Spectaculo fuit ei, quæ venerat, turbæ non scenicum magis ludicrum, non certamina hominum, aut curricula equorum, quam præda macedonica omnis, ut viseretur, exposita statuarum, tabularumque, textilium, et vasorum ex auro et argento et ære et ebore factorum ingenti cura in ea regia: ut non in præsentem modo speciem, qualibus referta regia Alexandriæ erat, sed in perpetuum usum fierent.

goût brillèrent dans les repas qui furent donnés aux ambassadeurs. On citait même à ce sujet un mot du consul, qui était « que les apprêts d'un festin et les préparatifs d'une fête n'avaient rien d'étranger à la science de vaincre. »

XXXIII. Après la célébration de ces jeux, durant lesquels furent prodigués tous les genres de divertissemens, Émilius fit transporter sur les vaisseaux les boucliers d'airain : les autres armes de toute espèce furent rassemblées en un monceau ; et, après avoir invoqué Mars, Minerve, la mère Lua et les autres divinités auxquelles un usage religieux veut que soient consacrées les dépouilles des ennemis, le général, la torche à la main, y mit le feu lui-même, exemple que les tribuns des soldats qui étaient autour s'empressèrent d'imiter. Au milieu de cette réunion de l'Europe et de l'Asie, de cette affluence de peuples accourus de toutes parts, les uns pour féliciter le vainqueur, les autres pour jouir du spectacle de si grandes armées de terre et de mer, on fut frappé de l'abondance et du vil prix des vivres. Cette abondance était telle, que la plupart des comestibles qui furent gratuitement distribués, par les soins du général, aux particuliers, aux villes et aux nations, non-seulement leur suffirent pour le présent, mais même que chacun put en emporter chez soi. Les jeux scéniques, les combats d'athlètes, les courses de chevaux n'offrirent pas, à cette foule venue de toutes parts, un spectacle plus curieux que l'ensemble du butin fait en Macédoine. On voyait exposées des statues, des tableaux, des tissus précieux, des vases d'or, d'argent, de bronze et d'ivoire. Tous ces objets, travaillés avec infiniment d'art, avaient été trouvés dans le palais du roi, où ils n'avaient pas été placés

Hæc, in classem inposita, devehenda Romam Cn. Octavio data. Paullus, benigne legatis dimissis, transgressus Strymonem, mille passuum ab Amphipoli castra posuit: inde profectus, Pellam quinto die pervenit. Prætergressus urbem, ad Spelæum, quod vocant, biduum moratus, P. Nasicam, et Q. Maximum filium cum parte copiarum ad depopulandos Illyrios, qui Persea juverant bello, misit, jussos ad Oricum sibi obcurrere: ipse, Epirum petens, quintis decimis castris Passaronem pervenit.

XXXIV. Haud procul inde Anicii castra aberant: ad quem litteris missis, ne quid ad ea, quæ fierent, moveretur; « senatum prædam Epiri civitatium, quæ ad Persea defecissent, exercitui dedisse, » submissis centurionibus in singulas urbes, qui se dicerent ad præsidia deducenda venisse, ut liberi Epirotæ, sicut Macedones, essent, denos principes ex singulis evocavit civitatibus: quibus, quum denunciasset, ut aurum atque argentum in publicum proferretur, per omnes civitates cohortes dimisit; ante in ulteriores, quam in propiores, profecti, ut uno die in omnes perveniretur. Edita tribunis centurionibusque erant, quæ agerentur: mane aurum omne argentumque conlatum: hora quarta signum ad diripiendas urbes datum est militibus; tantaque præda fuit,

seulement pour l'orner, comme ceux qui remplissaient le palais d'Alexandrie, mais où ils étaient d'un usage habituel. Toutes ces dépouilles furent mises sur la flotte, et Cn. Octavius fut chargé de les transporter à Rome. Paullus, après avoir congédié les ambassadeurs avec bienveillance, passa le Strymon, et alla camper à mille pas d'Amphipolis; puis il quitta ce lieu, et arriva en cinq jours à Pella. Il ne s'y arrêta pas, et alla passer deux jours à l'endroit appelé la Caverne, d'où il envoya P. Nasica et Q. Maximus son fils, avec une partie des troupes, ravager les terres de ceux des Illyriens qui avaient aidé Persée durant la guerre; ils avaient ordre de venir le rejoindre à Oricum. Pour lui, il prit le chemin de l'Épire, et arriva à Passaron en cinq jours de marche.

XXXIV. Le camp d'Anicius n'en était pas éloigné. Pour que celui-ci ne fît aucun mouvement qui pût entraver l'opération qu'il méditait, le consul l'avertit, par des dépêches, « que le sénat avait accordé à l'armée le pillage des villes d'Épire qui avaient abandonné les Romains pour embrasser le parti de Persée. » Ne se bornant pas à cette précaution, il envoya dans ces villes des centurions auxquels il avait recommandé de dire qu'ils venaient pour en retirer les garnisons, afin que les Épirotes pussent jouir de la liberté, comme les Macédoniens. En même temps, il manda dix des principaux habitans de chaque cité, auxquels il enjoignit de faire porter, dans le trésor public, l'or et l'argent des particuliers. Alors il dirigea des cohortes sur toutes les villes; et les détachemens qu'il envoyait dans les plus éloignées partirent avant ceux qui devaient se rendre dans celles qui étaient plus proches, afin que ces troupes arrivassent

ut in equitem quadringeni denarii, peditibus duceni dividerentur, centum quinquaginta millia capitum humanorum abducerentur. Muri deinde direptarum urbium diruti sunt: ea fuere oppida circa septuaginta. Vendita praeda omnium, de ea summa militi numeratum est. Paullus ad mare Oricum descendit, nequaquam, ut ratus erat, expletis militum animis: qui, tamquam nullum in Macedonia gessissent bellum, expertes regiae praedae esse indignabantur. Orici quum missas cum Scipione Nasica Maximoque filio copias invenisset, exercitu in naves imposito, in Italiam trajecit. Et post paucos dies Anicius, conventu reliquorum Epirotarum Acarnanumque acto, jussisque in Italiam sequi principibus, quorum cognitionem caussae reservarat, et ipse, navibus exspectatis, quibus usus macedonicus exercitus erat, in Italiam trajecit. Quum haec in Macedonia Epiroque gesta sunt, legati, qui cum Attalo ad finiendum bellum inter Gallos et regem Eumenem missi erant, in Asiam pervenerunt. Induciis per hiemem factis, et Galli domos abierant, et rex in hiberna concesserat Pergamum, gravique morbo aeger fuerat. Ver primum ex domo excivit; jamque Synnada pervenerant, quum Eumenes ad Sardes undique exercitum contraxerat. Ibi et Romani Solovettium ducem Gallorum Synnadis adlocuti, et Attalus cum eis profectus; sed castra Gallorum intrare eum non

toutes le même jour. Les tribuns et les centurions avaient des instructions précises. Dès le matin, tout l'or et l'argent fut apporté : vers la quatrième heure, les soldats reçurent le signal du pillage; et le butin fut si considérable, que chaque cavalier eut pour sa part quatre cents deniers, et chaque fantassin deux cents. Cent cinquante mille individus furent emmenés comme esclaves. Après que ces villes eurent été ainsi pillées, on en démolit les murs; elles étaient au nombre de soixante-dix environ. Tous les esclaves furent vendus, et le produit de cette vente fut abandonné aux soldats. Ensuite Paullus descendit vers Oricum, pour s'y embarquer, sans avoir assouvi, comme il s'en était flatté, l'avidité des soldats; ils étaient indignés de n'avoir pas eu plus de part aux dépouilles du roi, que s'ils n'eussent fait aucune guerre en Macédoine. Ayant trouvé à Oricum les troupes qu'il avait détachées sous la conduite de Scipion Nasica et de Maximus son fils, le consul embarqua son armée et repassa en Italie. Peu de jours après, Anicius convoqua le reste des Épirotes et des Acarnaniens, ordonna aux principaux d'entre eux, dont il s'était réservé de faire examiner la conduite par le sénat, de le suivre en Italie, et, ayant attendu le retour des vaisseaux sur lesquels avait été embarquée l'armée de Macédoine, il y repassa à son tour. Tels furent les évènemens qui eurent lieu en Macédoine et en Épire. Cependant les ambassadeurs envoyés avec Attale, pour mettre fin à la guerre entre les Gaulois et le roi Eumène, arrivèrent en Asie. Comme l'hiver avait amené une trêve, les Gaulois s'étaient retirés chez eux, et le roi était revenu passer cette saison à Pergame, où il avait essuyé une maladie grave. Ayant quitté de nouveau leur pays au commen-

placuit, ne animi ex disceptatione irritarentur. P. Licinius cum regulo Gallorum est locutus, retulitque, ferociorem eum deprecando factum; ut mirum videri posset, inter tam opulentos reges, Antiochum Ptolemæumque, tantum legatorum romanorum verba valuisse, ut extemplo pacem facerent; apud Gallos nullius momenti fuisse.

XXXV. Romam primum reges captivi, Perseus et Gentius, in custodiam cum liberis abducti; dein turba alia captivorum : tum quibus Macedonum denunciatum erat, ut Romam venirent, principumque Græciæ; nam hi quoque non solum præsentes exciti erant, sed etiam, si qui apud reges esse dicebantur, litteris arcessiti sunt. Paullus ipse post dies paucos regia nave ingentis magnitudinis, quam sexdecim versus remorum agebant, ornata macedonicis spoliis, non insignium tantum armorum, sed etiam regiorum textilium, adverso Tiberi ad urbem est subvectus, completis ripis obviam effusa multitudine. Paucos post dies Anicius et Octavius classe sua advecti. Tribus iis omnibus decretus est ab senatu triumphus; mandatumque Q. Cassio prætori, cum tri-

cement du printemps, les Gaulois étaient déjà parvenus à Synnades, et Eumène avait concentré à Sardes toutes ses troupes. Ce fut à Synnades que les Romains entrèrent en pourparler avec Solovettius, chef des Gaulois. Attale les avait accompagnés; mais ils jugèrent à propos de ne pas le laisser entrer dans le camp des Gaulois, de peur que la discussion ne devînt trop orageuse. P. Licinius, qui eut un entretien avec Solovettius, vint rapporter que ses prières n'avaient fait que le rendre plus intraitable. Ainsi, tandis que quelques paroles des ambassadeurs romains suffisaient pour faire consentir sur-le-champ à la paix des rois fort puissans, tels qu'Antiochus et Ptolémée, par un contraste des plus frappans, leur médiation ne put rien sur l'esprit des Gaulois.

XXXV. Lorsque les rois captifs, Persée et Gentius, furent arrivés à Rome, on commença par les mettre en lieu sûr avec leurs enfans; puis on en fit autant à l'égard des autres prisonniers, dont le nombre était considérable, ainsi que des Macédoniens et des Grecs d'un rang élevé, qu'on avait sommés de venir à Rome, pour y rendre compte de leur conduite : car cet ordre avait été signifié, non-seulement de vive voix à ceux qui étaient présens, mais encore par lettres à ceux que l'on savait être auprès des rois. Peu de jours après, Paullus lui-même remonta le Tibre sur un vaisseau royal de la première grandeur, à seize rangs de rames, orné des dépouilles de la Macédoine, d'armes éclatantes et des tapisseries des appartemens du roi, et s'avança vers la ville, dont la population, accourue au devant de lui, couvrait les bords du fleuve. Au bout de quelques autres jours, Anicius et Octavius arrivèrent aussi avec la flotte. Le sénat leur décerna à tous trois les honneurs

bunis plebis ageret, ex auctoritate patrum rogationem ad plebem ferrent, ut iis, quo die urbem triumphantes inveherentur, imperium esset. Intacta invidia media sunt: ad summa ferme tendit; nec de Anicii, nec de Octavii triumpho dubitatum est: Paullum, cui ipsi quoque se comparare erubuissent, obtrectatio carpsit. Antiqua disciplina milites habuerat; de præda parcius, quam speraverant ex tantis regiis opibus, dederat nihil relicturis (si aviditati indulgeretur), quod in ærarium deferret. Totus macedonicus exercitus imperatori erat neglegenter adfuturus comitiis ferendæ legis. Sed eos Ser. Sulpicius Galba, qui tribunus militum secundæ legionis in Macedonia fuerat, privatim imperatori inimicus, prensando ipse, et per suæ legionis milites sollicitando, stimulaverat, ut frequentes ad suffragium adessent: « Imperiosum ducem et malignum antiquando rogationem, quæ de triumpho ejus ferretur, ulciscerentur; plebem urbanam secuturam esse militum judicia. Pecuniam illum dare non potuisse? Militem honorem dare posse! ne speraret ibi fructum gratiæ, ubi non meruisset. »

XXXVI. His incitatis, quum in Capitolio rogationem

du triomphe, et le préteur Q. Cassius fut chargé d'inviter les tribuns du peuple à lui proposer, au nom des sénateurs, de sanctionner une loi qui maintînt aux trois généraux les mêmes pouvoirs, le jour où ils entreraient triomphalement dans la ville. Un mérite ordinaire est à l'abri de l'envie; elle ne s'attaque qu'aux talens supérieurs. Personne n'eut la pensée de s'opposer au triomphe d'Anicius et à celui d'Octavius; mais Paullus, auquel eux-mêmes auraient rougi de se comparer, fut en butte à la calomnie. Il avait rétabli l'ancienne discipline parmi les soldats; la part du butin qu'il leur avait accordée n'avait pas répondu à ce qu'ils espéraient qu'il leur serait distribué de tant de riches dépouilles du roi, eux qui (si l'on eût contenté leur avidité) n'auraient rien laissé pour être déposé dans le trésor public. L'armée de Macédoine entière se montrait peu disposée à s'intéresser en faveur de son général, dans les comices où la loi devait être présentée. Mais Ser. Sulpicius Galba, qui avait servi en Macédoine dans la seconde légion, en qualité de tribun des soldats, et qui était personnellement ennemi du général, excita les troupes, tant par ses propres exhortations, qu'en les faisant solliciter par les soldats de sa légion, à se rendre en grand nombre à l'assemblée : « Elles pourraient se venger de la rigueur et du mauvais vouloir de leur chef, en faisant rejeter la proposition qui aurait lieu pour son triomphe. Le suffrage des soldats entraînerait celui des citoyens. Il n'avait pu donner de l'argent au soldat? Eh bien! le soldat ne pourrait lui faire obtenir le triomphe. Il ne devait attendre aucune marque de reconnaissance, là où il n'y avait eu de sa part aucun bienfait. »

XXXVI. Animés par ces propos, les soldats se ren-

eam Ti. Sempronius tribunus plebis ferret, et privatis de lege dicendi locus esset, sed ad suadendum, ut in re minime dubia, haud quisquam procederet; Ser. Galba repente processit, et a tribunis postulavit: « Ut, quoniam hora jam octava diei esset, nec satis temporis ad demonstrandum haberet, cur L. Æmilium non juberent triumphare, in posterum diem differrent, et mane eam rem agerent. Integro sibi die ad caussam eam orandam opus esse. » Quum tribunus dicere eo die, si quid vellet, juberet, in noctem rem dicendo extraxit, referendo admonendoque: « Exacta acerbe munia militiæ; plus laboris, plus periculi, quam desiderasset res, injunctum; contra in præmiis, in honoribus, omnia artata; militiamque, si talibus succedat ducibus, horridiorem asperioremque bellantibus: eamdem victoribus inopem atque inhonoratam futuram. Macedonas in meliore fortuna, quam milites romanos, esse. Si frequentes postero die ad legem antiquandam adessent, intellecturos potentes viros, non omnia in ducis, aliquid et in militum manu esse. » His vocibus incitati, postero die milites tanta frequentia Capitolium compleverunt, ut aditus nulli præterea ad suffragium ferendum esset. Intro vocatæ primæ tribus quum antiquarent, concursus in Capitolium principum civitatis factus est : « Indignum facinus esse, « clamitantium, » L. Paullum, tanti belli

dirent en foule au Capitole, où le tribun du peuple Ti. Sempronius devait donner lecture du projet de loi; et comme, lorsqu'il le communiqua à l'assemblée, bien que tout particulier eût le droit de parler pour ou contre, personne ne se présenta pour appuyer une proposition dont l'adoption ne semblait aucunement douteuse, Ser. Galba, s'avançant tout à coup, pria les tribuns de vouloir bien, vu qu'il était déjà la huitième heure du jour, et qu'il ne lui restait pas assez de temps pour exposer les raisons que l'armée avait de s'opposer au triomphe de L. Émilius, différer jusqu'au jour suivant, et remettre la proposition au lendemain matin; il aurait besoin de la journée entière pour exposer dans tous leurs détails les griefs des soldats. » Sommé par le tribun de parler à l'instant même, s'il avait quelque chose à dire, il perdit le reste du jour en déclamations aussi longues que vaines. Il reprocha au général « d'avoir fait observer la discipline militaire avec une excessive rigueur ; d'avoir exposé le soldat aux fatigues et aux dangers, plus que ne l'exigeaient les circonstances ; et d'avoir, au contraire, été envers lui fort avare de récompenses et de distinctions. Traiter avec faveur de tels généraux, serait rendre encore plus dure et plus ingrate la condition du soldat, qui ne se trouverait aucunement améliorée après la victoire. Le sort des Macédoniens était préférable à celui des soldats romains. Si donc ceux-ci venaient en grand nombre le lendemain s'opposer à la loi, ces hommes puissans seraient bien forcés de comprendre que tout ne dépend point exclusivement du général, et que les soldats ont aussi quelque pouvoir. » Échauffés par ces invectives, les soldats se rendirent le lendemain au Capitole en si grand

victorem dispoliari triumpho; obnoxios imperatores tradi licentiæ atque avaritiæ militari: nunc nimis sæpe per ambitionem peccari. Quid, si domini milites imperatoribus inponantur?» In Galbam pro se quisque probra ingerere. Tandem, hoc tumultu sedato, M. Servilius, qui consul et magister equitum fuerat, ut de integro eam rem agerent, ab tribunis petere, dicendique sibi ad populum potestatem facerent. Tribuni, quum ad deliberandum secessissent, victi auctoritatibus principum, de integro agere cœperunt, revocaturosque se easdem tribus renunciarunt, si M. Servilius aliique privati, qui dicere vellent, dixissent.

XXXVII. Tum Servilius: « Quantus imperator L. Æmilius fuerit, Quirites, si ex alia re nulla æstimari possit, vel hoc satis erat, quod, quum tam seditiosos et leves milites, tam nobilem, tam temerarium, tam eloquentem ad instigandam multitudinem inimicum in castris haberet, nullam in exercitu seditionem habuit. Eadem severitas imperii, quam nunc oderunt, tunc eos continuit. Itaque, antiqua disciplina habiti, tunc quieverunt. Ser. quidem Galba, si in L. Paullo accusando ti-

nombre, que bientôt il ne fut plus possible aux citoyens d'y pénétrer pour donner leurs suffrages. Les premières tribus appelées à voter ayant rejeté la proposition, tous les principaux personnages de Rome accoururent au Capitole et s'écrièrent « que c'était une indignité de priver du triomphe L. Paullus, qui avait terminé par le plus beau succès une guerre si importante; que les généraux se trouvaient sacrifiés à la licence et à l'avidité du soldat. Déjà ils ne briguaient que trop souvent sa faveur par une honteuse adulation. Que serait-ce, si on les plaçait sous sa dépendance?» Chacun à l'envi accabla de reproches Galba. Enfin, ce tumulte apaisé, M. Servilius, qui avait été consul et général de la cavalerie, pria les tribuns de remettre l'affaire en délibération, et de lui permettre de parler au peuple. Les tribuns se retirèrent un moment pour se consulter, puis, vaincus par l'autorité des principaux sénateurs, ils déclarèrent qu'ils rouvraient la délibération, et qu'ils rappelleraient les mêmes tribus, dès que M. Servilius et les autres particuliers qui voudraient prendre part à la discussion auraient parlé.

XXXVII. Alors Servilius s'exprima en ces termes : « Quand L. Émilius, Romains, n'aurait pas d'autre titre à la réputation de grand général, il suffirait, pour apprécier son habileté, de considérer qu'ayant dans son camp des soldats si mutins et si remuans, un ennemi personnel si marquant, et si propre, par son langage, à soulever la multitude, il n'a cependant eu à réprimer dans son armée aucune sédition. C'est que cette même sévérité de commandement, contre laquelle les soldats s'élèvent aujourd'hui, les a contenus alors dans le devoir; c'est que, placés sous les lois de l'ancienne disci-

rocinium ponere, et documentum eloquentiæ dare voluit, non triumphum inpedire debuit, quem, si nihil aliud, senatus justum esse judicaverat: sed postero die, quam triumphatum est, privatum quum visurus esset, nomen deferret, et legibus interrogaret; aut serius paullo, quum primum magistratus ipse cepisset, diem diceret, inimicum ad populum accusaret. Ita et pretium recte facti triumphum haberet L. Paullus pro egregie bello gesto; et pœnam, si quid et vetere gloria sua et nova indignum fecisset. Sed videlicet, cui crimen nullum, nullum probrum dicere poterat, ejus obtrectare laudes voluit. Diem integrum hesterno die ad accusandum L. Paullum petiit: quatuor horas, quantum supererat diei, dicendo absumsit. Quis unquam tam nocens reus fuit, cujus vitia vitæ tot horis expromi non possent? Quid interim objecit, quod L. Paullus, si caussam dicat, negatum velit? Duas mihi aliquis conciones parumper faciat: unam militum macedonicorum; puram alteram, integrioris judicii, et a favore et odio, universo judicante populo romano. Apud concionem togatam et urbanam prius reus agatur. Quid apud Quirites romanos, Ser. Galba, diceres? illa enim tibi tota abscisa oratio esset: « In statione severius et intentius institisti; vigiliæ acer- « bius et diligentius circumitæ sunt; operis plus, quam « antea, fecisti, quum ipse imperator et exactor circum-

pline, ils n'ont osé rien tenter. A l'égard de Ser. Galba, s'il avait dessein de faire son apprentissage en accusant L. Paullus, et de nous donner cette accusation comme un modèle de son éloquence, il devait éviter de s'opposer au triomphe, quand ce n'eût été que par respect pour le sénat, qui en avait reconnu la justice. Ce n'était que le lendemain de la solennité, lorsque Paullus n'eût plus été qu'un simple particulier, qu'il pouvait, usant de ses droits de citoyen, porter une accusation contre lui; ou bien il fallait qu'il attendît que, revêtu lui-même de quelque magistrature, il fût à portée de citer son ennemi devant le peuple. De cette sorte L. Paullus obtiendrait le triomphe qu'il a si bien mérité par l'habileté avec laquelle il a conduit les opérations de cette guerre, sans éviter d'être puni pour ce qu'il pourrait avoir fait d'indigne de son ancienne et de sa nouvelle gloire. Mais n'ayant aucune action condamnable, aucun tort réel à lui reprocher, Galba s'est vu forcé de recourir à la calomnie. Hier il demandait un jour entier pour accuser L. Paullus, et il a passé le reste du jour, c'est-à-dire, quatre heures entières, à déclamer contre lui. Quel accusé fut donc jamais coupable au point, que tant d'heures ne pussent suffire à l'énumération de ses crimes? Et pourtant qu'a-t-il exposé que L. Paullus voulût nier, s'il prenait la peine de se défendre? Supposons un instant deux assemblées, l'une composée des soldats qui ont servi en Macédoine, l'autre intègre, impartiale, étrangère à tout sentiment de faveur ou de haine, et formée de la totalité du peuple romain. Que l'on fît d'abord comparaître l'accusé devant l'assemblée citoyenne. Eh bien! Ser. Galba, qu'articuleriez-vous devant les juges romains? car, en leur présence, il vous

« iret ; eodem die et iter fecisti, et in aciem ex itinere
« ductus es. Ne victorem quidem te adquiescere passus est:
« statim ad persequendos hostes duxit. Quum te præda
« partienda locupletem facere posset, pecuniam regiam
« translaturus in triumpho est, et in ærarium laturus. »
Hæc sicut ad militum animos stimulandos aliquem aculeum habent, qui parum licentiæ, parum avaritiæ suæ
inservitum censent; ita apud populum romanum nihil
valuissent: qui, ut vetera atque audita a parentibus
suis non repetat, quæ ambitione imperatorum clades
acceptæ sint, quæ severitate imperii victoriæ partæ,
proximo certe punico bello, quid inter M. Minucium
magistrum equitum et Q. Fabium dictatorem interfuerit, meminit. Itaque accusatorem id scire potuisse, et
supervacaneam defensionem Paulli fuisse. Transeatur ad
alteram concionem : nec Quirites vos, sed milites videor
adpellaturus, si nomen hoc saltem ruborem incutere,
et verecundiam aliquam imperatoris violandi adferre
possit.

XXXVIII. « Equidem ipse aliter adfectus animo sum,
qui apud exercitum mihi loqui videar, quam paullo ante

serait tout-à-fait impossible de tenir ce langage : « Les
« postes ont été gardés avec plus de sévérité et de vigi-
« lance; les rondes ont été faites avec plus de rigueur et
« d'exactitude; les soldats ont été soumis à de plus rudes
« travaux, sous la surveillance du général, qui donnait
« à la fois l'ordre et l'exemple; le même jour, il leur a
« fallu marcher et combattre; bien plus, après la victoire,
« le général ne leur a pas accordé un moment de repos,
« il les a conduits sur-le-champ à la poursuite de l'en-
« nemi; tandis qu'il pouvait les enrichir en leur parta-
« geant le butin, il a réservé l'argent du roi pour qu'il
« fût porté dans son triomphe, et ensuite versé dans le
« trésor public. » Ces paroles, de nature à produire quelque effet sur l'esprit de soldats trouvant qu'on les a traités d'une manière trop sévère, et qu'on n'a point assez
accordé à leur avidité, ne feraient aucune impression
sur le peuple romain. Quand il aurait perdu de vue
l'ancienne discipline que lui ont vantée ses pères, les
revers essuyés par suite de la coupable indulgence des
généraux, les victoires dues à la sévérité du commandement, du moins il se rappelle la différence que, dans
la seconde guerre punique, l'opinion publique mit
entre M. Minucius, général de la cavalerie, et le dicta-
teur Q. Fabius. De pareils faits ne pouvant être ignorés
même de l'accusateur, il deviendrait inutile à Paullus
de présenter sa défense. Passons maintenant à l'autre
assemblée; appelons ceux qui la composent, non pas
des citoyens, mais des soldats, si ce nom peut du moins
les faire rougir, et leur causer quelque honte d'outrager
leur général.

XXXVIII. « Certes, pour moi, je me sens bien autrement affecté, quand je me figure qu'il me faut parler

eram, quum ad plebem urbanam spectabat oratio. Quid etiam dicitis, milites? Aliquis est Romæ, præter Persea, qui triumphari de Macedonibus nolit? et eum non iisdem manibus discerpitis, quibus Macedonas vicistis? Vincere vos prohibuisset, si potuisset, qui triumphantes urbem inire prohibet. Erratis, milites, si triumphum imperatoris tantum, et non militum quoque et universi populi romani, esse decus censetis. Non unius hoc Paulli. Multi etiam, qui ab senatu non inpetrarunt triumphum, in monte Albano triumpharunt. Nemo L. Paullo magis eripere decus perfecti belli macedonici potest, quam C. Lutatio primi punici belli, quam P. Cornelio secundi, quam illis, qui post eos triumphaverunt. Nec L. Paullum minorem aut majorem imperatorem triumphus faciet; militum magis in hoc universique populi romani fama agitur; primum ne invidiæ et ingrati animi adversus clarissimum quemque civem opinionem habeat, et imitari in hoc populum atheniensem, lacerantem invidia principes suos, videatur. Satis peccatum in Camillo a majoribus vestris est, quem tamen ante receptam per eum a Gallis urbem violarunt : satis insuper a vobis in P. Africano. Literni domicilium et sedem fuisse domitoris Africæ! Literni sepulcrum ostendi! Erubescamus, gloria si par illis viris L. Paullus injuria vestra exæquetur. Hæc igitur primum infamia deleatur, fœda

devant une armée, que je ne l'étais il y a un moment, lorsque je prononçais un discours adressé au peuple assemblé. Mais enfin qu'avez-vous à dire, soldats? il se trouve dans Rome quelqu'autre que Persée, qui souhaite que l'on ne triomphe pas des Macédoniens, et vous ne le mettez pas en pièces de ces mêmes mains par lesquelles vous les avez vaincus! Assurément il aurait mis, s'il l'eût pu, obstacle à votre victoire, celui qui veut vous empêcher de rentrer triomphans dans la ville. Vous vous trompez, soldats, si vous vous figurez que la gloire du triomphe appartient uniquement au général, et que ce n'est pas un honneur auquel participent aussi l'armée et le peuple romain tout entier. Cette gloire ne saurait être exclusivement le partage de Paullus. Sans doute beaucoup de généraux, auxquels le sénat avait refusé le triomphe, ont triomphé sur le mont Albain; mais L. Paullus aurait tort de les imiter. On ne peut pas plus lui dérober le mérite d'avoir terminé la guerre de Macédoine, qu'à C. Lutatius et à P. Cornelius celui d'avoir mis fin, l'un à la première, l'autre à la seconde guerre punique, qu'à tous ceux qui ont triomphé après eux, l'éclat de leurs exploits. Non, le triomphe ne peut rien ôter ni rien ajouter aux qualités de L. Paullus comme général. Il s'agit bien plus, en cette occasion, de l'honneur des soldats, et de celui du peuple romain tout entier. D'abord il doit éviter de passer pour une nation qui envisage d'un œil jaloux tous ses plus illustres citoyens, ne les paie que d'ingratitude, et d'imiter en cela le peuple athénien, persécutant par envie les principaux d'entre lui. Il doit vous suffire de l'injustice que vos ancêtres commirent envers Camille, injustice qui toutefois l'atteignit avant qu'il ne chassât

apud alias gentes, damnosa apud nostros. Quis enim aut Africani, aut Paulli, similis esse in ingrata et inimica bonis civitate velit? Si infamia nulla esset, et de gloria tantum ageretur, qui tandem triumphus non communem nominis romani gloriam habet? Tot de Gallis triumphi, tot de Hispanis, tot de Pœnis, ipsorum tantum imperatorum, an populi romani, dicuntur? Quemadmodum non de Pyrrho modo, nec de Annibale, sed de Epirotis Carthaginiensibusque triumphi acti sunt; sic non M. Curius tantum, nec P. Cornelius, sed Romani triumpharunt. Militum quidem propria est caussa; qui et ipsi laureati, et quisque donis, quibus donati sunt, insignes, triumphum nomine cient, suasque et imperatoris laudes canentes per Urbem incedunt. Si quando non deportati ex provincia milites ad triumphum sint, fremunt; et tamen tum quoque se absentes, quod suis manibus parta victoria sit, triumphare credunt. Si quis vos interroget, milites, ad quam rem in Italiam deportati, et non statim, confecta provincia, dimissi sitis? quid Romam frequentes sub signis veneritis, quid moremini hic, et non diversi domos quisque abeatis vestras? quid aliud respondeatis, quam vos triumphantes videri velle? Vos certe victores conspici velle debebatis.

de Rome les Gaulois, et de celle qu'en outre vous avez commise, vous, envers P. Scipion l'Africain. C'est à Literne que le vainqueur de l'Afrique a dû aller chercher une demeure et fixer son séjour ! c'est à Literne que l'on montre son tombeau ! Nous ne pourrions, sans rougir, traiter avec une pareille ingratitude L. Paullus, dont la gloire égale celle de ces grands hommes. Avant tout donc, évitons une semblable infamie, qui, flétrissante chez les autres nations, aurait chez nous des conséquences funestes. Car qui voudra marcher sur les traces ou de l'Africain, ou de Paullus, dans une ville qui ne réserve à ses meilleurs citoyens que de l'ingratitude et de la haine ? Mais quand nous n'aurions aucun opprobre à encourir, et quand il ne s'agirait que de notre gloire, quel est enfin le triomphe dont quiconque est Romain ne partage pas l'honneur ? Tant de triomphes sur les Gaulois, sur les Espagnols, sur les Carthaginois n'ont-ils illustré que les généraux, et l'éclat n'en a-t-il pas rejailli sur le peuple romain ? De même que ce n'était pas seulement Pyrrhus et Annibal, mais encore les Épirotes et les Carthaginois qui fournissaient le sujet de ces triomphes, de même ce n'étaient pas seulement M. Curius et P. Cornelius, mais aussi les Romains qui triomphaient. Certes cette cause est proprement celle des soldats, qui, couronnés eux-mêmes de lauriers, parés chacun des récompenses militaires qu'il a reçues, s'avancent dans la ville en faisant retentir les airs de l'hymne triomphal, et en chantant leurs propres louanges en même temps que celles de leur général. S'il arrive que l'on ne fasse pas quitter aux soldats leur province pour assister au triomphe, ils éclatent en murmures ; et cependant ils n'en sont pas moins persuadés

XXXIX. « Triumphatum nuper de Philippo, patre hujus, et de Antiocho est; ambo regnabant, quum de his triumphatum est. De Perseo capto, in Urbem cum liberis abducto, non triumphabitur? Quod si in curru scandentes Capitolium, auratos purpuratosque, ex inferiore loco L. Paullus in turba togatorum unus privatus interroget : L. Anici, Cn. Octavi, utrum vos digniores triumpho esse, an me, censetis? currum ei cessuri, et præ pudore videntur insignia ipsi sua tradituri. Et vos Gentium, quam Persea, duci in triumpho mavultis, Quirites, et de accessione potius belli, quam de bello, triumphari? Et legiones ex Illyrico laureatæ Urbem inibunt, et navales socii? Macedonicæ legiones, suo abrogato, triumphos alienos spectabunt? Quid deinde tam opimæ prædæ, tam opulentæ victoriæ spoliis fiet? Quonam abdentur illa tot millia armorum, detracta corporibus hostium? an in Macedoniam remittentur? Quo

que l'absence ne les empêche pas de triompher, puisque ce sont leurs bras qui ont remporté la victoire. Si l'on vous demandait, soldats, pourquoi l'on vous a ramenés en Italie, au lieu de vous licencier aussitôt après la fin de la guerre; pourquoi vous êtes venus en foule à Rome sans quitter vos étendards, et pourquoi vous vous arrêtez ici, au lieu de regagner chacun vos foyers, quelle autre réponse feriez-vous, sinon que vous voulez figurer dans la pompe triomphale? Assurément, vainqueurs, vous deviez vouloir vous offrir aux regards de vos concitoyens.

XXXIX. « On a triomphé récemment de Philippe, père du roi qui est ici, et d'Antiochus. Ils n'étaient détrônés ni l'un ni l'autre, quand ces triomphes ont eu lieu. Et l'on ne triompherait pas de Persée prisonnier, amené à Rome avec ses enfans? Supposons que L. Paullus, redevenu simple particulier et confondu parmi les autres citoyens, vît Anicius et Octavius, brillans d'or et de pourpre, monter au Capitole dans leur char, et qu'il leur criât du milieu de la foule : L. Anicius, et vous, Cn. Octavius, croyez-vous avoir mieux mérité que moi le triomphe? Certes, par pudeur, ils descendraient de leur char pour l'y faire monter, et se dépouilleraient de leurs ornemens pour les lui remettre. Il vous sera plus agréable de voir marcher, devant le char, Gentius que Persée, Romains; et vous préférerez que l'on triomphe de l'accessoire de la guerre, plutôt que de la guerre elle-même! Les légions arrivant de l'Illyrie, et les hommes de la flotte, entreront dans Rome la tête couronnée de lauriers, et les légions qui ont conquis la Macédoine, privées d'un honneur qui leur est dû, seront témoins de ce triomphe des autres soldats! Et puis que devien-

signa aurea, marmorea, eburnea, tabulæ pictæ, textilia, tantum argenti cælati, tantum auri, tanta pecunia regia? An noctu, tamquam furtiva, in ærarium deportabuntur? Quid? illud spectaculum maximum, nobilissimus opulentissimusque rex captus, ubi victori populo ostendetur? Quos Syphax rex captus, accessio punici belli, concursus fecerit, plerique meminimus. Perseus rex captus, Philippus et Alexander filii regis, tanta nomina, subtrahentur civitatis oculis? Ipsum L. Paullum, bis consulem, domitorem Græciæ, omnium oculi conspicere Urbem curru ingredientem avent. Ad hoc fecimus consulem, ut bellum, per quadriennium ingenti etiam pudore nostro tractum, perficeret; cui sortito provinciam, cui proficiscenti præsagientibus animis victoriam triumphumque destinavimus, ei victori triumphum negaturi? et quidem non homines tantum, sed deos etiam suo honore fraudaturi? diis quoque enim, non solum hominibus, debetur triumphus. Majores vestri omnium magnarum rerum et principia exorsi ab diis sunt, et finem statuerunt. Consul, proficiscens, prætorve, paludatus cum lictoribus in provinciam et ad bellum, vota in Capitolio nuncupat: victor, perpetrato eodem, in Capitolio triumphans ad eosdem deos, quibus vota nuncupavit, merita dona populi romani transvehit: pars non minima triumphi est victimæ præcedentes; ut ad-

dront cet immense butin, toutes ces riches dépouilles, fruits de la victoire? où cacher tant de milliers d'armures enlevées aux ennemis restés sur le champ de bataille? faudra-t-il les renvoyer en Macédoine? Que faire de tant de statues d'or, de marbre, d'ivoire, de tant de tableaux, de tissus précieux, de tant de vases d'argent, d'or, de tant de sommes trouvées chez le roi? Les transportera-t-on furtivement, pendant la nuit, dans le trésor public, comme autant de larcins honteux? Quoi! et la vue d'un roi très-célèbre et très-puissant réduit en captivité, ce spectacle si extraordinaire, quand l'offrira-t-on aux regards du peuple vainqueur? Il n'est presque aucun d'entre nous qui ne se souvienne de l'immense concours qu'attira Syphax prisonnier, bien que la lutte qu'il avait engagée contre les Romains ne fût qu'un accessoire de la guerre punique; et l'on déroberait aux yeux des citoyens la vue de Persée captif, et des fils de ce roi, Philippe et Alexandre, qui rappellent des noms si fameux! L. Paullus lui-même, qui a été deux fois consul, qui a consommé la conquête de la Grèce, tous les yeux sont avides de le contempler entrant dans la ville sur son char. Nous l'avons de nouveau élevé au consulat pour qu'il mît fin à une guerre qui, à notre grande honte, s'est prolongée durant quatre ans. Quand le sort lui eut assigné la Macédoine pour province, quand il se mit en route, nos pressentimens lui promirent la victoire et le triomphe; et aujourd'hui qu'il est vainqueur, nous l'empêcherions de triompher! Et, certes, ce ne serait pas seulement tromper l'attente des hommes, ne serait-ce pas aussi priver les dieux d'un honneur qui leur est dû? car le triomphe n'est pas seulement dû aux hommes, il l'est encore aux dieux. Ja-

pareat, diis grates agentem imperatorem ob rempublicam bene gestam redire. Omnes illas victimas, quas traducendas in triumpho vindicavit, alias alio cædente, mactabitis? Quid? illas epulas senatus, quæ nec privato loco, nec publico profano, sed in Capitolio eduntur (utrum hominum voluptatis caussa, an deorum hominumque), auctore Ser. Galba, turbaturi estis? L. Paulli triumpho portæ claudentur? Rex Macedonum Perseus cum liberis et turba alia captivorum, spolia Macedonum, citra flumen relinquentur? L. Paullus privatus, tamquam rure rediens, a porta domum ibit? Et tu, centurio, miles, quid de imperatore Paullo senatus decrerit potius, quam quid Ser. Galba fabuletur, audi: et hoc dicere me potius, quam illum, audi. Ille nihil, præterquam loqui, et id ipsum maledice ac maligne, didicit: ego ter et vicies cum hoste per provocationem pugnavi: ex omnibus, cum quibus manum conserui, spolia retuli; insigne corpus honestis cicatricibus, omnibus adverso corpore exceptis, habeo. » Nudasse deinde se dicitur, et, quo quæque bello vulnera accepta essent, retulisse; quæ dum ostentat, adapertis forte, quæ velanda erant, tumor inguinum proximis risum movit. Tum: « Hoc quoque, quod ridetis, inquit, in equo dies noctesque persedendo habeo: nec magis me ejus, quam cicatricum harum, pudet pœnitetque; quando numquam

mais vos ancêtres ne formèrent aucune entreprise importante, sans que les dieux en fussent le principe et la fin. Lorsqu'un consul ou un préteur, revêtu de sa cotte-d'armes et entouré de ses licteurs, se dispose à partir pour sa province et à commencer une guerre, c'est dans le Capitole qu'il vient faire des vœux pour le succès de l'expédition qui lui est confiée : vainqueur et n'ayant plus d'ennemis à combattre, c'est encore dans le Capitole qu'il revient triomphant, et qu'il apporte à ces mêmes dieux, qu'il a invoqués, les offrandes du peuple romain; et ce n'est pas le moindre ornement de son triomphe que ces victimes qui ouvrent la marche, pour qu'il soit prouvé que le général rapporte aux dieux la gloire des avantages que vient d'obtenir la république. Toutes ces victimes qu'Émilius a rassemblées à grands frais pour son triomphe, les ferez-vous immoler en d'autres lieux et sous d'autres auspices? Quoi! ce banquet du sénat, pour lequel il ne peut être choisi aucun lieu profane, soit particulier, soit public, mais qui doit être donné dans le Capitole (je n'examine pas s'il n'a pour but que le plaisir des hommes, ou s'il est consacré à la fois au plaisir des hommes et à la gloire des dieux), en troublerez-vous les apprêts à l'instigation de Ser. Galba? Les portes de Rome seront-elles fermées au triomphe de L. Paullus? Laissera-t-on de l'autre côté du fleuve le roi des Macédoniens Persée, ses enfans, la foule des prisonniers qui l'accompagnent, et les dépouilles de la Macédoine? L. Paullus ira-t-il des portes de la ville à sa maison, comme un simple particulier revenant de la campagne? Et vous, centurions, soldats, que le décret rendu par le sénat en faveur de Paullus, votre général, fasse plus d'impression

mihi inpedimento ad rempublicam bene gerendam domi militiæque fuit. Ego hoc ferro sæpe vexatum corpus vetus miles adolescentibus militibus ostendi. Galba nitens et integrum denudet. Revocate, si videtur, tribuni, ad suffragium tribus; ego ad vos, milites, [descendam, euntesque ad suffragia assectabor, et notabo improbos ingratosque, et eos, qui non regi se ab imperatore, sed eum ultro sibi per ambitionem servire æquum censent.» Hac oratione castigata militaris turba ita mutavit animum, ut tribus ad suffragium revocatæ ad unam omnes rogationem de triumpho juberent. Victa igitur inimicorum malevolentia et obtrectatione, triumphavit Paullus de Perseo rege et Macedonibus per triduum, IV. III. et pridie kalendas decembres. Fuit hic triumphus, sive magnitudinem victi regis, sive speciem simulacrorum, sive modum pecuniæ spectes, longe magnificentissimus, ut omnium anteactorum comparationem amplitudine superaret. Populus, exstructis per Forum et cetera Urbis loca, qua traduci pompam oportebat, tabulatis theatrorum in modum, spectavit in candidis togis. Aperta templa omnia et sertis coronata thure fumabant. Lictores satellitesque confluentem temere turbam et vage discurrentem summoventes e medio, patentes late vias vacuasque præbebant. Quum in tres, ut diximus, dies distributa esset pompa spectaculi, primus

sur vos esprits que les déclamations mensongères de Ser. Galba; et, ce que je vous dis en ce moment, croyez-le plus que ce qu'il vous a dit. Il n'a étudié d'autre art que celui de la parole; encore, cet art, ne l'a-t-il étudié que pour le faire servir d'instrument à sa méchanceté et à son penchant à nuire. Moi, défié par l'ennemi, je suis sorti vainqueur de vingt-trois combats singuliers; j'ai rapporté les dépouilles de tous ceux avec lesquels j'en suis venu aux mains; mon corps est couvert d'honorables cicatrices, et tous les coups qui lui ont été portés l'ont atteint par devant. » On rapporte qu'en achevant ces mots il découvrit ses blessures, et cita les différentes occasions où il les avait reçues. Tandis qu'il les montrait, ayant fait voir, par mégarde, ce qu'il aurait dû tenir caché, une tumeur inguinale excita le rire de ceux qui étaient près de lui. Alors élevant la voix : « Cette incommodité grave, dit-il, qui excite en ce moment votre hilarité, c'est pour être resté jour et nuit à cheval que j'en suis atteint; et je n'en rougis pas plus, je n'en suis pas plus affligé que de ces cicatrices, puisqu'elle ne m'a jamais empêché d'être utile à la république pendant la guerre comme pendant la paix. Vieux soldat, j'ai plus d'une fois montré à mes jeunes compagnons d'armes ce corps déchiré par le fer. Que Galba mette à nu le sien; on le verra frais et intact. Rappelez, tribuns, si vous le jugez à propos, les tribus aux suffrages. Pour moi, soldats, je vais descendre parmi vous, suivre chacun de vous au moment où il va donner sa voix, et signaler les méchans, les ingrats qui, au lieu de se laisser diriger par leur général, trouvent qu'il doit, pour leur complaire, se soumettre à leurs caprices. » Ce discours sévère changea les dispo-

dies vix suffecit transvehendis signis tabulisque captivis, in ducentos quinquaginta currus impositis. Sequenti die multis plaustris translatum, quidquid macedonicorum armorum, pulcherrimum et magnificentissimum fuit, quæ et ipsa ferri aut æris recens tersi nitore splendebant, et ita structa erant inter se, ut, quum acervatim potius cumulata, quam artificiose digesta, viderentur, miram quamdam hac ipsa velut temeraria et fortuita concursione speciem objicerent oculis: galeæ scutis, et loricæ ocreis, et peltæ creticæ, et thracicæ utræ, et pharetræ equestribus permistæ frenis, strictique gladii hinc inde mucrone exerto minaces, et e lateribus eminentes sarissæ. Atque hæc omnia quum laxius vincta inter se forent, si quando in transvehendo sibi mutuo alliderentur, martium quemdam ac terribilem edebant sonum, ut ne victa quidem conspici possent, sine quodam animorum horrore. Tum onusta argento signato vasa quinquaginta supra septingenta a tribus millibus hominum portabantur. Tria talenta in singulis a quaternis gestata hominibus. Erant et qui crateras argenteas, et phialas, et calices, et cornua ferebant, tum apte inter se collocata, tum magnitudine, et pondere, et exstantis insigniter cælaturæ artificio conspicua. Tertio autem die ducere agmen primo statim mane cœpere tubicines, non festos solennium pomparum modos, sed bellicum

sitions de la masse des soldats à tel point, que les tribus rappelées votèrent unanimement le triomphe. Ainsi Paullus, vainqueur de la malveillance et de la jalousie de ses ennemis, triompha du roi Persée et des Macédoniens durant trois jours, savoir, le quatrième, le troisième et le second jour des calendes de décembre. Ce triomphe, d'une magnificence extrême, surpassa de beaucoup en éclat tous ceux qui l'avaient précédé, soit que l'on songe à la grandeur du roi vaincu, soit que l'on envisage la beauté des statues qui y furent portées, soit que l'on considère l'immense quantité d'argent qui passa sous les yeux des spectateurs. Le peuple, vêtu de blanc, avait pris place sur des espèces d'amphithéâtres dressés dans le Forum et dans tous les autres endroits de la ville par où le cortège devait passer. Tous les temples furent ouverts, toutes les statues des dieux furent couronnées de guirlandes, et partout l'encens fumait sur les autels. Les licteurs et les gardes étaient sans cesse occupés à écarter une foule empressée, dont les flots se portaient en tous sens, et à ouvrir au loin le passage. La pompe du spectacle avait été, comme nous l'avons dit, ordonnée de manière à durer trois jours. Le premier suffit à peine à faire défiler les deux cent cinquante chariots sur lesquels étaient placés les statues et les tableaux faisant partie du butin. Le jour suivant, furent transportées sur un grand nombre de voitures toutes les plus belles et les plus magnifiques armes de la Macédoine, dont l'acier ou l'airain, récemment poli, jetait un éclat éblouissant. Elles étaient mêlées de façon qu'elles avaient l'air d'être entassées au hasard, plutôt qu'arrangées avec symétrie ; et cette confusion étudiée leur donnait elle-même un aspect plus

canentes, quasi in aciem procedendum foret. Post hos agebantur pingues, cornibus auratis, et vittis sertisque redimiti boves centum et viginti. Ducebant eos cincti fasciis eximio opere textis juvenes, quibus comites additi pueri pateras aureas argenteasque gestabant. Sequebantur ii, qui signatum aurum in vasis septem et septuaginta ferebant, quorum unumquodque, quemadmodum et ea, in quibus argentum translatum fuerat, tria talenta habebat. Tum visebatur sacra phiala decem talentorum pondo auri, pretiosis distincta gemmis, quam Paullus faciendam curaverat, et antigonides, seleucidesque, et thericlea, ceteraque pocula ex auro, quibus Persei triclinia ornabantur. Subibat Persei currus ejus armis onustus, addito diademate. Sequebatur captivorum agmen : Bitis, Cotyis regis filius, obses in Macedoniam a patre missus, ac deinde cum Persei liberis captus a Romanis ; tum ipsi Persei liberi, comitante educatorum et magistrorum agmine, manus ad spectatores cum lacrymis miserabiliter tendentium, et docentium pueros, implorandam suppliciter victoris populi misericordiam. Filii erant duo, puella una, qui eo majorem movebant miserationem spectantibus, quod ipsi per aetatem vix mala sua intelligere poterant. Itaque plurimi lacrymas tenere non potuerunt, et omnibus confudit animum tacitus quidam mœror, qui sincero eos frui gau-

imposant. En effet, les casques étaient pêle-mêle avec les boucliers, les cuirasses avec les bottines, les targes crétoises, les pavois de Thrace et les carquois avec les freins et les rênes; les épées, hors du fourreau, présentaient en tout sens leurs pointes menaçantes, et les sarisses débordaient de chaque côté. Comme toutes ces armes étaient liées entre elles par des courroies assez lâches, lorsqu'elles s'entre-choquaient dans la marche, elles rendaient un son martial et terrible, qui causait aux vainqueurs eux-mêmes une sorte de frémissement involontaire. Venaient ensuite trois mille hommes portant sept cent cinquante vases remplis d'argent monnayé. Chacun de ces vases, soutenu par quatre hommes, renfermait trois talens. Ces trois mille hommes étaient suivis d'un grand nombre d'autres, qui portaient des coupes d'argent de toutes les formes; et ces coupes, disposées avec symétrie, se faisaient remarquer par leur grandeur, leur poids et la beauté des reliefs dont elles étaient enrichies. Dès le matin du troisième jour, la marche s'ouvrit par les trompettes, qui, au lieu de faire entendre les airs religieux usités dans les fêtes solennelles, sonnaient la charge, comme si l'on eût dû marcher au combat. Suivaient cent vingt bœufs gras, qui avaient les cornes dorées, et étaient ornés de bandelettes et de guirlandes. Des jeunes gens, ceints d'écharpes brodées avec infiniment d'art, les conduisaient; et ces jeunes gens étaient accompagnés d'enfans portant des patères d'or et d'argent. A leur suite venaient ceux qui portaient l'or monnayé; cet or était renfermé dans dix-sept vases, dont chacun contenait trois talens, comme ceux dans lesquels on avait transporté l'argent. Paraissait ensuite une coupe sacrée, du poids de dix ta-

dio, quamdiu sub oculis pueri fuerunt, non sineret. Pone filios incedebat cum uxore Perseus, pullo amicto, cum crepidis graeci moris, stupenti et attonito similis, et cui magnitudo malorum mentem omnino eripuisse videretur. Sequebatur amicorum et familiarium turba, quorum in vultu dolor gravis eminebat, quique, quum semper oculos in eum figerent, lacrymis rigantes ora, satis indicabant, sese illius dolere malis, suorum immemores. Hanc quidem ignominiam deprecatus erat Perseus, missis ad Æmilium, qui orarent, ne in triumpho duceretur. Risit Æmilius hominis ignaviam, et, « id quidem, inquit, in ipsius et pridem fuit, et nunc est, manu ac potestate; » tacite monens, ut generosa morte id, quod metuebat, dedecus effugeret. Sed forte consilium non admisit mollis animus, et nescio qua spe delenitus, maluit in praedae suae parte ipse numerari. Quadringentae inde coronae aureae portabantur, Paullo ab omnibus fere Graeciae et Asiae civitatibus in gratulationem victoriae per legatos dono missae: grandis sane, si per se ipsae spectarentur, pretii, sed mediocris accessio immanium opum, quae in hoc triumpho transvectae fuerant.]

lens d'or, et enrichie de pierres précieuses, qui avait été faite par les ordres de Paullus. Parurent également les antigonides, les séleucides, les thériclées et les autres coupes d'or qui ornaient les buffets de Persée. Puis venait le char de ce prince, sur lequel étaient placés ses armes et son diadème. Suivait la foule des prisonniers. Parmi eux l'on remarquait Bitis, fils du roi Cotys, que son père avait envoyé en Macédoine comme ôtage, et qui avait été ensuite pris par les Romains avec les enfans de Persée; on remarquait pareillement ceux-ci, accompagnés de leurs gouverneurs et de leurs précepteurs, qui, les larmes aux yeux, tendaient vers les spectateurs des mains suppliantes, et apprenaient à leurs élèves à implorer humblement la compassion du peuple vainqueur. Ces enfans étaient au nombre de trois, deux fils et une fille, dont le sort touchait d'autant plus ceux qui les voyaient, que leur âge les rendait moins capables de comprendre toute l'étendue de leur infortune. Aussi la plupart des spectateurs ne purent retenir leurs larmes, et tous éprouvèrent une secrète impression de tristesse qui mêla quelque amertume à leur joie, tant qu'ils eurent sous les yeux ces malheureux enfans. Après ses fils et sa fille, marchait, avec sa femme, Persée en habit de deuil, et chaussé à la manière des Grecs; il avait l'air d'un homme frappé d'étonnement et de stupeur, et à qui l'excès de ses maux a fait perdre tout sentiment. Suivait une troupe de ses amis et de ses courtisans, dont tous les traits étaient empreints d'une douleur profonde, et qui, le visage baigné de pleurs et les yeux constamment fixés sur lui, faisaient assez voir qu'oubliant leurs propres maux, ils n'étaient sensibles qu'aux siens. Persée avait

XL. Summam omnis captivi auri argentique translati sestertium millies ducenties fuisse, Valerius Antias tradit: quæ haud dubie major aliquanto summa ex numero plaustrorum ponderibusque auri, argenti, generatim ab ipso scriptis, efficitur. Alterum tantum aut in bellum proximum absumtum, aut in fuga, quum Samothracen peteret, dissipatum tradunt: eoque id mirabilius erat, quod tantum pecuniæ intra triginta annos post bellum Philippi cum Romanis, partim ex fructu metallorum, partim ex vectigalibus aliis, coacervatum fuerat. Itaque admodum inops pecuniæ Philippus, Perseus contra prædives, bellare cum Romanis cœpit. Ipse

tâché de se soustraire à cette ignominie, et avait envoyé prier Émilius de ne pas le faire paraître dans le triomphe. Mais Émilius, riant de sa pusillanimité, avait répondu : « Certes, il a toujours été et il est encore à même de s'éviter cette disgrâce; » lui donnant ainsi l'avis tacite de prévenir, par une mort courageuse, l'humiliation qu'il redoutait. Mais cette âme sans énergie ne put goûter un semblable conseil, et, se flattant de je ne sais quel espoir, Persée aima mieux figurer lui-même parmi le butin fait sur lui. Ensuite on vit passer quarante couronnes d'or, présens que la plupart des cités de la Grèce et de l'Asie avaient fait offrir à Paullus par leurs envoyés, en signe de la joie que leur causait sa victoire. D'un grand prix sans doute, à les considérer en elles-mêmes, elles n'étaient qu'un faible accessoire aux immenses richesses qui, dans ce triomphe, passèrent sous les yeux des spectateurs.

XL. Valerius d'Antium évalue à vingt millions de sesterces tout l'or et tout l'argent enlevé à Persée, qui fut mis en cette occasion sous les yeux des citoyens; mais si l'on en juge par le nombre des chariots qui servirent pour le transport, et par le poids de l'or et de l'argent, dont il fait lui-même mention, la somme, indubitablement, a dû être bien plus considérable. On rapporte que Persée en avait dépensé une aussi forte, soit dans le cours de cette dernière guerre, soit durant sa fuite, lorsqu'il gagna l'île de Samothrace. Mais ce qu'il y avait de plus étonnant, c'est que l'exploitation des mines et les impôts ordinaires eussent pu produire tant d'argent, pendant les trente années qui suivirent la guerre de Philippe contre les Romains. Il en résulte que Philippe et Persée avaient commencé la guerre

postremo Paullus in curru magnam, quum dignitate alia corporis, tum senecta ipsa, majestatem præ se ferens: post currum inter alios inlustres viros filii duo, Q. Maximus et P. Scipio: deinde equites turmatim, et cohortes peditum suis quæque ordinibus. Pediti in singulos dati denarii centeni, duplex centurioni, triplex equiti; tantum pediti daturum fuisse credunt, et pro rata aliis, si aut non refragati honori ejus fuissent, aut benigne, hac ipsa summa pronunciata, adclamassent. Sed non Perseus tantum per illos dies documentum humanorum casuum fuit, in catenis ante currum victoris ducis per urbem hostium ductus; sed etiam victor Paullus, auro purpuraque fulgens. Nam duobus e filiis, quos, duobus datis in adoptionem, solos nominis, sacrorum, familiæque hæredes retinuerat domi, minor, ferme duodecim annos natus, quinque diebus ante triumphum, major, quatuordecim annorum, triduo post triumphum decessit: quos prætextatos curru vehi cum patre, sibi ipsos similes prædestinantes triumphos, oportuerat. Paucis post diebus, data a M. Antonio tribuno plebis concione, quum de suis rebus gestis more ceterorum imperatorum disseruisset, memorabilis ejus oratio et digna romano principe fuit.

contre ceux-ci, le premier, avec fort peu de ressources, le second, au contraire, pourvu de sommes immenses. Enfin venait sur son char Paullus lui-même, dont l'âge avancé ajoutait à son air naturellement majestueux. Parmi les personnages illustres qui le suivaient, on remarquait ses deux fils, Q. Maximus et P. Scipion. La cavalerie et l'infanterie défilant en ordre, les cavaliers par turmes, les fantassins par cohortes, fermaient la marche. Chaque fantassin eut cent deniers, chaque centurion le double, et chaque cavalier le triple; et l'on croit qu'Émilius était disposé à doubler la récompense des fantassins, et à gratifier les autres dans la même proportion, s'ils ne s'étaient pas montrés contraires à son triomphe, ou s'ils eussent, du moins, bien accueilli l'annonce de cette gratification. Au reste, pendant ces jours, Persée, chargé de fers, et conduit en triomphe devant le char du vainqueur, au milieu d'une ville ennemie, ne fut pas le seul exemple des coups funestes auxquels est exposée l'humanité; Paullus lui-même, son vainqueur, tout brillant d'or et de pourpre, éprouva aussi la rigueur du sort. De ses quatre fils, les deux premiers étaient passés par adoption dans des familles étrangères; de deux autres qu'il s'était réservés pour être les héritiers de son nom, de ses biens et de sa gloire, et qu'on aurait dû voir avec lui sur son char, encore revêtus de la robe prétexte, mais aspirant déjà à de pareils honneurs, le plus jeune, âgé d'environ douze ans, mourut cinq jours avant son triomphe, et l'aîné, qui en avait quatorze, trois jours après. Au bout de quelques jours, s'étant présenté devant le peuple convoqué à cet effet par le tribun M. Antonius, pour rendre compte de ses opérations, suivant la coutume des

XLI. « Quamquam et quam feliciter rempublicam administraverim, et quod duo fulmina domum meam per hos dies perculerint, non ignorare vos, Quirites, arbitror, quum spectaculo vobis nunc triumphus meus, nunc funera liberorum meorum fuerint; tamen paucis, quæso, sinatis me cum publica felicitate comparare eo, quo debeo, animo privatam meam fortunam. Profectus ex Italia, classem a Brundisio sole orto solvi; nona diei hora cum omnibus meis navibus Corcyram tenui. Inde quinto die Delphis Apollini pro me, exercitibusque, et classibus lustrandis sacrificavi. A Delphis quinto die in castra perveni: ubi exercitu accepto, mutatis quibusdam, quæ magna inpedimenta victoriæ erant, progressus inde, quia inexpugnabilia castra hostium erant, neque cogi pugnare poterat rex, inter præsidia ejus saltum ad Petram evasi, et, ad pugnam rege coacto, acie vici: Macedoniam in potestatem populi romani redegi, et, quod bellum per quadriennium quatuor ante me consules ita gesserunt, ut semper successori traderent gravius, id ego quindecim diebus perfeci. Aliarum deinde secundarum rerum velut proventus secutus; civitates omnes Macedoniæ se dediderunt; gaza regia in potestatem venit; rex ipse, tradentibus prope ipsis diis, in templo Samothracum cum liberis est captus. Mihi quoque ipsi

autres généraux, il prononça ce discours mémorable et digne d'un chef romain.

XLI. « Ni les heureux succès dont mes efforts ont été couronnés durant mon consulat, ni les deux coups de foudre qui, pendant ces derniers jours, ont frappé ma famille, ne vous sont inconnus, je pense, Romains, puisque vous avez eu le spectacle de mon triomphe, et celui des funérailles de mes enfans; toutefois permettez-moi, je vous en prie, d'établir, entre la prospérité publique et ma fortune particulière, un parallèle conforme aux sentimens que doivent m'inspirer l'une et l'autre. Lorsque je quittai l'Italie, je partis de Brindes avec la flotte au lever du soleil, et j'entrai dans le port de Corcyre, vers la neuvième heure du jour, avec tous mes vaisseaux. Cinq jours après, j'étais à Delphes, où j'offris un sacrifice à Apollon, pour rendre ce dieu favorable à votre général, ainsi qu'à vos armées et à vos flottes. De Delphes, j'arrivai au camp le cinquième jour. Après avoir pris le commandement de l'armée, et réformé certains abus qui étaient un grand obstacle à la victoire, je marchai contre les Macédoniens; mais voyant que le camp des ennemis était inexpugnable, et qu'il n'était pas possible de forcer le roi à combattre, je gagnai, en culbutant les troupes auxquelles il avait confié la garde du défilé, les hauteurs voisines de Pétra, je le contraignis ainsi d'en venir aux mains, et je le vainquis en bataille rangée. Je réduisis la Macédoine sous la puissance du peuple romain; et cette guerre, qui durait depuis quatre ans, et que chacun des quatre consuls qui m'ont précédé avait toujours conduite de manière à la laisser à son successeur plus difficile et plus dangereuse, je l'ai terminée en quinze jours. Ma

nimia jam fortuna mea videri, eoque suspecta esse. Maris pericula timere cœpi, in tanta pecunia regia in Italiam trajicienda, et victore exercitu transportando. Postquam omnia secundo navium cursu in Italiam pervenerunt, neque erat, quod ultra precarer, illud optavi, ut, quum ex summo retro volvi fortuna consuesset, mutationem ejus domus mea potius, quam respublica, sentiret. Itaque defunctam esse fortunam publicam mea tam insigni calamitate spero; quod triumphus meus, velut ad ludibrium casuum humanorum, duobus funeribus liberorum meorum est interpositus. Et, quum ego et Perseus nunc nobilia maxime sortis mortalium exempla spectemur, ille, qui ante se captivos, captivus ipse, duci liberos vidit, incolumes tamen eos habet: ego, qui de illo triumphavi, ab alterius funere filii curru in [Capitolium, ad alterum] ex Capitolio prope jam exspirantem veni : neque ex tanta stirpe liberum superest, qui L. Æmilii Paulli nomen ferat. Duos enim, tamquam ex magna progenie liberorum in adoptionem datos, Cornelia et Fabia gens habent; Paulli in domo, præter senem, nemo superest. Sed hanc cladem domus meæ vestra felicitas et secunda fortuna publica consolatur.»

victoire sur Persée a été comme la source féconde de tous les succès qui l'ont suivie. Toutes les villes de la Macédoine se sont rendues; tout l'argent du roi est tombé entre nos mains; enfin le roi, livré en quelque sorte par les dieux eux-mêmes, a été pris avec ses enfans dans le temple de Samothrace. Alors mon bonheur, me paraissant trop grand, m'a inspiré de la défiance. J'ai commencé à craindre les dangers de la mer, pour le transport en Italie de tant d'argent trouvé dans le trésor du roi, et d'une armée victorieuse. Voyant tout arrivé en Italie après une heureuse navigation, je n'avais plus de vœux à former; mais comme, quand on est au comble de la prospérité, la fortune ordinairement nous trahit, j'ai formé le souhait que ce fût à ma famille, plutôt qu'à la république, qu'elle fît éprouver des revers. J'ai donc lieu d'espérer que l'affreuse calamité dont je viens d'être atteint préservera de ses coups la chose publique, puisque mon char de triomphe se trouve placé entre les deux cercueils de mes enfans, comme un jouet de son inconstance. Certes, nous donnons en ce moment, Persée et moi, un exemple bien frappant des vicissitudes du sort des mortels. Encore Persée, tout captif qu'il est, s'il a vu conduire devant lui ses fils aussi prisonniers, du moins il les possède sains et saufs : mais moi, qui ai triomphé de lui, c'est à l'issue des funérailles d'un de mes fils que je suis allé sur mon char au Capitole, et je n'en suis descendu que pour voir l'autre rendre le dernier soupir; en sorte que, d'une postérité si brillante, il ne me reste plus un seul enfant qui puisse porter le nom de L. Émilius Paullus. Comme j'en avais un grand nombre, j'en ai laissé passer deux par adoption dans les familles

XLII. Hæc, tanto dicta animo, magis confudere audientium animos, quam si miserabiliter orbitatem suam deflendo locutus esset. Cn. Octavius kalendis decembribus de rege Perseo navalem triumphum egit. Is triumphus sine captivis fuit, sine spoliis. Dedit sociis navalibus in singulos denarios septuagenos quinos; gubernatoribus, qui in navibus fuerant, duplex; magistris navium quadruplex. Senatus deinde habitus est. Patres censuerunt, ut Q. Cassius Persea regem cum Alexandro filio Albam in custodiam duceret; comites, pecuniam, argentum, instrumentum quod haberet. Bitis, regis Thracum filius, cum obsidibus in custodiam Carseolos est missus. Ceteros captivos, qui in triumpho ducti erant, in carcerem condi placuit. Paucos post dies, quam hæc acta, legati ab Cotye rege Thracum venerunt, pecuniam ad redimendum filium aliosque obsides adportantes. Eis, in senatum introductis, et id ipsum argumenti prætendentibus orationis, non sua voluntate Cotyn bello juvisse Persea, quod obsides dare coactus esset, orantibusque, ut eos pretio, quantum ipsi statuissent patres, redimi paterentur, responsum ex auctoritate senatus est : « Populum romanum meminisse amicitiæ, quæ cum Cotye,

Cornelia et Fabia ; présentement, dans la maison de Paullus, il ne reste plus qu'un vieillard. Mais ce désastre de ma famille, votre bonheur à tous et la prospérité de la république m'en consolent. »

XLII. Ces paroles, prononcées avec une si grande fermeté d'âme, firent sur les auditeurs beaucoup plus d'impression, que s'il eût exposé son infortune d'un ton lamentable et les larmes aux yeux. Cn. Octavius, qui avait obtenu le triomphe naval, triompha du roi Persée aux calendes de décembre. Il ne parut, dans ce triomphe, ni prisonniers ni dépouilles. Octavius donna aux troupes de mer soixante-quinze deniers par tête, le double aux pilotes qu'il avait eus sur sa flotte, et le quadruple aux commandans des vaisseaux. Ensuite, le sénat s'étant assemblé, les sénateurs arrêtèrent que Q. Cassius conduirait à Albe le roi Persée et son fils Alexandre, pour y être gardés avec leur monde, l'argent monnayé, l'argenterie et les effets qui leur restaient. Bitis, fils du roi des Thraces, fut envoyé à Carséoles, pour y être détenu avec les autres ôtages. Quant au reste des prisonniers qui avaient été conduits dans le triomphe, il fut décidé qu'ils seraient tous renfermés dans une même prison. Peu de jours après que ces dispositions eurent reçu leur exécution, vinrent des ambassadeurs de Cotys, roi des Thraces, avec de l'argent, pour racheter son fils et les autres ôtages. Introduits dans le sénat, ils alléguèrent, pour justifier Cotys, que ce n'était pas volontairement qu'il avait aidé Persée dans cette guerre, puisqu'il s'était vu contraint de donner des ôtages; puis ils prièrent les sénateurs de fixer le prix de la rançon de ces ôtages. Le sénat leur fit répondre « que le peuple romain n'avait point oublié

majoribusque ejus, et gente Thracum fuisset. Obsides datos crimen, non criminis defensionem, esse: quum Thracum genti ne quietus quidem Perseus, nedum bello romano occupatus, timendus fuerit. Ceterum, etsi Cotys Persei gratiam prætulisset amicitiæ populi romani, magis, quid se dignum esset, quam quid merito ejus fieri posset, æstimaturum: filium atque obsides ei remissurum. Beneficia gratuita esse populi romani: pretium eorum malle relinquere in accipientium animis, quam præsens exigere. » Legati tres nominati, T. Quinctius Flamininus, C. Licinius Nerva, M. Caninius Rebilus, qui obsides in Thraciam reducerent; et Thracibus munera data in singulos binum millium æris. Bitis, cum ceteris obsidibus ab Carseolis arcessitus, ad patrem cum legatis missus. Naves regiæ, captæ de Macedonibus, inusitatæ ante magnitudinis, in campo Martio subductæ sunt.

XLIII. Hærente adhuc, non in animis modo, sed pene in oculis, memoria macedonici triumphi, L. Anicius Quirinalibus triumphavit de rege Gentio Illyriisque. Similia omnia magis visa hominibus, quam paria; minor ipse imperator, et nobilitate Anicius cum Æmilio, et jure imperii prætor cum consule conlatus: non Gentius Perseo, non Illyrii Macedonibus, non spolia spoliis, non pecunia pecuniæ, non dona donis compa-

les rapports d'amitié qu'il avait eus avec Cotys, avec ses ancêtres et la nation thrace. Les ôtages qu'avait donnés Cotys faisaient son crime, et non pas sa justification, puisque Persée, qui n'était point un voisin redoutable pour la nation thrace, dans le temps même où il n'avait pas d'ennemis à combattre, avait dû l'être bien moins encore, une fois occupé à faire la guerre aux Romains. Au reste, bien que Cotys eût préféré les bonnes grâces de Persée à l'amitié des Romains, le peuple romain consulterait sa dignité plutôt qu'un juste ressentiment, et lui renverrait sans rachat son fils et ses ôtages. Les bienfaits du peuple romain étaient gratuits : loin d'en exiger le prix, il ne voulait que la reconnaissance de ceux qui les recevaient. » On nomma, pour reconduire les ôtages en Thrace, trois commissaires, qui furent T. Quinctius Flamininus, C. Licinius Nerva, M. Caninius Rebilus; et chacun des ambassadeurs thraces reçut deux mille as à titre de présent. Bitis, rappelé de Carséoles, ainsi que les autres ôtages, partit avec les commissaires pour retourner auprès de son père. Les bâtimens de la marine royale enlevés aux Macédoniens, bâtimens d'une grandeur jusque-là inusitée, furent sortis de l'eau et traînés dans le Champ-de-Mars.

XLIII. Le triomphe à l'occasion de la victoire remportée sur les Macédoniens était encore dans la mémoire et presque sous les yeux des citoyens, lorsque L. Anicius triompha, aux Quirinales, du roi Gentius et des Illyriens. Sous tous les rapports, cette solennité rappela la précédente, plutôt qu'elle ne l'égala. D'abord le général paraissait bien inférieur, quand on rapprochait la noblesse d'Anicius de celle d'Émilius, et le rang du préteur de celui du consul; de même on ne pouvait

rari poterant. Itaque sicut præfulgebat huic triumphus recens; ita adparebat ipsum per se intuentibus nequaquam esse contemnendum. Perdomuerat intra paucos dies, terra marique ferocem, locis munimentisque fretam, gentem Illyriorum: regem regiæque omnes stirpis ceperat: transtulit in triumpho multa militaria signa, spoliaque alia, et supellectilem regiam: auri pondo viginti et septem, argenti decem et novem pondo: denarium decem et tria millia, et centum viginti millia illyrii argenti. Ante currum ducti Gentius rex cum conjuge et liberis, et Caravantius frater regis et aliquot nobiles Illyrii. De præda militibus in singulos quadragenos quinos denarios, duplex centurioni, triplex equiti, sociis nominis latini quantum civibus, et sociis navalibus dedit quantum militibus. Lætior hunc triumphum est secutus miles, multisque dux ipse carminibus celebratus. Sestertium ducenties ex ea præda redactum esse, auctor est Antias, præter aurum argentumque, quod in ærarium sit latum: quod quia unde redigi potuerit, non adparebat, auctorem pro re posui. Rex Gentius cum liberis, et conjuge, et fratre Spoletium in custodiam ex senatusconsulto ductus, ceteri captivi Romæ in carcerem conjecti; recusantibusque custodiam Spoletinis, Iguvium reges traducti. Reliquum ex Illyrico prædæ ducenti viginti lembi erant; de Gentio rege captos eos Cor-

établir aucune comparaison entre Gentius et Persée, les Illyriens et les Macédoniens, les dépouilles des uns et celles des autres, l'argent que faisait passer sous les yeux des spectateurs Anicius et les sommes qu'avait rapportées Émilius, enfin les récompenses accordées à l'armée d'Illyrie et celles qu'avait reçues l'armée de Macédoine. Toutefois, quoique l'éclat du premier triomphe eût nui à celui du dernier, à considérer en lui-même Anicius, on était forcé de convenir que ce qu'il avait fait n'était aucunement à dédaigner. Dans l'espace de quelques jours, il avait dompté les Illyriens, nation intrépide sur terre et sur mer, protégée par la nature du pays et des places bien fortifiées, et avait fait prisonnier le roi, avec toute la famille royale. Anicius fit passer sous les yeux des citoyens beaucoup d'étendards et d'autres dépouilles, les meubles du palais du roi, vingt-sept livres d'or et dix-neuf livres d'argent, trois mille dix deniers et cent vingt mille autres pièces d'argent d'Illyrie. Devant le char du triomphateur marchaient le roi Gentius, avec sa femme et ses enfans, Caravantius son frère, et quelques Illyriens de distinction. Anicius prit sur le butin les gratifications qu'il fit distribuer aux soldats; chaque fantassin eut quarante-cinq deniers, chaque centurion le double, et chaque cavalier le triple; les alliés du nom latin eurent autant que les citoyens, et les troupes de mer autant que celles de terre. Le soldat manifesta, durant ce triomphe, plus de joie que pendant celui d'Émilius, et célébra même, par divers chants guerriers, la gloire du général. Valerius d'Antium rapporte que la vente du butin produisit vingt millions de sesterces, sans compter l'or et l'argent qui furent portés dans le trésor public; mais comme on ne voit pas trop

cyræis, et Apolloniatibus, et Dyrrachinis Q. Cassius ex senatusconsulto tribuit.

XLIV. Consules eo anno, agro tantum Ligurum populato, quum hostes exercitus numquam eduxissent, nulla re memorabili gesta, Romam ad magistratus subrogandos redierunt; et primo comitiali die consules crearunt M. Claudium Marcellum, C. Sulpicium Gallum. Deinde prætores postero die L. Julium, L. Appuleium Saturninum, A. Licinium Nervam, P. Rutilium Calvum, P. Quinctilium Varum, M. Fonteium. His prætoribus duæ urbanæ provinciæ sunt decretæ, duæ Hispaniæ, Sicilia ac Sardinia. Intercalatum eo anno: postridie Terminalia calendæ intercalares fuerunt. Augur eo anno mortuus est C. Claudius: in ejus locum augures legerunt T. Quinctium Flamininum; et flamen quirinalis mortuus Q. Fabius Pictor. Eo anno rex Prusias venit Romam cum filio Nicomede. Is, magno comitatu Urbem ingressus, ad Forum a porta tribunalque Q. Cassii

d'où put provenir une somme aussi forte, je me borne à le citer sans rien affirmer à cet égard. Le roi Gentius fut, en vertu d'un sénatus-consulte, conduit à Spolète pour y être détenu, avec ses enfans, sa femme et son frère, et le reste des captifs fut jeté dans les prisons de Rome; mais comme les Spolétins se refusèrent à le garder, il fut transféré avec sa famille à Iguvium. Le reste du butin de l'Illyrie consistait en deux cent vingt bâtimens légers. Ces bâtimens, pris sur le roi Gentius, Q. Cassius les distribua, en vertu d'un sénatus-consulte, entre les Corcyréens, les Apolloniates et les habitans de Dyrrachium.

XLIV. Cette année, les consuls furent obligés de se borner à ravager le territoire des Liguriens, ceux-ci n'ayant point osé mettre d'armée en campagne. Ils revinrent donc à Rome, sans avoir rien fait de mémorable, pour l'élection des nouveaux magistrats. Dès le premier jour des comices, ils créèrent consuls M. Claudius Marcellus et C. Sulpicius Gallus. Ensuite, le lendemain, furent nommés préteurs L. Julius, L. Appuleius Saturninus, A. Licinius Nerva, P. Rutilius Calvus, P. Quinctilius Varus et M. Fonteius. On leur assigna pour provinces les deux juridictions de la ville, les deux Espagnes, la Sicile et la Sardaigne. Cette année fut bissextile, et les calendes intercalaires furent placées le lendemain des Terminales. Durant son cours, l'augure C. Claudius vint à mourir; le collège des augures élut en sa place T. Quinctius Flamininus. La mort enleva pareillement Q. Fabius Pictor, flamine quirinal. Cette même année, le roi Prusias vint à Rome avec son fils Nicomède. Ce roi entra dans la ville entouré d'une suite nombreuse, et se rendit droit au Forum, où le préteur

prætoris perrexit; concursuque undique facto : « Deos, qui urbem Romam incolerent, senatumque et populum romanum salutatum se dixit venisse; et gratulatum, quod Persea Gentiumque reges vicissent; Macedonibusque et Illyriis in ditionem redactis, auxissent imperium. » Quum prætor senatum ei, si velit, eo die daturum dixisset; biduum petiit, quo templa deum urbemque et hospites amicosque viseret. Datus, qui circumduceret eum, L. Cornelius Scipio quæstor, qui et Capuam ei obviam missus fuerat; et ædes, quæ ipsum comitesque ejus benigne reciperent, conductæ. Tertio post die senatum adiit; gratulatus victoriam est; merita sua in eo bello commemoravit; petiit, « ut votum sibi solvere, Romæ in Capitolio decem majores hostias, et Præneste unam Fortunæ, liceret; ea vota provictoria populi romani esse. Et ut societas secum renovaretur; agerque sibi, de rege Antiocho captus, quem nulli datum a populo romano Galli possiderent, daretur. » Filium postremo Nicomedem senatui commendavit. Omnium, qui in Macedonia imperatores fuerant, favore est adjutus. Itaque cetera, quæ petebat, concessa; de agro responsum est : « Legatos ad rem inspiciendam missuros. Si is ager populi romani fuisset, nec cuiquam datus esset, dignissimum eo dono Prusiam habituros esse. Si autem Antiochi non fuisset, eo ne populi quidem romani factum

Q. Cassius siégeait sur son tribunal, et où le peuple accourut de toutes parts. Là il déclara « qu'il était venu pour rendre hommage aux dieux tutélaires de la ville de Rome, au sénat et au peuple romain, puis pour féliciter les Romains de leurs victoires sur les rois Persée et Gentius, et de l'accroissement que, par la conquête de la Macédoine et de l'Illyrie, ils venaient de donner à leur empire. » Le préteur lui ayant offert de le présenter au sénat ce jour-là même, s'il le désirait, Prusias demanda deux jours pour visiter les temples des dieux, la ville, ses hôtes et ses amis. Le questeur L. Cornelius Scipion, qu'on avait déjà envoyé au devant de lui à Capoue, fut chargé de l'accompagner, et on loua des appartemens où il pût loger commodément avec sa suite. Le troisième jour après son arrivée, il parut devant le sénat, le complimenta sur la victoire remportée par les Romains, rappela les services qu'il avait rendus pendant cette guerre, et demanda « qu'il lui fût permis d'acquitter un vœu qu'il avait formé pour la victoire du peuple romain, en immolant dix grandes victimes à Rome dans le Capitole, et une à Préneste dans le temple de la Fortune; que les Romains renouvelassent leur alliance avec lui; enfin qu'on lui concédât une portion de territoire prise sur le roi Antiochus, que le peuple romain n'avait donnée à personne, et dont les Gaulois s'étaient mis en possession. » Il termina en recommandant au sénat son fils Nicomède. Comme il avait l'appui de tous les généraux qui avaient commandé en Macédoine, chacune de ses demandes lui fut accordée. A l'égard du territoire occupé par les Gaulois, il lui fut répondu « que l'on enverrait des commissaires reconnaître sur les lieux l'état des choses.

adparere : aut, si datus Gallis esset, ignoscere Prusiam debere, si ex nullius injuria quidquam ei datum vellet populus romanus. Ne cui detur quidem, gratum esse donum posse, quod eum, qui det, ubi vellet, ablaturum esse sciat. Facile Nicomedis commendationem accipere. Quanta cura regum amicorum liberos tueatur populus romanus, documento Ptolemæum Ægypti regem esse. » Cum hoc responso Prusias est dimissus. Munera ei ex.... sestertiis jussa dari, et vasorum argenteorum pondo quinquaginta ; et filio regis Nicomedi ex ea summa munera dari censuerunt, ex qua Masgabæ filio regis Masinissæ data essent : et ut victimæ aliaque, quæ ad sacrificium pertinerent, seu Romæ, seu Præneste inmolare vellet, regi ex publico, sicut magistratibus romanis, præberentur: et ut ex classe, quæ Brundisii esset, naves longæ viginti adsignarentur, quibus uteretur, donec ad classem, dono datam ei, rex pervenisset. L. Cornelius Scipio ne ab eo abscederet, sumtumque ipsi et comitibus præberet, donec navem conscendisset. Mire lætum ea benignitate in se populi romani regem fuisse, ferunt : munera sibi ipsi emi non sisse; filium jussisse donum populi romani accipere. Hæc de Prusia nostri scriptores. Polybius, eum regem indignum majestate nominis tanti, tradit; pileatum, capite raso, obviam ire legatis solitum, libertumque se populi ro-

Si ce territoire avait réellement appartenu au peuple romain, et n'avait été donné à personne, Prusias aurait la préférence, qu'il méritait à tous égards; mais si, n'ayant point fait partie des états d'Antiochus, ce territoire n'avait pu, en aucune manière, devenir la propriété du peuple romain, ou s'il avait été donné aux Gaulois, Prusias aurait tort de trouver mauvais que le peuple romain ne voulût rien lui accorder au préjudice d'autrui. D'ailleurs, on ne pouvait être flatté d'un don que l'on savait pouvoir être repris par le donateur quand il le voudrait. Nicomède devait être persuadé que le sénat accueillait avec bienveillance la recommandation de son père; il avait en Ptolémée, roi d'Égypte, une preuve du zèle que le peuple romain mettait à défendre les enfans des rois ses alliés. » C'est avec cette réponse que fut congédié Prusias. Le sénat lui fit donner une somme considérable, des vases d'argent du poids de cinquante livres, et à Nicomède, son fils, des présens de même valeur que ceux qu'avait reçus Masgaba, fils du roi Masinissa. Il arrêta que le trésor public fournirait au roi, comme aux magistrats romains, les victimes et les autres choses relatives aux sacrifices qu'il voulait offrir, soit à Rome, soit à Préneste, et que vingt vaisseaux de la flotte qui était à Brindes seraient mis à sa disposition, jusqu'à ce qu'il eût joint celle qu'on lui avait donnée. L. Cornelius Scipion eut ordre de ne pas le quitter, et de lui fournir tout ce qui lui était nécessaire, ainsi qu'à sa suite, jusqu'à ce qu'il se fût embarqué. On rapporte que le roi fut extrêmement sensible à cette bienveillance du peuple romain envers lui, qu'il refusa les présens qu'on lui destinait, mais qu'il voulut que son fils acceptât ceux que lui offrait

mani ferre; et ideo insignia ordinis ejus gerere. Romæ quoque, quum veniret in Curiam, submisisse se, et osculo limen Curiæ contigisse; et « deos servatores suos » senatum adpellasse, aliamque orationem, non tam honorificam audientibus, quam sibi deformem, habuisse. Moratus circa Urbem triginta haud amplius dies in regnum est profectus.

le peuple romain. Voilà ce que nos historiens racontent de Prusias. Polybe représente ce roi comme indigne de la majesté d'un si haut rang ; il rapporte qu'il allait au devant des ambassadeurs romains, la tête rasée et couverte d'un bonnet d'esclave; qu'il se proclamait l'affranchi du peuple romain, et qu'en conséquence il portait les marques distinctives de la classe des affranchis. Il ajoute qu'à Rome, lorsqu'il entra dans le sénat, il se prosterna et baisa le seuil de la porte ; qu'il appela les sénateurs « ses dieux tutélaires, » et que, continuant sur le même ton, il prononça un discours moins flatteur pour ceux auxquels il l'adressait, que honteux pour lui-même. Son séjour à Rome ne fut que de trente jours, au bout desquels il reprit le chemin de son royaume.

NOTES

SUR LE LIVRE XLV.

CHAP. II. *Conjuratos.* Turnèbe conjecture qu'on appelait *milites* ceux qui prêtaient serment individuellement, et *conjuratos*, ceux qui le prêtaient simultanément, *qui una jurabant.*

CHAP. III. *Gentium regem captum, in ditione populi romani et Illyricum esse.* Duker propose de lire : *Gentium regem captum, et in ditione populi romani Illyricum esse.*

Idem. *Agepolim.* Il faut lire *Agesipolim.*

CHAP. IV. *Quum litteras ab rege Perseo per ignobiles tres legatos cerneret.* Sous-entendu *missas* ou *allatas.*

Idem. *Tendente.* — *Contendente*, selon d'autres leçons.

CHAP. V. *Samothracam.* Le nom de Samothrace est commun à l'île et à la ville qui en était la capitale. La première s'appelait en latin *Samothracia*, et la seconde *Samothraca*. (GUÉRIN.)

Idem. *Quum omnis præfatio sacrorum, etc.* Tite-Live entend par ces mots la formule : *Procul este profani*, et toutes celles qui pouvaient lui ressembler.

Idem. *Theondam.* C'est le nom de la dignité et non celui de la personne. (GUÉRIN.)

CHAP. VIII. *Quid vesper ferat.* C'était une locution proverbiale. Varron en a fait le titre d'une de ses satires : *Nescis, quid vesper serus vehat.*

CHAP. IX. *Vicesimum ab Carano.* Justin (liv. XXXIII, chap. 2) compte trente rois de Macédoine ; et Eusèbe, dans sa Chronique, en compte jusqu'à trente-neuf. (CRÉVIER.)

Idem. *Rubrum mare.* La mer des Indes.

CHAP. XI. *De conditionibus peractis.* Crévier regarde ici le mot *peractis* comme une faute, et pense que Tite-Live avait écrit *delatis.*

CHAP. XII. *Dextramque Popillio porrigeret.* Antiochus avait eu des liaisons particulières avec Popillius, dans le temps qu'il était en ôtage à Rome. (ROLLIN.)

CHAP. XII. *Macros campos.* On appelait ainsi le territoire entre Parme et Modène. Tite-Live en a déjà parlé ailleurs.

Idem. *Nam eam quoque sortem habebat.* Drakenborch avoue ne point comprendre le sens de ces mots, qui, en effet, ne sont guère intelligibles. Car, comment supposer qu'il fût échu au même préteur deux départemens à la fois ? Il est plus naturel de penser que, celui à qui le sort avait assigné la juridiction urbaine étant venu à mourir, le sénat le remplaça par Carbon, et prorogea dans son commandement celui qui gouvernait alors la Sardaigne.

CHAP. XIII. *Pisanos lunensesque legatos.* Il paraît que c'est *lucences* qu'il faut lire : car, à cette époque, il n'y avait pas de colonie envoyée à Luna; au lieu que celle de Lucques, établie depuis neuf ans, et plus voisine de Pise, devait être plus exposée que Luna à des contestations sur les limites. (DUKER.)

CHAP. XIV. *Petenti Masgabœ, ut Hanno Amilcaris filius obses in locum...... exigeret.* Voici comment Sigonius essaie de réparer cette lacune : *Petenti Masgabœ, ut Hanno Amilcaris filius obses in locum (cujusdam alii obsidis carthaginiensis cujus nomen interiit) Romanis a Pœnis mitteretur, respondit senatus, haud œquum videri, ut obsides a Carthaginicnsibus arbitrio Masinissœ exigeret.*

Idem. *Quatuor tribus urbanas.* Les tribus de la ville étaient les moins honorables, ne contenant que les gens de métier et les ouvriers de Rome; au lieu que celles de la campagne étaient composées de citoyens plus considérables, qui possédaient des fonds à la campagne où plusieurs même étaient établis, et où les autres allaient souvent. Cicéron fait honneur à Gracchus seul de l'arrangement qui eut lieu en cette occasion, c'est-à-dire du parti qui fut pris de rejeter tous les affranchis dans une des quatre tribus de la ville, l'Esquiline, et nous donne une grande idée de la sagesse et de l'importance de ce règlement : « Nous avons actuellement bien de la peine, fait-il dire à Scévola (*de Orat.*, lib. 1, n. 38), à maintenir notre gouvernement dans un état tolérable. Mais si Gracchus n'avait renfermé les affranchis dans les seules tribus de la ville, la république serait entièrement perdue. »

(ROLLIN.)

Chap. XV. *Flamen Martialis inauguratus est eo anno L. Postumius Albinus.* A la place de P. Quinctilius Varus, mort l'année précédente.

Chap. XVII. *Decem in Macedoniam.* Tite-Live n'en nomme que neuf. Jacques Gronovius soupçonne que le nom oublié est Q. Marcius Philippus. (Crévier.)

Idem. *Romam gratulatum convenerunt.* Duker pense, avec raison, qu'il faudrait lire *convenerant.*

Chap. XIX. *Necdum enim agnoverat eum, qui postea regnavit.* Attale Philométor, son neveu, qui, en mourant, institua le peuple romain son héritier.

Idem. *Et omnibus injuriis obnoxios fore.* Il faudrait peut-être lire *omnium injuriis.*

Chap. XX. *Omnibus honoribus muneribusque, et, præsens est cultus, et proficiscentem prosecuti sunt.* Polybe entre ici dans des détails que Tite-Live s'est bien gardé de retracer. Il prétend que le sénat tout entier désirait qu'Attale demandât à partager les états de son frère, et que, piqué d'avoir été trompé dans son attente, il révoqua la promesse qui lui était personnelle, et même, avant que ce prince fût hors de l'Italie, déclara Énos et Maronée villes libres et indépendantes. (Rollin.)

Chap. XXIII. *Sed a vobis prohibiti præstare fuimus.* Selon Gronovius, il manque ici un pronom; il faudrait : *Sed id a vobis prohibiti præstare fuimus.*

Chap. XXIV. *Una dubia est, ut gravior sit.* Drakenborch pense, avec raison, qu'il y a ici une lacune, et que Tite-Live avait écrit : *Una autem dubia est; tantum abest, ut gravior sit.*

Chap. XXV. *Ipsius oratio scripta exstat.* Aulu-Gelle (liv. vii, chap. 3) nous a conservé quelques fragmens de ce discours.

Chap. XXVI. *Unam eam fecit, quæ supra diximus.* Comme il n'en est pas dit un mot ailleurs, il est présumable qu'il se trouve quelque lacune dans les passages précédens.

Chap. XXVIII. *Ante excidium.* Corinthe fut prise et rasée par Mummius vingt-un ans après.

Idem. *Apolloniam.* On doit entendre celle qui était située en-

NOTES. 443

tre les fleuves Chabrias et Strymon, dans la dépendance de Chalcis.
(Crévier.)

Chap. XXIX. *Summotor aditus.* Non-seulement ce licteur écartait la foule, mais il forçait de mettre pied à terre les cavaliers qui se trouvaient sur le passage du consul.

Chap. XXX. *Trans Nessum amnem.* Il paraît qu'il faut lire *citra*, si l'on a égard au reste de la Macédoine, et à la position de Rome, où Tite-Live écrivait. (Crévier.)

Idem. *Quanta universos teneat Macedonas, formula dicta.* Nul doute qu'on ne doive lire : *Quæ universos teneret Macedonas formula dicta.*

Chap. XXXIII. *Luamque matrem.* Déesse qui présidait aux expiations. Rac. *luere*, expier, purifier.

Idem. *Ei, quæ venerat, turbæ.* Drakenborch propose de lire *convenerat*.

Chap. XXXIV. *Quorum cognitionem caussæ reservarat.* Sous-entendu *senatui*.

Chap. XXXVI. *Qui consul et magister equitum fuerat.* M. Servilius avait été général de la cavalerie deux ans avant la fin de la guerre punique, et consul l'année suivante.

Chap. XXXVII. *Nec Quirites vos.* Les magistrats, en haranguant le peuple, se servaient de ce nom ; et les généraux, en haranguant leurs troupes, de celui de *milites* ou *commilitones*. Lorsqu'ils usaient du mot *Quirites*, c'était une sorte de punition qu'ils infligeaient à leurs soldats ; et César, avec ce seul mot, apaisa une sédition.

Chap. XXXVIII. *Triumphum nomine cient.* Ce refrain était : *Io, Triumphe.*

Chap. XXXIX. *Per quadriennium* Il faudrait *per triennium.* — *Voyez* ci-après la note sur le chap. XLI.

Idem. *Et cornua ferebant.* On buvait primitivement dans des cornes de bœuf ou d'autres animaux ; et depuis on fit des vases d'or et d'argent de la même forme, auxquels on conserva ce nom.

Idem. *Antigonides, seleucidesque, et thericlea.* Athénée (liv. XI) parle de ces trois espèces de vases à boire, dont les premiers avaient tiré leurs noms des rois Antigone et Seleucus, et le troisième d'un potier de terre appelé Thériclès, qui n'en faisait qu'en argile, mais dont ensuite on imita la manière en or et en argent.

(Guérin.)

Chap. XL. *Ex numero plaustrorum.* On a vu, dans le chapitre précédent, que tout l'argent, de même que tout l'or, fut porté par des hommes. Bien qu'en cet endroit du chapitre xxxix ce ne soit point Tite-Live qui parle, l'auteur du supplément étant d'accord sur ce point avec Plutarque, il y a lieu de croire que c'est ici que se trouve l'erreur, et qu'au lieu de lire *plaustrorum*, il faudrait lire *philippeorum.*

Idem. *Generatim ab ipso scriptis.* Pighius, dans ses Annales, croit qu'il faudrait réformer ce passage, et lire *speciatim.*

Idem. *Ipse postremo Paullus.* Crévier pense, avec raison, que l'ordre est ici interverti, et que la phrase commençant par ces mots, *ipse postremo Paullus*, et finissant par ceux-ci, *suis quæque ordinibus*, devrait se trouver au commencement du chapitre.

Chap. XLI. *Per quadriennium quatuor ante me consules.* Avant Paul-Émile, on ne trouve que trois consuls envoyés en Macédoine pour cette guerre, savoir, P. Licinius Crassus, A. Hostilius Mancinus et Q. Marcius Philippus.

Chap. XLII. *Inusitatæ ante magnitudinis.* Pour les Romains : car Hiéron avait eu une galère à vingt rangs de rames; Ptolémée Philadelphe, deux à trente; et Ptolémée Philopator, une à quarante.

(Crévier.)

Chap. XLIII. *Argenti decem et novem pondo.* Cette quantité d'or et d'argent, dit Gronovius, est si modique, qu'on peut soupçonner quelque erreur dans les nombres.

Idem. *Centum viginti millia illyrii argenti.* Doujat soupçonne avec assez de fondement qu'il est question ici des *victoriates*, petites pièces d'argent valant la moitié d'un denier, et que Pline dit avoir été apportées à Rome d'Illyrie.

(Crévier.)

Chap. XLIV. *Ex..... sestertiis.* Il se trouve ici une lacune qui fait qu'on ignore le nombre des sesterces.

Idem. *Ad classem, dono datam ei.* Probablement les vaisseaux pris sur Persée.

Idem. *Obviam ire legatis.* Sous-entendu *romanis.*

FRAGMENT.

EPITOME.

CONTREBIAM tandem expugnavit Sertorius. In hiberna exercitu ducto, instrumenta belli parari jussit, convocatosque populorum legatos ad reliqua belli cohortatus est. Vere, Perpernam in Ilercaonum gentem misit, et Hirtuleio de gerendo bello præcepta dedit. Ipse, postquam per varias gentes exercitum duxerat, ad Calagurim Nasicam castra posuit; Masio atque Insteio nonnulla mandavit, et per Vasconum agrum profectus Vareiam venit.

SOMMAIRE.

Sertorius s'empare enfin de Contrébie. Après avoir mis son armée en quartiers d'hiver, il donne ordre de préparer tout ce qui est nécessaire pour continuer la guerre, convoque les députés des peuples, et les exhorte à la soutenir avec constance. Au printemps, il envoie Perperna dans le pays des Ilercaons, et donne à Hirtuleius des instructions sur la manière dont il doit diriger les opérations de la guerre. Pour lui, après avoir conduit ses troupes dans diverses contrées, il va camper devant Calaguris Nasica, charge Masius et Insteius de diverses missions, puis, traversant le territoire des Vascons, se rend à Vareia.

T. LIVII PATAVINI
HISTORIARUM
AB URBE CONDITA
FRAGMENTUM LIBRI XCI.

§ 1. [CONTREBIENSES*, quum, super cetera, extrema fames etiam instaret, multis sæpe frustra conatibus captis, ut bellum ab urbe ac mœnibus propulsarent, conjectis de muro ignibus Sertorii opera infestarunt; et turris contabulata, quæ omnia munimenta urbis superabat altitudine, effusis hausta flammis cum ingenti fragore procidit. Nocte] tamen insequenti, ipso pervigilante, in eodem loco alia excitata turris prima luce miraculo hostibus fuit. Simul et oppidi turris, quæ maximum propugnaculum fuerat, subrutis fundamentis, dehiscere ingentibus rimis, et tum [conflagrare, inmisso faci]um igni, cœpit : incendiique simul et ruinæ metu territi Contrebienses de muro trepidi refugerunt; et, ut legati mitterentur ad dedendam urbem, ab uni-

* U. C. 678. A. C. 76.

TITE-LIVE.

HISTOIRE DE ROME

DEPUIS SA FONDATION.

FRAGMENT DU LIVRE XCI.

§ 1. Pressés, entre autres maux, par une extrême disette, les habitans de Contrébie, après de fréquens et d'inutiles efforts pour éloigner la guerre de leur cité, lancèrent, du haut de leurs murailles, des feux sur les ouvrages de Sertorius, et les incendièrent. Une tour en bois, dont la hauteur dominait toutes les fortifications de la ville, devenue la proie des flammes, s'écroula avec un grand fracas. Cependant, la nuit suivante, Sertorius, qui dirigeait en personne les opérations, fit élever au même endroit une autre tour, dont la vue, au point du jour, étonna les ennemis. En même temps la tour de la ville, qui en avait fait la principale défense, minée dans ses fondemens, présenta de larges crevasses; et alors, les assiégeans y ayant fait pénétrer des torches allumées, le feu ne tarda pas à la dévorer. Épouvantés à la fois et par le danger de l'incendie, et par la chute de leur tour, les Contrébiens quittèrent précipitamment les murailles; et bientôt la population entière s'écria, qu'il fallait envoyer prévenir les Romains que la ville était prête

versa multitudine conclamatum est. Eadem virtus, quæ inritantes oppugnaverat, victorem placabiliorem fecit. Obsidibus acceptis, pecuniæ modicam exegit summam, armaque omnia ademit. Trans[f]ugas liberos vivos ad se adduci jussit : fugitivos, quorum major multitudo erat, ipsis imperavit, ut interficerent. Jugulatos de muro dejecerunt.

§ 2. Cum magna jactura militum quatuor et quadraginta diebus Contrebia expugnata, relictoque ibi L. Insteio [cum valido præsidio], ipse ad Hiberum flumen copias adduxit. Ibi hibernaculis secundum oppidum, quod Castra Ælia vocatur, ædificatis, ipse in castris manebat : interdiu conventum sociarum civitatium in oppido agebat. Arma ut fierent pro copiis cujusque populi, per totam provinciam edixerat : quibus inspectis, referre cetera arma milites jussit, quæ aut itineribus crebris, aut oppu[gnationibus et prœliis inutilia] facta erant, novaque viris per centuriones divisit. Equitatum quoque novis instruxit armis, vestimentaque, præparata ante, divisa, et stipendium datum. Fabros, cura conquisitos, undique exciverat, quibus, officina publica in[stituta, uteretur]; ratione inita, quid in singulos dies effici possit.

à se rendre. Le même courage, qui avait triomphé des assiégés, nonobstant leur résistance, rendit le vainqueur plus traitable. Après s'être fait donner des ôtages, il se contenta d'une modique somme d'argent; mais il enleva toutes les armes. Il se fit livrer vivans les transfuges de condition libre. Quant aux esclaves fugitifs, dont le nombre était plus grand, il ordonna aux Contrébiens de les mettre eux-mêmes à mort. Ceux-ci les égorgèrent, et les précipitèrent du haut des murailles.

§ 2. Ce fut après un siège de quarante-quatre jours, qui avait coûté aux assiégeans un grand nombre de soldats, que Contrébie tomba au pouvoir des Romains. Sertorius y laissa L. Insteius, avec une forte garnison, et conduisit ses troupes vers l'Èbre, sur les bords duquel il établit ses quartiers d'hiver, près de la ville appelée Castra-Élia. Pour lui, il restait dans le camp; toutefois, pendant le jour, il se rendait à la ville, et y tenait des assemblées composées des députations des cités alliées. Il avait ordonné à tous les peuples de la province de fabriquer des armes, chacun proportionnément à ses ressources. Quand il eut fait l'inspection de ces armes, il commanda aux soldats de lui apporter celles que les marches fréquentes, les sièges et les combats avaient mises hors d'état de servir, et il leur en fit distribuer de neuves par les centurions. Il donna pareillement des armes neuves à la cavalerie, lui distribua des habillemens qu'il avait fait confectionner à l'avance, et lui fit payer sa solde. Il avait fait venir de toutes parts des ouvriers choisis dans chaque profession; des ateliers étaient préparés pour utiliser leur industrie, et on leur distribuait des matériaux en raison de ce qui pouvait être mis en œuvre chaque jour.

§ 3. Itaque omnia simul instrumenta belli parabantur; neque materia artificibus, præparatis ante omnibus [e]nixo civi[ta]tium [st]udio, nec suo quisque operi artifex deerat. Convocatis deinde omnium populorum legationibus et civitatium, gratias egit, quod, quæ imperata essent in [p]ede[s]tre[s copias, præ]sti[tissent] : quas ipse res [in defendendis sociis], quasque in oppugnandis urbibus hostium gessisset, exposuit, et ad reliqua belli cohortatus est; paucis edoctos, quantum Hispaniæ provinciæ interesset, suas partes superiores esse. Dimisso deinde conventu, jussisque omnibus [bono animo esse, atque] in civitate[s redi]re suas, principio veris M. Perpernam cum viginti millibus peditum, equitibus mille quingentis, in Ilercaonum gentem misit, ad tuendam regionis ejus maritimam oram : datis præceptis, quibus itineribus duceret ad defendendas socias urbes, quas Pompeius oppugnaret, quibusque ipsum agmen Pompeii ex insidiis adgrederetur.

§ 4. Eodem tempore et ad Herennuleium, qui in iisdem locis erat, litteras misit, et in alteram provinciam ad L. Hirtuleium, præcipiens, quemadmodum bellum administrari vellet : ante omnia, ut ita socias civitates tueretur, ne acie cum Metello dimicaret, cui nec auctoritate nec viribus par esset. Ne ipsi quidem consilium esse ducere [ad]versus Pompeium : neque

§ 3. Ainsi toutes les choses nécessaires pour la guerre se préparaient à la fois. Grâce à la prévoyance de Sertorius, les matériaux ne manquaient pas à l'ouvrier; et, grâce au zèle des cités, les bras ne manquaient pas à l'ouvrage. Ayant ensuite convoqué les députations de tous les peuples et de toutes les villes, Sertorius les remercia d'avoir fourni pour ses fantassins ce qui leur avait été demandé; puis après avoir exposé ce qu'il avait fait pour le repos des alliés, les fatigues et les travaux que lui avaient coûtés les sièges des villes ennemies, il les exhorta à soutenir la guerre avec constance, et leur fit sentir, en peu de mots, de quelle importance il était pour la province d'Espagne que son parti triomphât. Lorsqu'il eut congédié l'assemblée, en recommandant à tous ceux qui en faisaient partie d'avoir bon courage, et en les invitant à s'en retourner dans leurs cités, il envoya, au commencement du printemps, M. Perperna, avec vingt mille fantassins et quinze cents cavaliers, chez la nation des Ilercaons, pour défendre les côtes de ce pays. Avant son départ, il lui donna des instructions sur la route qu'il devait suivre, soit pour protéger les villes alliées que Pompée menaçait, soit même pour inquiéter son armée et l'attaquer à l'improviste.

§ 4. En même temps, il écrivit à Herennuleius, qui était dans le même pays, et à L. Hirtuleius, qui commandait dans l'Espagne Ultérieure, pour lui tracer la manière dont il voulait que fussent conduites les opérations de la guerre, lui enjoignant, avant tout, de protéger les villes alliées, sans en venir aux mains avec Metellus qui avait sur lui le double avantage des forces et de l'autorité que donne un commandement supérieur. Lui-même, de son côté, il n'avait pas dessein de mar-

in aciem descensurum eum credebat. Si traheretur bellum, hosti, quum mare ab tergo, provinciasque omnes in potestate haberet, navibus undique commeatus venturos : ipsi autem, consumtis priore æstate, quæ præparata fuissent, omnium rerum inopiam fore. Perpernam in maritimam regionem superpositum, ut ea, quæ integra adhuc ab hoste sint, tueri posset, et, si qua occasio detur, incautos per tempus adgressurum. Ipse cum suo exercitu in Berones et Autrigones progredi statuit : a quibus sæpe per hiemem, quum ab se oppugnarentur celtiber[æ] urbes, inploratam esse opem Pompeii compererat, missosque qui itinera exercitui romano monstrarent; et [ab] ipsorum equitibus vexatos sæpe milites suos, quocumque a castris, per oppugnationem Contrebiæ, pabulandi aut frumentandi causa pro[grederentur]. Ausi tum quoque [erant] Arevacos in [p]artes [sollicitare]. Edito [igitur exemplo] belli, consilium se initurum, utrum prius hostem, utram provinciam [petat] : maritimamne oram, ut Pompeium ab Ilercaonia et Contestania arceat, utraque socia gente, an ad Metellum et Lusitaniam se convertat.

§ 5. Hæc secum agitans Sertorius præter Hiberum amnem per pacatos agros quietum exercitum sine ullius noxa duxit. Profectus inde in Bursaonum et Cascantinorum et Gracchuritanorum fines, evastatis omnibus,

cher contre Pompée; et, d'ailleurs, il ne lui supposait pas l'intention de livrer bataille. Si la guerre traînait en longueur, l'ennemi, qui avait derrière lui la mer et toutes les provinces dont il était maître, pourrait, au moyen de ses vaisseaux, tirer des vivres de toutes parts; tandis que lui, après avoir consommé toutes les provisions de l'été précédent, se trouverait dans une disette absolue. Il avait envoyé Perperna dans les plages supérieures, pour protéger ce qui n'aurait point encore été ravagé par l'ennemi, et même pour le surprendre, si l'occasion s'en présentait. Pour lui, il résolut de marcher avec son armée contre les Bérons et les Autrigons. Il savait que, pendant l'hiver, tandis qu'il assiégeait les villes de Celtibérie, ils avaient demandé fréquemment des secours à Pompée, qu'ils avaient envoyé des guides à l'armée romaine, et que leur cavalerie avait harcelé ses soldats toutes les fois que, pendant le siège de Contrébie, ils s'éloignaient du camp pour fourrager ou pour se procurer du blé. Ils avaient aussi osé alors faire aux Arévaques des avances pour les attirer dans leur parti. Ils s'étaient donc mis ouvertement en guerre. Toutefois, il ne savait trop contre quel ennemi il devait d'abord marcher, vers quelle province il devait se diriger; il hésitait s'il longerait la côte, pour écarter Pompée de l'Ilercaonie et de la Contestanie, deux contrées dont les habitans étaient ses alliés, ou s'il tournerait ses armes contre Metellus et la Lusitanie.

§ 5. Agité de ces réflexions, Sertorius marcha le long de l'Èbre, à travers des campagnes paisibles, sans commettre la moindre hostilité, et sans avoir à repousser la moindre attaque; mais, arrivé sur le territoire des Bursaons, des Cascantins et des Gracchuritains, il porta en

proculcatisque segetibus, ad Calagurim Nasicam, sociorum urbem, venit; transgressusque amnem propinquum urbi, ponte facto, castra posuit. Postero die M. Masium quæstorem in Arevacos et Cerindones misit, ad conscribendos ex iis gentibus milites, frumentumque inde Contrebiam, [quæ] Leucada appellatur, comportandum, præter quam urbem opportunissimus ex Beronibus transitus erat, in quamcumque regionem ducere exercitum statuisset; et C. Insteium, præfectum equitum, Segoviam et in Vaccæorum gentem ad equitum conquisitionem misit, jussum, cum equitibus Contrebiæ sese opperiri. Dimissis iis ipse profectus, per Vasconum agrum ducto exercitu, in confinio Beronum posuit castra. Postero die cum equitibus prægressus ad itinera exploranda, jusso pedite quadrato agmine sequi, ad Vareiam, validissimam regionis ejus urbem, venit. Haud inopinantibus iis noctu advenerat. Undique equitibus et suæ gentis et Autrig[onum accitis oppidani, eruptione facta, Sertorio obviam ierunt, ut eum aditu arcerent].

tous lieux le ravage, fit fouler aux pieds les moissons, arriva à Calaguris Nasica, ville qui appartenait à ses alliés, fit jeter un pont sur le fleuve voisin de cette ville, le passa avec son armée, et campa près de ses murs. Le jour suivant, il envoya le questeur Masius chez les Arévaques et les Cérindons, avec ordre d'y faire des levées, d'en tirer du blé et de le diriger sur Contrébie, appelée autrement Leucade, d'où il pouvait, au sortir du pays des Bérons, conduire très-facilement son armée partout où il voudrait. Il envoya aussi C. Insteius, commandant de sa cavalerie, à Ségovie et chez les Vaccéens, pour y recruter des cavaliers, et lui ordonna de l'attendre avec ces cavaliers à Contrébie. Après le départ de Masius et d'Insteius, il se mit en route lui-même, conduisit son armée sur le territoire des Vascons, et alla camper sur les frontières des Bérons. Le lendemain, il prit les devans avec sa cavalerie pour reconnaître les chemins, tandis que ses fantassins avaient ordre de le suivre en bataillon carré, et parvint à Vareia, la plus forte ville de cette contrée. Lorsqu'il y arriva pendant la nuit, les habitans, qui, prévenus de sa marche, avaient appelé toute la cavalerie du pays et celle des Autrigons, sortirent à sa rencontre, pour l'empêcher de pénétrer dans leurs murs.

NOTES

SUR LE FRAGMENT DU LIVRE XCI.

§ 1. *Nocte] tamen insequenti, etc.* Ce fragment, retrouvé à Rome, est hérissé de lacunes qui ont été remplies par plusieurs philologues, et en dernier lieu par le savant Niebuhr.

§ 2. *Castra Ælia.* Il n'en est fait mention dans aucun géographe ni dans aucun historien. L'Espagne renfermait beaucoup de villes qui tiraient leur nom des camps romains, telles que *Castra Cæcilia, Castra Julia, Castra Posthumiana,* etc.

§ 3. *E]nixo civi[ta]tium studio.* Un commentateur propose de lire *enixo civium studio.*

Idem. *Ilercaonum.* Peut-être faudrait-il lire *Ilurcaonum.*

§ 4. *Ne acie cum Metello dimicaret.* Hirtuleius ne put éviter le combat; il périt avec presque toutes les troupes qui étaient sous ses ordres.

§ 5. *Bursaonum.* Pline (liv. III, chap. 3) les appelle *Bursaonenses*; c'étaient des peuples de l'Espagne Citérieure, voisins de ceux de Calaguris. D'Anville lit *Buriaones,* ce qui le conduit à retrouver dans ce nom *Boria.* (Brotier.)

Idem. *Calagurim Nasicam.* Cette ville fut détruite par Pompée, après un long siège, durant lequel les habitans, pressés par la famine, se nourrirent de chair humaine. Il y avait une autre *Calaguris*, surnommée *Fibularensis.* Une pierre trouvée à Barcelone indique que, dans cette guerre, les Calaguritains se rangèrent du parti de Sertorius.

Idem. *Castra posuit.* Sertorius, pour ménager l'affection des Espagnols, avait supprimé l'usage de cantonner le soldat dans les villes.

§ 5. *Arevacos.* Ils tiraient leur nom de l'Aréva, rivière de l'Espagne Citérieure, et habitaient la partie orientale de la Vieille-Castille.

Idem. *Cerindones.* On propose de lire *Pelendones*, peuple voisin des Arévaques.

Idem. *Contrebiam.* Il ne faut pas confondre cette ville avec la Contrébie, assiégée et prise par Sertorius; elle était voisine de Calaguris Nasica, vers l'occident.

Idem. *Vaccæorum.* Ils tiraient leur nom de la Vacca, rivière de l'Espagne Citérieure, et habitaient une partie de la Vieille-Castille et du royaume de Léon.

Idem. *Vareiam.* Ville des Bérons, sur les bords de l'Èbre.

Idem. *Autrigonum.* Peuplade qui, ainsi que les Bérons ou Bérones, habitait dans le voisinage de l'Èbre.

FIN DU DIX-SEPTIÈME ET DERNIER VOLUME.

ERRATA.

Page 178, ligne 3, suscipionis; *lisez*, suspicionis.
  182, — 8, devegere; *lisez*, devehere.
  234, — 12, conseserunt; *lisez*, conserunt.
  238, — 23, unbone; *lisez*, umbone.

www.ingramcontent.com/pod-product-compliance
Lightning Source LLC
Chambersburg PA
CBHW070204240426
43671CB00007B/547